편역 事大文軌 2
──────────────
동북아역사 자료총서 53

• 이 책은 2019년도 동북아역사재단 기획연구 수행 결과물임(NAHF-2019-기획연구-20).

해제

올해 출간된 《편역 事大文軌 2》(이하 『사대문궤』 권8)는 『사대문궤』 권3에 이어 재단의 「전근대 대외관계 자료집성 및 연구」 사업의 일환으로 수행된 결과물이다.

1594년 2~4월까지 조선과 명이 주고받은 외교 문서가 수록된 『사대문궤』 권8은 총 49건의 문서로 구성되었으며 원문 분량은 약 38,000자에 이른다. 1593년 4월 일본군의 남해안 퇴각 및 하반기 명군의 철군 직후를 포함한 약 13개월 동안 조선, 명, 일본이 어떻게 전쟁을 수행했는가를 보다 심층적으로 살펴보는 데 있어 중요한 사료적 가치를 지니고 있다. 비록 1593년 4월부터 1594년 1월까지 약 10개월의 기간에 해당하는 『사대문궤』 권4·권5·권6·권7이 현재 산일하지만 전쟁 발발 2년 차를 맞이하는 조명(朝明) 관계의 추이를 생생하게 비춰 주는 다양한 현안들이 『사대문궤』 권8에 계기적으로 수록돼 있다.

특히 1593년 일본군의 남해안 퇴각 직후 조선의 대일(對日) 전략과 명의 대일 전략에서 드러나는 양국 간 복잡 미묘한 갈등을 포착할 수 있는 문서들이 다수이기에 강화 협상이 재개된 초반에 조명 군사 협력이 어떻게 진행됐는가를 이해하는 데 있어 새로운 단서를 제공할 것이다. 구체적으로, 이 시기에 명은 최소의 군사 개입이라는 원칙 아래 조선으로의 재출병에 신중한 입장을 취하면서도 일본군의 준동에 대해서는 매우 민감하게 조선과 협력하는 자세를 보였음을 잘 살펴볼 수 있다. 이러한 명 중심의 안보 전략은, 일본군을 한시바삐 자국 땅에서 몰아내려는 조선의 입장에서 볼 때 소극적이고 수동적인 것으로 비칠 수밖에 없었다. 우리는 『사대문궤』 권8을 통해서 조선이 기회가 닿을 때마다 남해안에 둔거하는 일본군의 병력 증강과 군수지원 강화가 지속적으로 이루어지고 있는 상황을 명 조정과 명군에게 알리며 공세를 통한 완전 격퇴를 주장한 이유가 어디에 있었는가를 새롭게 조명할 수 있다. 무엇보다도 그 과정에서 일본군의 전라도 재침 가능성을 강하게 제기하며 명-일 간 강화 협상의 허구성을 역설함으로써 보다 적극적이고 실질적인 조명 군사 협력 체제를 가동하고자 노력했음을 되짚어 볼 수 있다.

이런 측면에서 『사대문궤』 권8 역주는 임진왜란의 전개 양상과 그 의미에 관한 심화 연구에 불을 지피는 새로운 도화선이 될 것이라 기대해 본다. 다음은 『사대문궤』 권8 수록 문서의 연번에 따라 각 문서에 대한 해제를 붙인 것이다.

『사대문궤』 권8 (『壬辰倭亂 史料叢書 1~8 對明外交』 영인본 1책 189~372쪽)

1. **1a-2b**: 조선국왕이 제도도순찰사 권율 등의 급보를 순무요동도찰원·순안요동도찰원·총독병부·요동도지휘사사에게 동시에 전달한 자문이다. 주요 내용을 보면, 부총병 유정은 전라도에 표류한 군량 수송선 40여 척을 찾고 싶다면서 심유경의 가정(家丁)을 대동하고 찾아온 일본군 6명에게 명군이 직접 조사할 것이라고 거부하는 대신에 사은 표문이 언제 도착하는지 물었는데, 도요토미 히데요시가 국도(國都)로 돌아가는 중이라 시일이 늦어질 수 있다는 답변을 듣게 된다. 조선국왕이 일본군의 재침 움직임을 근거로 일본의 항표(降表)에 대해 깊은 불신감을 나타내며 속히 군사를 동원해 방어를 강화할 것을 요청하는 것으로 끝맺는다.

2. **3a-5b**: 산동우포정사 곽성지는, 운량파총 장연덕이 금주에서 선박을 징발해 산동으로부터 군량미를 조선으로 실어 나르는 과정에서 선호(船戶) 김정호가 속미를 수령했으나 자신의 운량선이 9월 초 전라도 부안에 표류하고 도적을 만나 선원이 살상당하고 쌀 등을 강탈당했다고 진술한 사안에 대해 보고한 것과 관련하여 조선국왕에게 조사를 요청했다.

3. **5b-7a**: 조선국왕은 산동포정사사 곽성지에게 전라도 부안 인근에 표류한 선박의 선원을 발견했고 더불어 이 지역에서 활동하는 수적(水賊)을 체포했다는 내용의 회자(回咨)를 보냈다.

4. **7a-9b**: 조선의 요청에 따라 마련한 전쟁 물자에 대해서 매매 시 해당 물품 목록 및 환산가를 포함한 상세 내역을 확인해 달라는 요동도지휘사사의 자문이다.

5. **9b-13a**: 조선국왕은 1592년(선조 25)과 1593년(선조 26) 일본군과 교전하며 세운 유격 오유충의 공을 열거하며 명 조정 내 무고(誣告)에 대해 오유충을 변호하는 자문을 총독병

부·순안요동도찰원·순무요동도찰원에 동시에 보냈다.

6. **13a-14b**: 송응창은 도원수 권율이 서생포·두모포·동래·거제·김해 등지의 일본군 부대가 일본 내 모반 사건 때문에 귀국한다는 소문을 조선국왕에게 전달한 보고를 빌미로 해서 조선으로부터의 왜정(倭情) 보고가 거짓이라고 단정하며 조선에서 보내는 황진의 주본(奏本) 내용을 수정할 것을 요구했다.

7. **14b-17b**: 조선국왕은, 일본군의 동태가 심상치 않다고 요동도지휘사사로 알린 때가 9·10월이고 일본군이 돌아가고 있다는 권율의 보고가 윤11월인 사실에 의거해서 일본군이 철수할 뜻이 있었다면 왜 윤11월 이후로도 경상우도로 접근하며 전라도를 노리고 있겠느냐고 반박함으로써 조선이 명에 공갈하고 혼란한 보고를 작성한 것이 아님을 밝히는 회자를 보냈다.

8. **17b-18b**: 비어도지휘 부정립은 조선국왕에게 평양 등지에서 지급한 양료의 내역을 도미(稻米) 4,879석 8두(斗), 속미(粟米) 43,748석 8두 4승 5홉(合) 7작(勺), 수수(薥秫) 1,974석 2승 5홉, 콩 41,905석 5승 5홉 9작, 마초 82,843속으로 성책(成冊)했으니 받은 분량을 대조하고 날인해 줄 것을 요청했다.

9. **18b-19a**: 조선국왕은 비어도지휘 부정립에게 호조참의 정윤우를 평양 등지에 파견하여 받은 곡식을 대조해서 인수한 분량을 날인하겠다고 회자했다.

10. **19a-21a**: 요동도지휘사사에서 최근 조선을 방문한 명 사신 사헌이 조선에 무리한 예단을 요구했을 뿐 아니라 조선국왕과의 의례에서도 경우에 어긋난 행동을 한 정황을 포착했음을 통고하면서 사안별로 조선국왕의 사실 해명을 요청했다.

11. **21a-23a**: 조선국왕은 조선이 전란을 당하여 예전에 갖추었던 예를 온전히 시행할 수 없었다고 전제하면서 예단 물자가 부족한 상황이라 관모, 부채, 지필(紙筆) 정도만 준비했고 왕경(한성)에서 처러진 의례 역시 원칙에 벗어나는 예외적인 행위가 없었다고 회자했다.

12. **23a-30b**: 조선국왕은 거제·동래·김해·서생포·임랑포에 일본군이 계속 주둔하면서 신병을 충원해 재침하려 한다는 첩보와 함께, 일본의 봉공(封貢) 요청을 불허해야 할 이유로서 히데요시가 왕위를 찬탈한 역적임을 들고, 따라서 선제적으로 일본에 공세를 취하는 조처를 시행하지 않으면 더 큰 화를 불러일으킬 것이라는 우려가 담긴 주문(奏文)을 작성했다.

13. **30b-31a**: 조선국왕은 강화 교섭의 진행 중에도 일본군 일부가 여전히 남해안 일대에

주둔하고 있음을 주청하면서 이를 예부와 공유했다. 의례적으로 주본과 함께 예부에 보내던 자문에 해당한다.

14. 31a: 조선국왕은 요동도지휘사사에게 주청사 허성이 실봉주본을 가지고 북경으로 출발했으니 압록강을 건너면 사신 일행이 무사히 요동을 지나 북경으로 향할 수 있도록 관할 지역에서 보호해 줄 것을 요청하는 자문을 보냈다. 사신을 보낼 때 작성하는 의례적인 자문에 해당한다.

15. 31a-32a: 의정부에서 국왕의 교지를 받들어 주청사 허성에게 보낸 관문(關文)이다. 사행 시 의례적으로 지급하는 일종의 증명서에 해당한다.

16. 32a: 의정부에서 국왕의 교지를 받들어 병조에 보낸 비문(批文)이다. 주청사 허성 일행과 부속된 말들이 사행길에서 불편함을 겪지 않고 또 신속하게 이동할 수 있도록 미리 조치를 취해 달라는 내용을 담고 있다.

17. 32a-35b: 명 병부가 명 황제의 명령에 따라 방비책을 마련할 것을 촉구하자 조선국왕은 광해군과 윤두수가 호조판서 한준, 병조판서 이항복, 공조판서 김명원을 대동하고 김해로 내려가 각각 군량 마련, 군사 훈련, 성지 수리 등의 임무를 맡긴 사실을 회자했다. 자문을 통해서 조선이 세 가지 항목에 대해 어느 정도로 준비를 갖추고 있었으며 강화 교섭이 진행되는 과정에서 향후 일본군의 재침에 대비하여 어떠한 대비책을 수립했는지를 파악할 수 있다.

18. 35b-38a: 강화 교섭이 진행되는 동안 항복 의사를 갖춘 표문을 지참한 일본 사신이 조선의 경내를 통해 명으로 간다는 소식을 들은 조선국왕은, 일본군이 여전히 남해안 일대에서 본국으로 퇴거하지 않고 도리어 장기전에 대비하고 있는 만큼 결코 신뢰할 수 없다는 견해를 피력하면서, 일본 사신이 조선과 명의 내부 사정에 대한 첩보를 획득하려는 간첩일 가능성이 크기에 이를 막아 달라는 자문을 총독아문에 보냈다.

19. 38a-38b: 경주 안강현 전투에 대해서 순안어사 주유한이 재조사할 것을 건의하니 명 병부에서 요동순무 한취선에게 지시했으며, 이에 따라 요동도지휘사사는 명군과 일본군의 충돌 경위, 명군의 피해 상황, 부산 일대의 일본군 잔류 현황, 일본 측에서 요청한 '책봉'의 진위 등을 파악해 보고할 것을 요청하는 자문을 조선으로 보냈다.

20. 38b-44a: 조선국왕은 안강 전투의 실상, 남해안 일대에 잔류한 일본군 현황, 일본 측 책봉 요청의 진위를 조사해 달라는 요동도지휘사사의 요청에 회자하면서, 겉으로는 공순한

자세를 취하며 강화를 추진하지만 실제로는 전쟁을 준비하고 있는 일본의 이중성을 부각시켰다. 특히 자문에 그동안 조선이 일본군의 동향과 관련해서 명의 여러 아문에 전달한 내용들이 순차적으로 수록돼 있다.

21. **44a-47a**: 요동순무 한취선은 자신이 '비왜(備倭)'의 임무를 겸하게 되면서 보고 체계상 엇갈리거나 불분명한 부분들이 있었으니 안강 전투를 포함한 일본군 관련 사안들에 대해 조선에서 보다 명확하게 확인해 줄 것을 요동도지휘사사를 통해 요청했다.

22. **47a-49b**: 조선국왕은 최근 일본군 동향과 관련해 보낸 자문의 내용에 일본군이 전라도를 노리고 있다는 첩보를 덧붙이면서 그간의 보고들이 제대로 들어가지 못했던 이유를 설명하는 회자를 보냈다.

23. **49b-50b**: 경략을 비롯한 총독과 순무 등 요동아문의 관원들이 교체되니 조선에서 왜정(倭情) 및 명군 잔류, 군량 요청을 포함한 동사(東事)에 대해 보고하라는 순안산동감찰어사 주유한의 명령에 따라 요동도지휘사사에서 조선에 보낸 자문이다.

24. **50b-53a**: 조선국왕은 왜정 및 명군 잔류, 군량 요청 등을 다시 상세히 정리하면서, 요동아문의 교체와 관련하여 앞으로 총독병부와 함께 순안요동도찰원과 순무요동도찰원에 일본군 관련 상황을 동시에 전달할 수 있도록 요청하는 회자를 보냈다.

25. **53a-54b**: 명군 총병 유정과 함께 조선에 온 호환은 참전 명군이 일부 병력만을 남기고 철수해야 하는 상황을 아쉬워하며 국력을 키워야 할 필요성을 조선국왕에게 진달하는 서신을 보냈다.

26. **54b-56a**: 조선국왕은 호환이 강화 교섭이 아닌 공세 국면을 지지하고 조선을 위해 조언을 남긴 것에 대해서 감사를 표하는 회신을 보냈다.

27. **56a-60b**: 일본군이 명나라 황실의 여성과 일본 왕자의 결혼 조건이 이행되기를 기다리고 있으며 불이행 시 전라도를 거쳐 중국 본토를 공격할 것이라는 정보를 접한 조선국왕은, 요동도지휘사사에 일본이 공손히 기다리고 있다는 소식이 거짓임을 알리고 따라서 조속한 명군(남병) 파견과 군량 지원을 요청하는 자문을 보냈다.

28. **60b-61b**: 조선국왕은 일본군과의 전투에서 얻어 낸 수급의 수를 요동도지휘사사에 보고하면서 일본군의 국지 도발이 계속되고 있는 사실을 요동아문에 알렸다.

29. **61b-65b**: 명 조정은 송응창과 이여송을 대신해 고양겸으로 하여금 임무를 담당케 하고 동시에 명군의 철병 기조를 확인하는 내용을 요동도지휘사사를 통해서 조선국왕에게 알렸

는데, 이 과정에서 고양겸이 조선에 대해서 일본군의 정보와 조선의 군비 상황을 알릴 것, 예물을 보내지 말 것, 명나라와의 (외교) 문서 절차를 지키도록 할 것을 요청했다.

30. 65b-66a: 조선국왕은 담당 교체와 관련해서 심희수와 허성을 보내어 전쟁과 관련한 사안을 보고할 것이며, 문서 절차와 관련해서는 전쟁 중이기에 실수가 발생했음을 시인하는 내용의 회자를 보냈다.

31. 66a-67b: 고양겸은 명 황제가 자신에게 일본군을 방어하는 임무를 전담케 했다는 사실을 요동도지휘사사를 통해 조선국왕에게 자문으로 전달했다.

32. 67b-68b: 조선국왕은 칙유의 내용을 접수했음을 확인하면서, 일본군의 정세가 공순히 강화를 기다리는 것이 아니라 다시 전쟁을 준비하는 양상이니 속히 공격할 것을 요청하는 회자를 보냈다.

33. 68b-69b: 조선국왕은, 총독군문이 산동의 군량을 조선으로 운반하지 않겠다는 조치를 내린 것에 대해서 일본군이 재침을 계획하고 있을 뿐 아니라 연이은 기근으로 조선 백성이 굶주려 죽기에 이르렀으니 속히 명의 군량을 지원해 주기를 바란다는 내용의 자문을 요동도지휘사사에게 보냈다.

34. 69b-71a: 조선국왕은 고양겸을 대신해 조선에 도착한 유격 주홍모에게 직접 목격한 조선의 심각한 식량 부족 상황을 총독부원에 대신 알려 주고 명나라 금주에 있는 산동의 군량을 지원해 주길 바라는 내용의 자문을 보냈다.

35. 71a: 주홍모는 조선국왕의 요청을 총독부원에 전달했다고 회신했다.

36. 71a-74a: 조선국왕은 주홍모와의 면담 이후 몇 가지 사안에 대해서 보충 설명이 담긴 서신을 보내며 총독에게 전달해 줄 것을 부탁했다. 주요 내용은 크게 세 가지로 나뉘는데, 첫째는 일본군이 명나라의 조치를 기다리는 것이 아니라 명군의 재출병을 늦추면서 전쟁을 준비한다는 것이고, 둘째는 산동에 적재된 군량이 조선에 수송될 수 있도록 주선해 주기를 바란다는 것이며, 셋째는 총독의 방문(榜文)에 기재된 부산의 왜호(倭戶) 거주설은 이전에 설치된 왜관이 와전된 것으로 경오년(1510) 삼포왜란 이후 다시 편찬된 『신증동국여지승람(新增東國輿地勝覽)』에서처럼 왜호가 이미 오래 전에 철거됐다는 것이다.

37. 74a-74b: 주홍모는 조선국왕에게 자신이 직접 일본군 진영에 가서 일본군의 정세를 살핀 후 보고하되 조선의 안정을 위해 노력할 것이고 산동의 군량에 대해서는 다시 요청할 것이며 왜호에 관한 사안은 걱정할 필요가 없으나 『여지승람』 전본(全本)을 빌려 검토할

것이라는 내용으로 회신했다.

38. 74b-75a: 조선국왕은 주홍모의 회신에 대해서 총독과 주홍모 덕분에 일본군이 실상을 속일 수 없을 것이라고 기대하면서 군량 지원의 신속한 조처를 다시 한 번 언급하고 『여지승람』의 경우 왜호 철거와 관련해서 이전에 확인했으니 총독의 판단에 따라도 될 것이라는 내용으로 회답의 서신을 보냈다.

39. 75a-79a: 조선에 주둔한 명군 본대의 회군으로 인해서 조선에 배치된 화기 반송 문제가 수면 위로 떠오르자, 요동군문이 상부로부터 조선에 화기를 남기지 말고 다시 본국으로 가져올 방안을 허락받고 요동도지휘사사를 통해서 조선국왕에게 이 사안에 대한 협조를 요청하는 자문을 보냈다.

40. 79a-80a: 조선국왕은, 경략(송응창)이 화기를 본국으로 되돌려 운송해 가고자 했으나 총독(고양겸)이 대일(對日) 방어를 위해 그대로 남겨 두라고 보낸 문서를 근거로 조선에 배치된 화기 반송에 대해서 반대 입장을 표명했고, 전란으로 인한 인명 피해 및 지역 사회의 피폐로 인하여 현실적으로도 운송이 매우 어려울 것이 예상되며 화기 배치 관련 현황에 관해서 현장 보고가 수합되는 대로 알려 줄 것이라는 회자를 보냈다.

41. 80b-81b: 요동군문에서는, 조선국왕이 만력제가 조선을 위해 쓸 것을 명한 산동미(山東米) 10만 석을 조속히 운송해 조선에 주둔한 명군을 위한 군량과 기근으로 고통 받는 조선 백성을 위한 구제에 사용할 수 있도록 요청하자, 춘풍으로 인한 해상 운송의 어려움, 운송 중 30여 척의 침몰, 상부의 운송 유보 방침으로 인해 운송 불가의 입장이 담긴 자문을 보냈다.

42. 81b-82b: 조선국왕은 평양에 도착한 산동미 15,568석 가운데 1만 석을 경성으로 운반해 기아에 허덕이는 조선 백성을 위한 식량으로 쓸 수 있도록 요청하는 자문을 보냈다.

43. 82b-83b: 명군으로부터 산동미 운송 유보 소식을 접한 조선국왕은 조선에 주둔하는 명군의 군량 보급과 기근에 시달리는 조선 백성을 구제하기 위해서 조선 선박이 명 경내에 위치한 금주위로 들어가 산동미를 운반해 올 수 있기를 요청하는 자문을 보냈다.

44. 84a-84b: 총병 유정은 호남의 조선군이 대일 방어를 위해 영남으로 차출되어 명군으로부터 군사 훈련을 받지 못하는 상황에 대해 불편한 심기를 드러내며, 호남에 잔류한 조선군 병사들이라도 교습에 참가할 것을 권유하는 자문을 조선국왕에게 보냈다.

45. 84b: 조선국왕은 유 총병의 요구에 따라 조치할 것이라는 회자를 보냈다.

46. **84b-85b**: 유 총병은 조선국왕이 명군의 양향(糧餉)에 소요되는 재원 확충을 위해 명 조정으로부터 받은 은 3,000냥을 자신에게 보내자 항목별 용처가 불분명하기에 자신의 휘하 부대에만 지급할 것인지 조선에 주둔한 전체 명군, 즉 16,000 병력에 분급할 것인지를 명확하게 해 줄 것을 요청하는 자문을 보냈다.

47. **85b-86b**: 조선국왕은 조선에 주둔한 명군의 다수가 이미 철수한 뒤인지라 쫓아가 지급할 방도가 없는 관계로 유 총병 휘하 부대에 지급하는 것이 온당하며 이 경우 5,000명이 신을 수 있는 한 달 치 가죽신 구매가 적합할 것이라며 용처와 수량을 명시한 회자를 보냈다.

48. **86b-92b**: 명 조정에서는 조선국왕이 주문을 통해 일본군의 재침 가능성을 설명하며 즉각적인 군사 행동의 필요성을 거론하자, 병부와 고양겸의 의견에 따라 현재 강화 협상의 최대 관건인 책봉 문제를 일본군의 완전 철수와 연계해 조속히 매듭짓는 한편, 만약의 사태를 대비한 보완책으로서 고니시 유키나가(小西行長)에게 일본군의 완전 철수가 강화 협상의 전제 조건임을 재확인시킬 것이라는 계획을 조선에 통지하는 자문을 보냈다.

49. **92b**: 조선국왕은 일본군의 재침과 관련한 형세를 알리는 주본의 송부 및 명 조정의 대응 방안이 담긴 상기 자문의 수령을 확인하는 회자를 보냈다.

끝으로, 본 역주 사업에 동참해 준 3명의 역자들께 진심으로 다시 한 번 감사의 정을 표한다. 올해는 코로나19 여파로 공동 연구에 제한이 따르는 때도 있었지만, 역자들의 한결같은 열정과 노력으로 인해서 이러한 상황적 어려움이 사업의 진행을 제약하지 못했다. 보다 나은 '조선시대 외교문서 역주'에 대한 갈망은 여전하며 따라서 많은 관심과 질정이 이어지기를 바란다. 본서의 발간에 있어서도 많은 분들의 노고가 담겨 있다. 출판을 포함한 세세한 부분들까지 여일하게 본 번역 사업의 중요성을 잊지 않고 지원해 주신 동북아역사재단 김도형 전 이사장님 및 재단 출판 관계자 여러분께도 감사의 말씀을 드린다.

역자를 대표하여
한국고중세사연구소 이정일

일러두기

○ 본 번역서는 『壬辰倭亂 史料叢書 1~8 對明外交』(국립진주박물관, 2002, 영인본)의 『事大文軌』卷之八에 대한 수록 문서 목록, 표점, 번역의 세 부분으로 구성되어 있다.

○ 수록 문서의 작성 연월일은 원문의 날짜 표기 방식대로 표기하였다. 수록 문서 목록의 쪽수는 영인본의 쪽수와 일치한다.

○ 표점과 번역은 부호, 띄어쓰기, 줄 바꿈, 수신문과 발신문의 화자 표시, 행이 과정 등을 포함해서 재단 출간 〈동북아역사 자료총서〉 편집 양식을 준용하였다.

○ 표점은 원문의 의미를 살리기 위해서 마침표, 쉼표, 따옴표, 물음표, 느낌표, 쌍점, 가운뎃점 등을 최소한으로 사용하였다.

○ 번역의 발신과 수신은 해당 문서의 발신자와 수신자를 의미한다.

○ 인명, 지명, 국명, 서명, 고유명사는 각 문서에서 처음 등장할 때 한자를 병기하는 것을 원칙으로 하되 대괄호와 괄호를 병용하였다.

○ 번역은 원문에 가깝게 직역을 하는 것을 원칙으로 하되 독자들의 내용 이해를 돕기 위해서 형용사, 명사, 조사 등 적합한 어구를 삽입하고 대괄호 및 괄호로 표시하였다.

○ 모든 번역문의 종결은 외교 문서임을 고려하여 최상 격식체인 합쇼체를 원칙으로 하였다. 단, 문맥의 의미를 살리기 위해 만력제(萬曆帝)의 발화는 최하 격식체인 해라체로 통일하였다.

○ 대두법(擡頭法)은 원문과 번역문에서 모두 적용하지 않았다.

○ 번역자의 판단에 따라 필요한 경우 각주로 설명하고, 각주 내 국한문 표기는 원문의 원칙을 따랐다. 원본에 명백한 오류가 있는 글자 등에 대해서는 원문은 그대로 두고 가주로 설명하였다. 입력할 수 없는 이체자, 이형자 등은 정자로 표기하였다.

○ 조선왕조실록 및 문집 등에서 원문의 기사와 동일하거나 연관된 기사가 있을 경우, 해당 내용(원문)을 〈동북아역사논총〉의 각주 형식으로 첨부하였다.

편역 事大文軌 2 – 권8 –

차 례

1. 緊急倭情咨
   1a-2b(189~192쪽) ·················· 21

2. 布政咨行本國查究糧船漂迫被賊搶奪緣由
   3a-5b(193~198쪽) ·················· 26

3. 回咨
   5b-7a(198~201쪽) ·················· 33

4. 都司因兵禮部將欽賜銀兩貿辦軍火緣由咨會本國
   7a-9b(201~206쪽) ·················· 37

5. 本國申辨吳遊擊被誣咨
   9b-13a(206~213쪽) ·················· 45

6. 經略駁回本國所報倭情指爲張皇更要確報
   13a-14b(213~216쪽) ·················· 53

7. 回咨
   14b-17b(216~222쪽) ·················· 58

8. 傳備禦行催本國查報放過天糧咨
   17b-18b(222~224쪽) ·················· 65

9. 回咨
   18b-19a(224~225쪽) ·········· 68

10. 都司咨問司天使侵弊事情
    19a-21a(225~229쪽) ·········· 70

11. 回咨
    21a-23a(229~233쪽) ·········· 76

12. 倭情奏文
    23a-30b(233~248쪽) ·········· 81

13. 禮部咨
    30b-31a(248~249쪽) ·········· 97

14. 奏請使護送
    31a(249쪽) ·········· 99

15. 議政府關
    31a-32a(249~251쪽) ·········· 101

16. 議政府批
    32a(251쪽) ·········· 104

17. 本國查報修險運糧練兵仍開胡沈二官勞積咨
    32a-35b(251~258쪽) ·········· 106

18. 本國請勿許參將沈帶同倭使入內地
    35b-38a(258~263쪽) ·············· 114

19. 都司查問倭情咨
    38a-38b(263~264쪽) ·············· 119

20. 回咨
    38b-44a(264~275쪽) ·············· 122

21. 都司因韓撫院案驗咨令本國塘報倭情
    44a-47a(275~281쪽) ·············· 133

22. 回咨
    47a-49b(281~286쪽) ·············· 140

23. 都司咨令本國備報賊情于新經略
    49b-50b(286~288쪽) ·············· 146

24. 回咨
    50b-53a(288~293쪽) ·············· 150

25. 相公胡煥揭帖
    53a-54b(293~296쪽) ·············· 156

26. 回帖
    54b-56a(296~299쪽) ·············· 160

27. 密報賊情咨
    56a-60b(299~308쪽) ································ 164

28. 查解賊級
    60b-61b(308~310쪽) ································ 173

29. 都司咨會本國預計防禦轉報經略
    61b-65b(310~318쪽) ································ 177

30. 回咨
    65b-66a(318~319쪽) ································ 186

31. 顧軍門咨會勅諭事理
    66a-67b(319~322쪽) ································ 188

32. 回咨
    67b-68b(322~324쪽) ································ 192

33. 本國請速運天粮
    68b-69b(324~326쪽) ································ 195

34. 本國請運糧賑飢
    69b-71a(326~329쪽) ································ 198

35. 回咨
    71a(329쪽) ··· 202

36. 周遊擊前揭
    71a-74a(329~335쪽) ················· 204

37. 周遊擊回帖
    74a-74b(335~336쪽) ················· 210

38. 再
    74b-75a(336~337쪽) ················· 212

39. 都司因傅委官呈請發運火器咨會
    75a-79a(337~345쪽) ················· 214

40. 回咨
    79a-80a(345~347쪽) ················· 223

41. 都司查審海路運
    80b-81b(348~350쪽) ················· 227

42. 本國請濟飢民
    81b-82b(350~352쪽) ················· 230

43. 本國乞速運米豆
    82b-83b(352~354쪽) ················· 234

44. 劉総兵咨取本國弓手
    84a-84b(355~356쪽) ················· 237

45. 回咨

　　84b(356쪽) ················· 240

46. 劉捴兵行查本國解送月銀

　　84b-85b(356~358쪽) ················· 241

47. 回咨

　　85b-86b(358~360쪽) ················· 244

48. 都司恭報倭情咨

　　86b-92b(360~372쪽) ················· 247

49. 回咨

　　92b(372쪽) ················· 260

수록 문서 목록

『壬辰倭亂 史料叢書 1~8 對明外交』(국립진주박물관, 2002 영인본 1책)

번호	제목(頭註)	일자	쪽수	번역자
1	緊急倭情咨	萬曆二十二年二月初一日	189~192	김한신
2	布政咨行本國查究糧船漂迫被賊搶奪緣由	萬曆二十二年正月十一日	193~198	김한신
3	回咨	萬曆二十二年二月初八日	198~201	김한신
4	都司因兵禮部將欽賜銀兩貿辦軍火緣由咨會本國	萬曆二十一年十二月三十日	201~206	장정수
5	本國申辨吳遊擊被誣咨	萬曆二十二年二月初十日	206~213	김한신
6	經略駁回本國所報倭情指爲張皇更要確報	萬曆二十一年十二月三十日	213~216	김한신
7	回咨	萬曆二十二年二月十一日	216~222	김한신
8	傳備禦行催本國查報放過天糧咨	萬曆二十二年正月二十四日	222~224	김한신
9	回咨	萬曆二十二年二月十一日	224~225	김한신
10	都司咨問司天使侵弊事情	萬曆二十二年正月三十日	225~229	김한신
11	回咨	萬曆二十二年二月十八日	229~233	김한신
12	倭情奏文	萬曆二十二年二月十六日	233~248	김한신
13	禮部咨	萬曆二十二年二月十六日	248~249	장정수
14	奏請使護送	萬曆二十二年二月十六日	249	장정수

번호	제목(頭註)	일자	쪽수	번역자
15	議政府關	萬曆二十二年二月十六日	249~251	장정수
16	議政府批	萬曆二十二年二月十六日	251	장정수
17	本國查報修險運糧練兵仍開胡沈二官勞積咨	萬曆二十二年二月十八日	251~258	장정수
18	本國請勿許參將沈帶同倭使入內地	萬曆二十二年二月十八日	258~263	장정수
19	都司查問倭情咨	萬曆二十一年十二月十八日	263~264	장정수
20	回咨	萬曆二十二年二月二十日	264~275	장정수
21	都司因韓撫院案驗咨令本國塘報倭情	萬曆二十一年十二月二十五日	275~281	장정수
22	回咨	萬曆二十二年二月二十日	281~286	장정수
23	都司咨令本國備報賊情于新經略	萬曆二十二年正月二十七日	286~288	장정수
24	回咨	萬曆二十二年二月二十四日	288~293	장정수
25	相公胡煥揭帖	일자 없음	293~296	김경태
26	回帖	일자 없음	296~299	김경태
27	密報賊情咨	萬曆二十二年三月初六日	299~308	김경태
28	查解賊級	萬曆二十二年三月初六日	308~310	김경태
29	都司咨會本國預計防禦轉報經略	萬曆二十二年正月二十八日	310~318	김경태
30	回咨	萬曆二十二年三月初六日	318~319	김경태
31	顧軍門咨會勅諭事理	萬曆二十二年二月初四日	319~322	김경태
32	回咨	萬曆二十二年三月初六日	322~324	김경태
33	本國請速運天糧	萬曆二十二年三月 日	324~326	김경태
34	本國請運糧賑飢	萬曆二十二年三月十六日	326~329	김경태
35	回咨	萬曆二十二年三月十七日	329	김경태
36	周遊擊前揭	일자 없음	329~335	김경태
37	周遊擊回帖	일자 없음	335~336	김경태
38	再	일자 없음	336~337	김경태
39	都司因傳委官呈請發運火器咨會	萬曆二十二年二月初八日	337~345	이정일

번호	제목(頭註)	일자	쪽수	번역자
40	回咨	萬曆二十二年三月十八日	345~347	이정일
41	都司查審海路運	萬曆二十二年二月十二日	348~350	이정일
42	本國請濟飢民	萬曆二十二年三月二十日	350~352	이정일
43	本國乞速運米豆	萬曆二十二年三月二十三日	352~354	이정일
44	劉総兵咨取本國弓手	萬曆二十二年三月十三日	355~356	이정일
45	回咨	萬曆二十二年三月二十九日	356	이정일
46	劉捴兵行査本國解送月銀	萬曆二十二年三月十三日	356~358	이정일
47	回咨	萬曆二十二年三月二十九日	358~360	이정일
48	都司恭報倭情咨	萬曆二十二年三月十七日	360~372	이정일
49	回咨	萬曆二十二年四月十九日	372	이정일

* 권8은 1594년(만력 22) 2월부터 4월까지 조선과 명이 주고받은 문서로 구성되어 있다. 단, 연번 4, 6, 19, 21은 1593년(만력 21) 12월 발신 문서로 예외이며, 연번 25, 26, 33, 36, 37, 38은 작성 일자가 확인되지 않는다.

** 연번 14, 15, 16은 원래 제목이 없으나 내용 구분상 각각 '奏請使護送', '議政府關', '議政府批'로 제목을 달았다.

1. 緊急倭情咨[1]
1a-2b(189~192쪽)

朝鮮國王,

爲 緊急倭情 事.

先該, 正月二十九日, 當職, 將近日邊報, 專差陪臣李廷馨, 星馳告急去訖. 續該, 正月三十日, 諸道都巡察使權慄, 工曹判書金命元, 副總府劉伺候陪臣金瓚, 戶曹參議鄭光績等, 一同馳啓.

本月初七日, 有沈參將家丁, 帶倭賊六名, 回自賊中. 翌日, 總兵招問, 有甚麼說話. 倭賊荅稱, 軍粮裝載舩四十餘隻, 漂風到泊全羅道地方, 擬要進去, 那裏尋了. 總兵却謂, 前日行長, 因此, 有書來到我, 於全羅慶尙沿海各地方, 知委訪問, 皆無是事. 你們船隻, 果若漂到, 則我當討還, 今實無有, 不知向何處討來, 行長前書稱, 十五隻, 再書稱, 十六隻, 今又却稱四十隻, 你言變遷不的, 天朝旣許封貢, 此小事, 不要來爭, 我擬差遣官役數百員名, 去向全羅地方討來. 倭賊荅稱, 老爺若欲

---

[1] 본 문서는 이호민의 문집인 『오봉집』에 일부 내용이 편집되어 실려 있다. 李好閔, 『五峯集』卷12, 奏文, 陳奏奏文甲午二月.

差人去尋, 我們當跟同走看. 總兵却謂, 全羅之人, 見你們行走, 則雖有舩隻, 必深藏矣. 倭賊, 唯唯. 總兵又問, 你國謝恩表文, 何時來到. 倭賊答稱, 關白歸國都, 道路差遠, 計於本月念後來到. 総兵將前項倭賊, 擬於初九日回送本處. 仍念, 通事柳依檳傳說, 全羅道防守, 不可不及時申飭, 行長初稱漂舩十五隻, 再稱十六隻, 今復稱四十隻, 託言差人尋討, 其實欲詳知全羅形勢去處, 以肆其兇計. 你國操練兵馬, 儲備糧餉, 且將所有米穀輸峙城池險固處, 所毋貽後悔. 等因.
據此.[2] 具啓. 得此. 當職爲照, 伊賊兇狡不測, 上年沈參將, 纔離釜山, 賊鋒旋陷晉州, 大肆屠戮, 其假和緩備, 而陰逞兇逆, 乃其常態也. 目今, 沈參將, 又入賊中, 假令討得降表而來, 其不足取以爲信明矣. 當職常恐降表纔到, 賊又乘我不虞, 卷衆順搶, 即據各陪臣馳報, 伊賊猖然吞噬之狀, 灼然已著. 一朝長驅北上, 則留守川兵五千, 亦難攔截賭勝, 小邦何靠而得免於糜爛耶 煩乞貴部貴院貴院貴司, 洞察危迫事情, 據實題奏, 遼東則轉呈, 速圖救濟. 爲此, 合行移咨, 請照驗施行. 須至咨者.
右咨巡撫遼東都察院巡按遼東都察院總督兵府[3]遼東都指揮使司.

萬曆二十二年二月初一日.

발신: 조선국왕

사유: 긴급한 왜정(倭情)에 관한 일입니다.

---

2) 원문의 '據此'는 잘못 삽입된 것으로 보인다.
3) 총독병부(總督兵部)의 오기이다.

[조선국왕] 지난 정월 29일에 당직(當職)은 근일의 변보를 전차배신(專差陪臣) 이정형(李廷馨)으로 하여금 서둘러 가서 고급(告急)하도록 했습니다. 이어서 정월 30일에 제도도순찰사(諸道都巡察使) 권율(權慄), 공조판서(工曹判書) 김명원(金命元), 부총부(副總府) 유정(劉綎)[4]의 사후배신(伺候陪臣) 김찬(金瓚), 호조참의 정광적(鄭光績)이 함께 치계했습니다.

[권율 등] 본월 초7일에 참장(參將) 심(유경)[5]의 가정(家丁)[6]이 왜적 6명을 대동하고 적중으로부터 돌아왔습니다. 다음날 총병[劉綎]이 불러 "무슨 할 이야기가 있습니까?"라고 물었습니다. 왜적이 "군량을 실은 선박 40여 척이 표풍(漂風)으로 전라도 지방에 닿게 되어 나아가 그곳에서 찾아보고자 합니다."라고 답했습니다. 총병이 다시 "전일 유키나가(行長)[7]가 이 때문에 서신을 보내와서 전라도·경상도 연해지방에 알려 찾아가보도록 했으나 이런 일이 전혀 없었습니다. 그대들의 선박이 과연 표류했다면 우리가 마땅히 돌려주라 요구할 것이나 지금 진실로 이런 일이 없습니다. 어느 쪽으로 나아가려 했는지 모르겠으나 유키나가의 저번 서신에는 15척이라 했다가 다시 보낸 서신에는 16척이라 하고 지금 또다시 40척이라 하니, 그대들의 말이 바뀌면서 정확하지 않습니다. 천조(天朝)에서 이미 봉공(封貢)을 허락하였으니 이러한 작은 일로 찾아와 다투지 마십시오. 내가 헤아

---

4) 유정(劉綎, 1558~1619)은 1593년 2월 평양성 수복 이후 5,500여 명의 남병(南兵)을 이끌고 조선으로 파견됐다. 약 1년 반 만에 군대를 거두어 철병했고 정유재란이 발발하자 다시 참전했다.
5) 심유경(沈惟敬, ?~1597)이다. 『宣祖實錄』 卷48, 宣祖 27年 2月 丁巳(8日), "兵曹判書李德馨 臣往見沈參將 惟敬 沈往戚將處"(1594년 2월 병조판서 이덕형이 심유경을 방문); 『宣祖實錄』 卷49, 宣祖 27年 3月 丙申(18日), "上命承文院 以近日賊情 書示周遊擊弘謨 其略曰 …… 有天將沈參將 出來平壤 向倭將平行長 懇說 生于一天之下 如是交爭 甚是不宜 多賂銀兩請和 以此退兵京城 參將又請成故捲兵 今者參將 又入行長營裏"(1594년 3월 선조가 유격 주홍모에게 전달한 정세 중 심유경의 활동).
6) 명 장수 휘하의 병사 가운데 지휘관의 사병(私兵)으로 기능한 사람들을 이른다. '친병(親兵)'이라고도 불렸으며, 많은 경우 수천 명에 달했다.
7) 고니시 유키나가(小西行長, ?~1600)이다.

려 관원 수백 명을 차견하여 전라도에 다녀오도록 했습니다."라고 말했습니다. 왜적이 "노야(老爺)가 사람을 보내 찾으려 한다면 우리도 마땅히 함께 따라다녀 보고자 합니다."라고 답했습니다. 총병이 다시 "전라도 사람들은 그대들이 돌아다니는 것을 본다면 아무리 선박이 있다고 하더라도 반드시 깊이 숨길 것입니다."라고 말했습니다. 왜적이 "네네."라고 했습니다. 총병이 또한 "그대 나라의 사은표문(謝恩表文)은 언제 도착합니까?"라고 물었습니다. 왜적이 "관백이 국도(國都)로 돌아가는 중이며 길이 다소 멀기에 본월 20일 후[8]에나 도착할 것으로 헤아려집니다."라고 대답했습니다. 총병은 전항(前項)의 왜적들을 초9일에 본처(本處)로 돌려보낸 듯합니다. 이에 (이 일을) 염두에 두어 통사 유의빈(柳依檳)[9]에게 "전라도의 방수를 제때 신칙하지 않을 수 없습니다. 유키나가(行長)가 처음에는 표류한 배가 15척이라고 했다가 다시 16척이라고 했고 지금 다시 40척이라고 하면서 사람을 보내 찾을 것을 핑계로 삼지만, 실제에 있어서는 전라도의 형세와 위치를 상세히 알아 멋대로 흉계를 펴려는 것입니다. 그대 나라는 병마를 조련하고 군량을 비축하고, 또한 보유한 미곡을 험고한 성지(城池)로 옮겨 저장하여 후회를 끼치는 일이 없어야 할 것입니다."라는 말을 전했습니다.

[조선국왕] 갖추어 온 장계를 받고 당직이 살펴보건대, 저 적은 흉악하고 교활하여 헤아리기 어렵습니다. 작년에 심 참장이 부산(釜山)을 막 떠나자마자 곧바로 진주(晉州)를 함락하여 크게 도륙을 저질렀으니, 그 화의를 가장하여 방비를 늦추고 이면에서 흉역을 꾸미는 것은 곧 늘 그러한 모습입니다. 지금

---

[8] 원문의 '念後'는 20일 후를 말한다.
[9] 이호민의 『오봉집(五峯集)』에서는 '柳依擯'으로 표기되어 있고(李好閔, 『五峯集』 卷12, 奏文, 陳奏奏文甲午二月), 『선조실록(宣祖實錄)』에서는 '柳依檳'으로 표기되었다(『宣祖實錄』 卷48, 宣祖 27年 2月 乙卯(6日); 『宣祖實錄』 卷54, 宣祖 27年 8月 辛酉(16日) 등).

심 참장이 또한 적중에 들어가 가령 항표(降表)를 받아 돌아온다고 해도 족히 믿을 만한 것이 못 된다는 것은 명백합니다. 당직은 늘 항표가 이르자마자 적이 또한 불우(不虞)의 때를 타고 무리를 모아 차례대로 침략할 것이라 염려해 왔는데, 이내 각 배신의 치보를 받았으니 저 적이 으르렁거리며 우리를 삼키려는 정상은 이미 환하게 드러난 것입니다. 하루아침에 길게 달려 북상하면 유수(留守) 중인 천병(川兵)10) 5천 군사도 또한 (적을) 차단하여 승부를 걸기가 어렵게 될 것이니 소방은 어디에 의지하여 난리를 면할 수 있겠습니까? 번거롭겠지만 귀부(貴部, 총독병부), 귀원(貴院, 순무요동도찰원), 귀원(貴院, 순안요동도찰원), 귀사(貴司, 요동도지휘사사)에서는 위박한 사정을 통찰하시어 실상에 근거하여 제주(題奏)하고 요동(아문)에서는 정문(呈文)을 전달하여 속히 구제를 도모해 주시기 바랍니다. 이에 마땅히 이자(移咨)하니 청컨대 검토해 주십시오. 자문이 잘 도착하기를 바랍니다.

　이 자문을 순무요동도찰원·순안요동도찰원·총독병부·요동도지휘사사에게 보냅니다.

만력 22년 2월 초1일.

---

10) 중국 사천(泗川)의 군사를 말한다.

2. 布政咨行本國查究糧船漂泊被賊搶奪緣由
3a-5b(193~198쪽)

欽差整飭金復海盖兵備屯田兼管苑馬寺事山東布政使司右布政使 郭,
爲 遵旨專責部臣, 經略倭患 事.

本年正月初七日, 蒙 欽差巡撫遼東地方贊理軍務兼管備倭都察院右僉都
御史 韓 批.
　據 運糧把總 張延德 呈.
　　照得, 卑職卷查, 先於本年三月內, 遵奉部箚.
　　　督舡前徃山東·登·萊等處, 督運接濟征倭兵馬米豆. 等因.
　　奉此. 遵依, 卑職於四月內止, 准照, 金州革任守備王汲陸, 續查發
　　大小船一十九隻, 共領運萊陽·棲霞·黃縣·福山等四縣, 粟米豆八千
　　六百八十石. 分發朝鮮交完米六千四百九十石內, 除赴平壤委官傳廷
　　立等處交完米五千八百七十石, 義州鎭交完米. 舡戶楊梅, 米五百石,
　　十一月內續到, 舡戶金志倉, 運到米豆六百石, 米四百石, 豆二百石,
　　見在金州該管地方大長山島, 拴泊聽候. 及拘查前未到舡戶洪天祥
　　等, 到職, 審伊 供稱.

原領萊陽縣粟米四百五十石, 八月初九日, 自山東開舩, 由於十九日, 徑過旅順口, 仍到地名獐子島. 九月初九日, 行至中洋遇風, 丟失米三百三十石, 將舩仍刮, 回山東茶山旋城島, 止剩米一百二十石, 十月十二日, 赴義州鎭交付. 遼陽委官金鏡 并朝鮮委官黃汝一, 收完票証.

及審金廷湖 供稱.

本舩原領棲霞縣粟米五百六十石, 亦於九月初八日, 遇風刮至朝鮮地方全羅道扶安縣, 撞遇本處賊舩六隻, 殺死水手二名, 汪子相·李仲達. 將所裝米袋衣物, 搶奪去訖, 彼處官司提賊嚴追. 等情.

回稱, 到職. 惟恐不的, 仍調取朝鮮陪臣刑曹參判申文, 并遼陽軍政都司張三畏手本, 內稱.

雖有小米布袋等見贓, 而爲緣同倘鄭水月等, 隣賊金好孫等八名, 并未捕獲, 詞多推調. 已經啓, 奉教旨.

行令本道督併沿海州縣, 緝捉前項賊徒. 如獲原裝官糧五百六十袋, 及將各人依物, 下落去處, 嚴加究問, 火速追賠轉解. 等因.

准據, 卑職速備用手本, "就差本役, 齎赴都司張三畏處, 調取朝鮮陪臣追賠米石, 實收去訖. 其王景時米五百五十石, 潘廷言米一百石, 并押舩旗軍陸九功·郭繼盈等人船, 至今行查, 通未下落." 緣由. 具呈本院, 蒙批, "仰海盖道, 查明速報."

蒙此. 看得, 把總張延德, 管押舩戶金廷湖舩運官米, 被風吹至全羅道扶安縣地方, 偶遇賊船六隻, 殺死水手二名, 搶奪米袋衣物. 既稱, 彼處緝有賊姓名, 獲有贓物, 似可追究下落. 但事在彼中, 未審虛實. 雖據舩戶此, 合咨前赴朝鮮國王處, 煩爲轉行全羅道及刑曹參判等官, 即査遼東舡戶金廷湖米舡, 於某月日, 被風吹至扶安縣果否, 遇賊殺死水手, 搶奪米袋衣物強賊有無, 捕獲贓物果否, 究出逐一, 備細查明, 回復以憑開豁. 若舡戶自失米, 妄賴無干良民, 亦請明白直言, 勿存嫌疑. 務期同心共念, 勿分彼此, 回咨過道, 以憑施行. 請勿遲緩. 須至咨者.
右咨朝鮮國王.

萬曆二十二年正月十一日.

발신: 흠차정칙금복해개병비둔전겸관원마시[11]사산동포정사사우포정사 곽(성지)[12]

사유: 성지(聖旨)에 의거하여 부신(部臣) 경략에게 왜환(倭患)을 전적으로 책임지우는 일입니다.

[곽성지] 본년(1594) 정월 초7일 흠차순무요동지방찬리군무겸관비왜도찰원우첨도어사 한(취선)[13]의 비(批)[14]를 받들었습니다.

　[한취선] 운량파총(運糧把總) 장연덕(張延德)의 정(呈)[15]을 받았습니다.

---

[11] 원마시(苑馬寺)는 명대(明代)와 청대(淸代)에 말을 사육하고 관리하던 관서로, 종3품 아문이다.
[12] 곽성지(郭性之, ?~?)이다. 『神宗實錄』卷240, 萬曆 17年 8月 6日, "辛巳 陞山西副使郭性之 爲山東右參政 管遼東苑馬寺事 兼金復海盖兵備湖廣副使."
[13] 한취선(韓取善, 1546~1618)이다. 한취선은 산서포정사사(山西布政使司)의 좌참정(左參政), 안찰사(按察使), 우포정(右布政)을 거쳐 1593년 10월 요동순무로 임명되었다. 『神宗實錄』卷265, 萬曆 21年 10月 7日, "命山西右布政使韓取善 巡撫遼東."
[14] 하행 문서에 쓰인다. 즉 상급자가 하급자에게 필요한 내용을 문서로 알릴 때의 문서 양식이다.
[15] 상행 문서에 쓰인다. 즉 하급자가 상급자에게 필요한 내용을 문서로 알릴 때의 문서 양식이다.

[장연덕] 살펴보건대 비직(卑職)이 관련 문서를 찾아보니 예전 본년 3월 중 병부(兵部)의 차부(箚付)를 받들었습니다.

[병부] 선박을 독려하여 산동(山東)·등주(登州)·내주(萊州)로 나아가도록 하여 정왜병마(征倭兵馬)의 쌀과 콩 운반을 감독하고 접제하도록 하십시오.

[장연덕] 이를 받고 지시를 따라 비직은 4월 내로 차부의 내용을 참조하여 금주(金州)의 혁임(革任)된 수비(守備) 왕급륙(王汲陸)으로 하여금 잇달아 대소 선박 19척을 선발해서 내양(萊陽)·서하(棲霞)·황현(黃縣)·복산(福山) 4현의 속미(粟米)와 콩 총 8,680석을 운반하도록 명령했습니다. 조선에 나누어 보내 교부한 쌀 6,490석 내에서 평양(平壤) 위관(委官) 부정립(傅廷立)16) 등에게 교부한 쌀 5,870석을 제외하고 의주진(義州鎭)에 교부했습니다. 선호(船戶) 양매(楊梅)의 쌀 500석이 11월 내에 잇달아 도착했고, 선호 김지창(金志倉)이 운반하는 쌀과 콩은 600석인데 쌀 400석과 콩 200석으로 현재 금주의 관할 지역인 대장산도(大長山島)에 정박하여 대기하고 있습니다. 그리고 예전에 미처 도착하지 못한 건을 적간 조사했는데 선호 홍천상(洪天祥) 등이 비직에 왔기에 그를 심리하니 공술한 내용이 다음과 같습니다.

[홍천상] 원래 가져온 내양현의 속미 450석을 8월 초9일에 산동에서 배를 띄워 19일에 여순구(旅順口)를 지나 얼마 후 지명이 장자도(獐子島)라고 하는 곳에 도착했습니다. 9월 초9일에 출발하여 거센 바람을 만나 쌀 330석을 유실했고 그 때문에 배에 손상이 있어 산동 차산

---

16) 부정립(傅廷立, ?~?)이다. 1593년(선조 26)경 조선에 부임한 것으로 생각된다.『宣祖實錄』卷39, 宣祖 26年 6月 甲辰(21日), "元翼曰 符廷立來後 似有防範";『神宗實錄』卷371, 萬曆 30年 4月 22日, "遼鎭中左所遊擊傅廷立 乞回籍養病 許之." 실록에는 '符廷立'으로 표기돼 있다.『宣祖實錄』卷39, 宣祖 26年 6月 甲辰(21日).

(茶山) 선성도(旋城島)로 돌아왔고, 겨우 쌀 120석만을 10월 12일에 의주진으로 보내 교부했습니다. 요양위관(遼陽委官) 김경(金鏡)이 조선위관(朝鮮委官) 황여일(黃汝一)과 함께 인수를 마치고 확인 증서를 내주었습니다.

[장연덕] 김정호(金廷湖)를 심리함에 미쳐서는 공술한 내용이 다음과 같습니다.

[김정호] 본선(本船)은 원래 서하현(棲霞縣)에서 속미 560석을 수령했고, 역시 9월 초8일에 거센 바람을 만나 배의 손상으로 조선의 지방 전라도 부안현(扶安縣)에 이르렀는데, 이곳에 있던 적선 6척과 마주쳐 선원 2명이 살상당했습니다. 이들은 왕자상(汪子相)과 이중달(李仲達)입니다. 배에 실은 쌀 포대와 옷가지 물품 등은 강탈당했고, 그곳 관서에서 도적을 잡기 위해 엄히 추적하고 있습니다.

[장연덕] 이 같은 답변을 받고서 본직은 여전히 정확하지 않은 것 같아서 조선 배신 형조참판의 신문(申文)[17]과 요양군정도사(遼陽軍政都司) 장삼외(張三畏)의 수본을 추려 조사하니 다음과 같은 내용이었습니다.

[형조참판·장삼외] 비록 소미(小米) 포대 등에 장물이 생겼으나 같은 무리인 정수월(鄭水月) 등과 인적(隣賊) 김호손(金好孫) 등 8명을 아직 아울러 체포하지 못했기 때문에 서로 미루는 말이 많습니다. 계를 올렸고 교지를 받들었습니다.

[교지] 본 도에서 연해의 주현을 독려하여 이 적도를 수색하여 체포하게 하고 도적의 무리가 원래 실었던 관량(官糧) 560포대 및 각

---

17) '申'은 하위 아문 및 속사(屬司)에서 상급 아문에 행이하는 문서이다. 『吏文輯覽』 卷2, 1(1976, 景文社, 317쪽). 申文이라고도 한다. 『吏文輯覽』 卷2, 9(1976, 景文社, 329쪽), "申 卽申文也."

인의 옷가지 물품 등을 노획한 것에 관해서는 소재를 엄히 캐내어 속히 배상을 받아 전달하도록 하십시오.

[장연덕] 이에 근거하여 비직은 「본역(本役)을 차출하여 도사 장삼외에게 가져가도록 하고 조선 배신이 배상 받은 미석(米石)을 실물로 거두어 왔습니다. 저 왕경시의 쌀 550석과 반정언의 쌀 100석 그리고 압선기군(押船旗軍) 육구공·곽계영의 배에 대해서는 지금 조사하고 있으나 쌀을 내려 둔 곳을 전부 파악하지는 못했다.」라는 수본을 갖추어 속히 작성하여 본원(도찰원)에 정문을 올렸고 「해개도(海盖道)에 명을 내려 분명히 조사하여 속히 (조선에) 통보하라.」는 비(批)를 받았습니다.

[곽성지] 이를 받고 살펴보니, 파총 장연덕이 선호 김정호를 독려하여 관미(官米)를 배로 운반하도록 하였는데 바람에 휩쓸려 전라도 부안현 지방에 이르렀으며, 우연히 적선 6척을 만나 선원 2명이 사망했고 쌀 포대와 옷가지 물품 등을 빼앗겼다고 합니다. 이미 그곳에서 도적의 이름을 파악하였고 장물을 확보했다고 하니 소재를 추적할 수 있을 듯합니다. 다만 사세(事勢)가 저들 가운데 있어 허실을 아직 조사하지 못했습니다. 비록 선호의 진술을 받았다고 하지만 근거로 삼기 어렵고 관미와 관계되니 마땅히 함께 조사해야 할 것입니다. 이에 마땅한 자문을 조선국왕께 보내오니 번거롭더라도 전라도의 관원 및 형조참판 등에게 전달해서 요동 선호 김정호의 미선(米船)이 모월 모일에 바람에 휩쓸려 부안현에 정말 이르게 되었는지, 도적을 만나 선원이 사망했고 쌀 포대와 옷가지 물품 등을 빼앗은 강도가 있었는지, 장물을 찾았는지 등을 즉시 조사하여 일일이 찾아내어 상세히 밝혀 회보하여 주시면 막힘없이 근거로 삼도록 하겠습니다. 만약 선호가 자기 탓으로 쌀을 망실했음에도 망령되이 무관한 양민에게 전가했다면 이 또한 명백히 솔직히 말하여 혐의를 남기지 않아야 할 것입니다. 반드시 한마음으로 모두 염려하

여 피차를 따지지 말고 (그) 회자를 도(해개도)로 넘겨서 이를 근거로 삼을 수 있게 해 주십시오. 청컨대 지연시키지 마십시오. 자문이 잘 도착하기를 바랍니다.

이 자문을 조선국왕에게 보냅니다.

만력 22년 1월 11일.

3. 回咨
5b-7a(198~201쪽)

朝鮮國王,

准來咨該 爲 遵旨專責部臣, 經略倭患 事 云云. 等因.

准此. 當職查照, 先該上年十一月內, 議政府 狀啓.
 據 全羅道觀察使李廷馣 呈.
  備 扶安縣監金如晦 申.
   九月十八日, 該漁戶李三 告稱.
    本役, 於本月十五日, 前往梁島, 採辦海味, 間有面生異樣人一十五名, 在島行走, 語音不曉, 就與帶來.
   卑職寫問, 你係何處人民. 內有王仲寬出, 示所賫公文一紙, 委係遼東金州衛旗牌. 寫說.
    運粮漂流, 於本月十六日, 在洋中, 撞遇賊舡, 來犯殺死水手二名, 將俺等原坐舡隻, 連裝載物件搶奪. 等情.
   就着軍官發兵, 緝捕本賊.
  去後, 回據 本官 報稱.

前項海賊, 係是臨陂等縣, 住坐人數, 已獲首賊鄭恩福等七名監囚.
等因.
又據 戶曹參判尹自新 呈.
該本曹正郎金泊 申.
卑職蒙差, 於閏十一月內, 前往全羅地方, 督併沿海州縣, 挨捕賊徒高險年等十一名取訖. 同謀作賊殺掠, 的確招辭, 俱按律正刑, 仍將贓物, 小舩三隻, 粟米四十五石, 蒸米三石, 乾魚一十四束, 破鞋一隻, 螺鈿函一箇, 布袋十尺等件, 照數收貯. 等因.
備呈.
具啓. 得此. 已將王仲寬等一十五名, 於十一月初三日, 解赴遼東都司, 交割去訖. 今該前因, 當職再照, 所據賊徒, 逃躱遠遁, 迄未盡捕, 原搶物件, 亦難追賠, 委爲悶慮. 除將上項贓物, 驗數收貯聽候, 又飭全羅各該官吏, 嚴加究問, 務要緝捉, 擬候畢勘會查情由, 另行備報外, 爲此, 合行回咨.
請照驗施行. 須至咨者.
右咨山東布政使司.

萬曆二十二年二月初八日.

발신: 조선국왕
사유: 보내온 자문을 받으니, 「성지(聖旨)에 의거하여 부신(部臣) 경략에게 왜환을 전적으로 책임지우는 일입니다. 운운」했습니다.

[조선국왕] 이를 받고 당직이 살펴보니 앞서 작년(1593) 11월 중 의정부에서 다음의 장계를 올렸습니다.

[의정부] 전라도관찰사 이정암(李廷馣)의 정(呈)을 받았습니다.

[이정암] 부안현감 김여회(金如晦)의 신보(申報)를 받았습니다.

[김여회] 9월 18일에 어호(漁戶) 이삼(李三)이라는 자가 고했습니다.

[이삼] 본역이 본월 15일에 양도(梁島)에 나아가 해산물을 매입하려 했습니다. 그곳에 간혹 외모가 낯선 이양인이 있었는데, 15명이었고 섬에 머물며 돌아다니고 있었으며 말을 알아들을 수 없었으나 곧장 그들을 함께 데리고 왔습니다.

[김여회] 비직(卑職)이 필담으로 그들이 어느 곳의 인민인지 물었습니다. 그중 왕중관(王仲寬)이라는 자가 나와 가져온 공문서 한 장을 보여 주었는데 이는 곧 요동(遼東) 금주위(金州衛)의 기패관(旗牌官)이었습니다. 그가 필담으로 대답했습니다.

[왕중관] 양향(糧餉)을 운반하던 중 표류했고, 본월 16일에 바다 가운데서 적선을 맞닥뜨렸는데 침범해 와서 선원 2명을 살해했고 우리들이 처음 타고 있던 배에 실린 물건을 연이어 강탈했습니다.

[김여회] 이에 즉시 군관으로 하여금 군사를 내어 그 적도(賊徒)를 체포하도록 했습니다.

[의정부] 그 후 다시 본관(이정암)이 전해 온 보고를 받았습니다.

[이정암] 전항(前項)의 해적은 곧 임피현(臨陂縣) 등에 거주하는 사람들로 이미 적의 우두머리 정은복(鄭恩福) 등 7명을 잡아 가두었습니다.

[의정부] 또한 호조참판 윤자신(尹自新)의 정문을 받았습니다.

[윤자신] 본조(호조) 정랑(正郎) 김계(金洎)의 신보를 받았습니다.

[김계] 비직이 삼가 (1593년) 윤11월 중 파견되어 전라 지방으로 나

아가 연해의 주현을 감독하여 적도 고험년(高險年) 등 11명을 체포했습니다. 도적질과 살인 약탈을 공모했다는 공초가 분명하여 모두 율(律)에 따라 정형(正刑)했고 따라서 장물에 대해서는 소선(小船) 3척, 속미(粟米) 45석, 증미(蒸米) 3석, 말린 생선 14속(束),[18] 해진 신 1짝, 나전함[19] 1개, 포대 10척(尺) 등을 (그) 숫자를 파악하여 간수해 두었습니다.

[윤자신] 정문을 보냅니다.

[조선국왕] 갖추어 온 장계를 받고서 이미 왕중관 등 15명을 11월 초3일에 요동도사(遼東都司)에 압송하여 인계를 마쳤습니다. (이러한 조치를 취한 후) 이번 자문을 받았습니다. 지금 앞의 일을 당직이 다시 살펴보건대 보고에서 언급된 적도들은 멀리 도망쳐 숨었기에 끝내 모두 체포하지 못하였고, 처음에 약탈한 물건 또한 배상을 받기가 어려우니 실로 답답한 일입니다. 앞의 장물을 숫자를 파악하여 간수하여 대기하도록 했고 또한 전라도의 각 해당 관리를 신칙하여 엄히 캐물어 힘써 잡아들이도록 해서 깊이 헤아려 모두 모아 조사하는 일을 마쳤다는 연유를 별도로 갖추어 통보하는 외에, 이에 마땅히 회자하오니 청컨대 검토해 주십시오. 자문이 잘 도착하기를 바랍니다.

이 자문을 산동포정사사(山東布政使司)에게 보냅니다.

만력 22년 2월 초8일.

---

18) '뭇'이라고도 하며 1속(뭇)은 생선 열 마리를 이른다.
19) 나전칠기로 장식한 함이며, 보석, 도장, 문서 등을 보관할 수 있다.

4. 都司因兵禮部將欽賜銀兩貿辦軍火緣由咨會本國

7a-9b(201~206쪽)

遼東都指揮使司,

爲 乞恩天朝, 給資戎備, 以預防守 事.

准 欽差分守遼海東寧道兼理邊備屯田山東布政使司右參議 楊 咨.
　蒙 欽差總督薊遼保定等處軍務兼理粮餉兵部左侍郞兼都察院右僉都御
　史 顧 案驗.
　　准 兵部 咨.
　　　車駕淸吏司案呈.
　　　奉本部送.
　　　　准 禮部 咨.
　　　　　主客淸吏司案呈.
　　　　　奉本部送.
　　　　　　據提督會同館本司主事洪啓睿 呈.
　　　　　　奉本部送.
　　　　　　　准 兵部 咨. 該本部題, 准量動折船銀二千兩, 咨部送司. 准本司手本, 查照題奉欽依內事理, 欽遵驗買施行. 等因.

到職, 當日出示招商, 設法嚴禁官吏索騙奸商囑託. 仍省諭陪臣許晉, 禁彼通事, 毋得受賄, 以滋獎端. 去後, 隨據商人劉才十二名, 各認物料不等, 自前月二十八日起, 至本月初九日止. 前後共收過角面, 三萬六千片, 給價銀一千一百七十兩. 熖焇, 二萬三千一百斤, 給價銀四百一十五兩 八錢. 硫黃, 一千二百斤, 給價銀五十四兩. 魚膠, 八百斤, 給價銀五十二兩. 牛筋, 八百斤, 給價銀一百三十六兩. 黃絲, 一百五十斤, 給價銀九十兩. 斑猫, 一十斤, 給價銀十七兩. 合用油簍帶木盖, 一百六十二件, 給價銀九兩七錢二分. 荊筐帶盖, 一百二十八件, 給價銀八兩九錢六分. 粗細繩, 共八百斤, 給價銀九兩六錢. 潤席, 七十條, 給價銀二兩八錢. 紅氈, 二條, 給價銀一兩六分. 布袋, 十六件, 給價銀六錢. 通計, 十三項, 共給價銀一千九百六十七兩五錢四分.

以上物料, 俱職逐項辨驗稱對督同伊通事申應澍·軍官元守義等, 多方挑選, 務在堪用, 博訪公平價直, 挨日給發, 該國人等踴躍. 曩時, 冒破減去泰甚, 所用筐簍等物, 職依數包裹如法, 尚餘銀三十二兩四錢六分, 據陪臣稱, 遼陽距江一帶, 原無車輛, 只有頭口, 須多買包簽, 輕裝以節其力, 窮途無從措辦, 欲將餘銀給資前途策應. 據情果屬的確, 緣係戰器錢糧, 未敢擅便, 呈乞移咨兵部定奪. 委車駕司官一員, 到館查驗, 速給車輛, 行文遼東巡撫, 待前項物料到日, 查對果否數目相同, 傳報國王, 使知恩澤, 益奮忠勇, 庶奸蠹可清, 而屬國君臣, 終始荷朝廷, 再造之賜. 等因.

呈部送司. 案呈到部.

擬合就行.

爲此, 合咨貴部, 煩爲轉行遼東巡撫, 查照施行. 等因.

到部送司, 卷查本月初五日, 據朝鮮國陪臣許晉呈稱, 裝運器械·火藥, 應付車輛·軍夫·馬騾, 已經移咨知會外, 今該前因, 案呈到部.

擬合就行.

爲此, 合咨前去, 煩爲轉行各兵備道, 如遇朝鮮國使臣, 運到器械物料到彼, 照依咨文內數目, 逐一查對相同, 速行應付. 仍先將前項器械物料數目開送, 朝鮮國王知會施行. 等因.

准此. 擬合就行. 爲此, 案仰該道, 照案備來文事理, 即便轉行道屬軍衞有司驛遞衙門官吏, 如遇朝鮮國使臣, 運到器械物料到彼, 照依兵部咨文內數目, 逐一查對相同, 速行應付. 仍前行遼東都司, 先將前項器械數目開送, 朝鮮國王知會施行.

蒙此. 擬合就行. 爲此, 合咨前去, 煩爲轉行朝鮮國王知會施行. 仍希由回照. 等因.

准此. 擬合就行. 爲此, 合咨前去貴國, 煩爲知會施行. 須至咨者.

右咨朝鮮國王.

萬曆二十一年十二月三十日.

발신: 요동도지휘사사

사유: 전쟁에 대비할 재원을 내주어 방수를 준비할 수 있도록 천조(天朝)의 은혜를 비는 일입니다.

[요동도지휘사사] 흠차분수요해동녕도겸이변비둔전산동포정사사우참의 양(호)[20]의 자문(咨文)을 받았습니다.

  [양호] 흠차총독계요보정등처군무겸이양향병부좌시랑겸도찰원우첨도어사 고(양겸)[21]의 안험(案驗)을 받들었습니다.

    [고양겸] 병부(兵部)의 자문을 받았습니다.

      [병부] 거가청리사(車駕淸吏司)의 안정(案呈)은 다음과 같습니다.

---

20) 양호(楊鎬, ?~1629)이다. 분수산동포정사사는 요양에 있던 산동포정사사의 지부 격으로 도지휘사사(都指揮使司)밖에 없던 요동의 행정적인 업무를 담당했다. 당시 산동해방첨사(山東海防僉事)였던 양호는 명군의 동정(東征)이 결정된 이후, 영평병비(永平兵備)로서 병력의 선발과 훈련, 둔전(屯田) 및 마정(馬政)을 관할했다. 『神宗實錄』卷253, 萬曆 20年(1592) 10月 壬辰(6日). 그러다 1년 뒤에는 산동포정사사의 우참의로 승진하였다. 『神宗實錄』卷266, 萬曆 21年(1593) 11月 辛未(21日).

21) 고양겸(顧養謙, 1537~1604)이다. 고양겸은 명군의 동정이 시작했을 무렵, 병부우시랑(兵部右侍郞)에서 좌시랑(左侍郞)으로 승진하여 도찰원(都察院) 우첨도어사(右僉都御史)로서 계주(薊州)와 요동(遼東), 보정(保定)의 군무를 총괄하는 계요총독(薊遼總督)이 되었다. 『神宗實錄』卷256, 萬曆 21年(1593) 1月 丁丑(22日). 이전에도 요동순무와 계요총독을 역임한 바 있던 고양겸은 요동 지역의 군정에 밝은 인물이었다. 이 무렵 송응창이 경질되자, 그를 대신하여 경략(經略)의 직함까지 겸대하고 활동하였다.

[거가청리사] 본부에서 보낸 문서는 다음과 같습니다.

[병부] 예부(禮部)의 자문을 받았습니다.

[예부] 주객청리사(主客淸吏司)의 안정은 다음과 같습니다.

[주객청리사] 본부가 보낸 문서는 다음과 같습니다.

[예부] 제독회동관본사주사(提督會同館本司主事) 홍계예(洪啓睿)의 정(呈)을 받았습니다.

[홍계예] 본부가 보낸 문서는 다음과 같습니다.

[예부] 병부의 자문을 받았습니다. 헤아려 보낸 절선은 (折船銀) 2,000냥을 받았다는 본부의 제(題)를 부(部)로 이자했고 (다시) 사(司)로 보냈다는 것이었습니다. 이에 대한 본사의 수본(手本)을 받아 살펴보니, 「제를 올려 공경히 받든 내용의 사리에 의거하여 삼가 준행하여 산출한 은의 수량에 맞추어 구매하십시오.」라고 했습니다.

[홍계예] 저는 이를 받고서 즉시 나와 상인들을 불러 놓고 법도를 세워 관리(官吏)의 삭편(索騙)과 간사한 상인들의 촉탁(囑託)을 엄히 금했습니다. 이어서 배신 허진(許晉)에게 성유(省諭)하여 그들의 통사를 금하여 뇌물을 받는 폐단이 불어나지 못하게 하였습니다. 그 뒤로는 상인 유재(劉才) 등 12명이 각각 물건들이 균등하지 않다는 것을 알고서 지난달 28일에 출발하여 이달 초9일에 이르러서야 도착했습니다.

전후로 거두어들인 각면(角面) 36,000편에 대해 지급한 은(銀) 1,170냥, 염초 23,100근에 대해 지급한 은 415냥 8전, 유황 1,200근에 대해 지급한 은 54냥, 어교(魚膠) 800근에 대해 지급한 은 52냥, 우근(牛筋) 800근에 대해 지급한 은 136냥, 황사(黃絲) 150근에 대해 지급한 은 90냥, 반묘(斑猫) 10근에 대해 지급한 은 17냥, 합용유루대목개(合用油簍帶木盖) 162건에 대해 지급한 은 9냥 7전 2푼, 형광대개(荊筐帶盖) 128건에 대해 지급한 은 8냥 9전 6푼, 조세승(粗細繩) 총 800근에 대해 지급한 은 9냥 6전, 활석(澗席) 70조(條)에 대해 지급한 은 2냥 8전, 홍전(紅氈) 2조에 대해 지급한 은 1냥 6푼, 포대 16건에 대해 지급한 은 6전, 총 13개 항목에 대해 지급한 은의 총량은 1,967냥 5전 4푼.

이상의 물건[物料]들을 제가 항목별로 갖추어 변험(辨驗)하고 그들의 통사 신응주(申應澍)와 군관 원수의(元守義) 등을 독려하면서 함께 다방면으로 가려 뽑아서 쓰임을 감당할 수 있게 하는 데 힘쓰고 가치가 공평하게 되도록 널리 물어서 날짜를 헤아려 차례대로 내주니 그 나라 사람들이 뛸 듯이 기뻐했습니다. 지난번 파격적으로 줄인 것이 매우 많았으므로 써야 할 광주리 같은 물건을 제가 수효에 의거하여 규격에 맞는 꾸러미[包囊]로 마련했는데, 그래도 은 32냥 4전 6푼이 남았습니다. 배신(陪臣)이 "요양(遼陽)에서 강에 이르기까지는 원래 수레[車輛]가 없으니 단지 입구 어귀[頭口]에 보따리와 광주리를 많이 두어서 가벼운 차림으로 그 힘을 절약하게 해야겠으나 방법이 없어 마련해 낼 수 없으니 남은 은을 재원으로 지급하여 앞으로 책응하게 하고자 합니다."라고 했습니다. (들어 보니) 말한 정황이 과연 그렇기는 하지만 무기(戰器)와 전량(錢糧)이라서 감히 함부로 편의대로 하지 못한다고 하였더니, 정(呈)을 올려 병부에 자문을 보내어 결정해 달라고 하였습니다. 거가사(車駕司)의 관원 1원(員)을 관(館)으로 보내어 조사해서 속히 수레를 내주게 하고 요동의 순무에게 행문(行文)하여 전항의 물건들이 이르기를 기다렸다가 수목(數目)이 과연 서로 맞는지를 대조해서 조사하게 한 뒤, 국왕에게도 보고를 전보(轉報)하여 은택을 알게 해서 더욱 충성과 용맹을 떨치게 한다면 아마도 간악함을 깨끗이 없앨 수 있을 것이고 속국(屬國)의 군신(君臣)들은 처음부터 끝까지 조정에서 내린 재조(再造)를 입게 될 것입니다.

[예부] 부(예부)에 정문(呈文)한 것을 사(주객청리사)로 보냈습니다. (사의) 안정이 부에 이르렀습니다.

[주객청리사] 헤아려 보건대 바로 시행함이 마땅하겠습니다.

[예부] 이에 마땅히 귀부(貴部)에 자문을 보내오니, 번거롭더라도 요동순무(遼東巡撫)에게 전달하여 살피도록 해 주십시오.

[병부] 부(병부)에 도착한 것을 사(거가청리사)로 보냈습니다. 이 달 초5일에 받은 조선국의 배신 허진의 정문을 조사해 보니, 「기계(器械)·화약(火藥)을 실어 나를 수레[車輛]와 군부(軍夫), 말·노새를 내어 달라고 이미 자문을 보내어 알렸습니다.」라고 한 것

외에도, 지금 위의 자문을 받았고 (이에 관한) 안정이 부에 이르렀습니다.

[거가청리사] 헤아려 보건대 바로 시행함이 마땅하겠습니다.

[병부] 이에 마땅히 자문을 보내오니 번거롭더라도 각 병비도(兵備道)에 전(轉)하여 만약 기계와 물건 들을 운반해서 그쪽으로 오는 조선국의 사신을 만나거든 자문 안의 수목에 의거하여 일일이 들어맞는지 대조한 뒤 속히 내주십시오. 이어서 먼저 앞의 기계와 물건의 수목을 모두 보내어 조선국왕에게도 알려 주십시오.

[고양겸] 이를 받고 헤아려 보건대 바로 시행함이 마땅하겠습니다. 이에 안험을 해도(該道)에 내리니, 안험을 살펴서 갖추어 보내온 문서의 사리를 즉시 도(道)에 속한 군위유사(軍衞有司)에 전해 주어 역체(驛遞) 아문의 관리가 만약 기계와 물건 들을 운반해서 그쪽으로 오는 조선국의 사신을 만나거든 병부 자문 안의 수목에 의거하여 일일이 들어맞는지 대조한 뒤 속히 내주십시오. 이어서 요동도사(遼東都司)에 보내어 앞서 전항의 기계 수목을 모두 보내어 조선국왕에게 알려 주십시오.

[양호] 이를 받고 헤아려 보건대 바로 시행해야 하겠습니다. 이에 마땅히 자문을 보내니, 번거롭더라도 조선국왕에게 전하여 알려 주십시오. 아울러 바라건대 사유에 대해서 회답해 주시기 바랍니다.

[요동도지휘사사] 이를 받고 헤아려 보건대 바로 시행해야 하겠습니다. 이에 마땅히 자문을 귀국에 보내오니, 번거롭더라도 알려 주십시오. 자문이 잘 도착하기를 바랍니다.

이 자문을 조선국왕에게 보냅니다.

만력 21년 12월 30일.

5. 本國申辨吳遊擊被誣咨
9b-13a(206~213쪽)

朝鮮國王,

爲 辨白誣枉 事.

查照, 先該 萬曆二十一年正月內, 諸道都巡察使 金命元, 提督伺候陪臣 韓應寅, 平安道觀察使 李元翼等 啓稱.

本月初六日, 提督領率三營將卒, 箚陣平壤城外, 先使南兵, 由牡丹峯上, 進前挑戰. 是夜賊潛襲右營, 南兵齊放火箭, 賊驚遁. 初八日, 提督督諸將攻城, 有統領南兵遊擊吳, 主攻城西隅, 先登摧陷, 賊遂潰散. 方其鏖戰, 賊劍槍森列, 放丸如雨, 遊擊身被賊丸, 勇氣益增, 麾兵上城, 功冠列營. 等因.

續該 本年七月內, 體察使柳成隆 馳啓.

六月二十九日, 倭賊攻陷晉州, 列郡瓦解, 賊兵散入草溪郡. 焚蕩官舍閭閻, 有遊擊吳統領南兵, 自善山·鳳溪, 星夜馳赴, 鎭守把截於高靈·草溪之境, 賊遂逡巡退遁, 不敢深入高靈·陜川, 以及星州以上諸邑, 因此得保. 等因.

又該 本年十一月內, 諸道都巡察使 權慄 馳啓.

據 慶尙右道兵馬節度使 成允門, 左道助防將 洪季男 節次飛報.

初二等日, 有大勢倭賊, 分爲二起, 自固城縣·党項浦·墻峴等口進入, 聲言復搶晉州地面. 有先鋒被本國軍兵殺退, 諸賊就行回還昌原·金海·熊川等處, 一起自蔚山西生浦進入, 北過慶州府三十里, 繞出天兵寨後, 到本府安康縣等處, 大肆殺掠, 謀欲遏絶粮道. 仍與哨探天兵交戰, 傷損二百餘名, 本國軍兵, 與天兵恊力, 却退奪還被擄男婦一百二十五名口. 捴兵駱, 遊擊吳, 仍鎭守慶州城子, 賊不得再犯. 等因.

得此. 當職爲照, 小邦不幸, 酷被兇禍, 宗社幾絶, 方域咸沒, 尙賴我皇上天地父母之恩, 君臣上下保延, 今日一味感泣, 更無所言. 每念, 臨機制勝, 戮力成功, 以副聖天子至意者, 莫非元帥及諸列將之惠, 而數其表表著稱者, 則有統領南兵遊擊吳, 於平壤之戰, 忘身力戰, 至於身中賊丸, 而勇氣愈勵, 争前鏖殺, 終致摧鋒陷陣, 猝扳堅城. 逮乎追賊南下, 駐箚要害, 遮截兇鋒, 使賊不敢大肆狂逞, 全羅江原兩道保全, 亦都是浙兵之力也. 雖其哨探官兵, 於安康之役, 撞遇大勢倭賊, 未免少有折損, 而賊亦力疲, 乘夜遁歸, 其功又爲大矣. 當其留鎭一隅, 間關暴露, 閱歷寒暑, 功大而勞苦, 倍於列營. 小邦人民恃之 屹然若長城之固, 不期流言成虎, 實狀掩蔽, 功之不圖, 而譴罰加焉. 當職聞此, 心竊驚惑, 莫知其故, 事情虛實, 萬目咸觀, 公論所在, 自不可誣, 固不足多辨. 弟小邦慶州距密陽, 約三日程, 安康又在慶州北, 三十餘里, 係是腹內地方, 而今乃云, 本國飢民, 搶掠密陽, 遊擊吳, 貪功渡河, 輕戰致敗. 噫, 此言何自而起耶, 賊若聞知, 寧無竊笑耶. 設使賊果盡渡海, 而只遺本國被脅飢民, 則天兵之半年駐箚八莒, 望釜山數百里, 不能前進者, 又何耶. 目今, 賊酋淸正, 在蔚山之西生浦, 行長, 在熊川之薺浦, 其他各賊, 分據梁山·彦陽·機張·東萊. 左右水軍節度使營, 林郞浦·豆毛浦·釜山浦·永登浦·場門浦等, 郡邑鎭堡數十餘區, 築城浚濠, 運粮練兵, 盖房種田, 無非爲久駐之計, 而假和姦謀, 日以益甚. 其侵犯安康者, 委的淸正之軍, 詗知安康迎日等處, 稍有轉輸粮餉, 潛兵掩襲, 欲絕我餉道耳. 倘非遊擊吳, 登時遮截, 則慶尙左道一帶及江原道保障, 已瓦解矣. 此其具載揭報, 至詳至明, 而小邦之感其功, 寧有極乎. 天閤悠遠, 辭說不的, 萬里邊情, 暴白無路, 當職於戴盆之下, 尤切痛心. 恭惟貴院按臨遼左, 凡干小邦實情, 理宜轉報, 以資考覈. 爲此, 合行移咨, 請照驗施行. 須至咨者.

右咨巡按遼東都察院 則貴院按臨遼左, 巡撫遼東都察院 則撫臨全遼, 總督兵部 則貴部出臨近境經理戎務.

萬曆二十二年二月初十日.

발신: 조선국왕

사유: 무고를 변호하는 일입니다.

[조선국왕] 살펴보건대, 저번 만력 21년(1593) 1월 내 제도도순찰사 김명원(金命元), 제독 사후배신 한응인(韓應寅), 평안도관찰사 이원익(李元翼)이 보고했습니다.

　[김명원 등] 본월 초6일에 제독이 3영(營)의 장졸을 거느리고 평양성(平壤

城) 밖에 주둔하고 먼저 남병(南兵)으로 하여금 모란봉 위로 전진하여 교전하도록 했습니다. 그날 밤 적이 몰래 우영(右營)을 기습하여 남병이 일제히 화전(火箭)을 쏘니 적이 놀라 달아났습니다. 초8일에 제독이 제장을 독려하여 성을 공격하도록 하였는데 남병을 통솔하는 이 중에 유격 오(유충)22)가 있어 성 서쪽 구석의 공격을 주도했고 먼저 올라 격파, 함락하니 적은 마침내 흩어졌습니다. 바야흐로 그 격전[鏖戰]에서 적의 검과 창이 수풀처럼 늘어서 있었고 탄환을 쏘는 것이 빗발 같았지만 유격은 적의 탄환을 맞고서 용기를 더욱 크게 하여 군사들이 성을 오르도록 지휘했으니 공이 여러 진영 중 으뜸이었습니다.

[조선국왕] 이어서 본년 7월 내 체찰사 유성륭(柳成隆)23)이 치계했습니다.

[유성룡] 6월 29일 왜적이 진주(晉州)를 공격하여 함락하니 여러 군읍이 와해됐고 적병이 흩어져 초계군(草溪郡)으로 들어가 관사와 여염을 분탕했습니다. 유격 오(유충)가 남병을 통솔하여 선산(善山)과 봉계(鳳溪)로부터 밤을 새워 치달아 고령(高靈)과 초계의 경계에서 진수하고 파절하니 적이 마침내 머뭇거리며 후퇴하여 고령과 합천(陜川)으로 감히 깊이 들어가지 못했고 이에 성주(星州) 이상의 제읍(諸邑)을 이로 인하여 보전할 수 있었습니다.24)

[조선국왕] 또한 본년 11월 내 제도도순찰사 권율(權慄)이 치계했습니다.

[도순찰사 권율] 경상우도병마절도사 성윤문(成允門)과 좌도(경상좌도) 조

---

22) 오유충(吳惟忠, ?~?)이다.
23) 유성룡(柳成龍)이다. 실수에 따른 오기(誤記)가 아니라 '중국'에 보내는 문서에서 '용(龍)' 자(字)를 기휘하는 제후국의 문서 작성 방식에 따른 것이다.
24) 이와 관련하여 유성룡의 『진사록(辰巳錄)』의 기사를 참고할 수 있다. 柳成龍, 『辰巳錄』, 馳啓晉州城陷曲折狀癸巳七月十五日, "猶幸劉總兵 卽時來駐陜川 吳遊擊與督捕使朴晉 助防將朴名賢等 把截高靈草溪之境 故兩邑人民 獨未潰散."

방장 홍계남(洪季男)이 차례대로 비보(飛報)했습니다.

　[성윤문·홍계남] 초2일경에 많은 숫자의 왜적이 두 갈래로 나누어 고성현·당항포(党項浦)·장현(墻峴)에서 전진하여 다시 진주 지역을 침범하겠다며 성언(聲言)했습니다. 선봉이 본국(조선) 군사에게 사상을 입어 후퇴하니, 적들이 곧장 창원(昌原)·김해(金海)·웅천(熊川)으로 돌아갔고 (나머지) 1기(起)는 울산(蔚山)의 서생포(西生浦)로부터 전진하여 들어와 경주부(慶州府)에서 북쪽으로 30리를 지나 천병(天兵)의 영채(營寨)를 돌아 나와 본부(경주부) 안강현(安康縣)에 이르러 크게 살해와 약탈을 저지르고 양도(糧道)를 끊기를 꾀했습니다. 이어서 초탐하던 천병과 교전하여 (천병) 200여 명의 사상자를 냈지만 본국의 군사가 천병과 협력하여 격퇴하고 (안강을) 탈환하니 포로가 된 남자와 부녀가 125명이었습니다. 총병 낙(상지)[25]과 유격 오(유충)가 이윽고 경주의 성자(城子)를 진수하니 적이 다시 침범하지 못했습니다.

[조선국왕] 이를 받고 당직이 살펴보건대, 소방이 불행하여 잔혹한 재난을 입어 종사가 거의 끊어지고 강역이 모두 없어지게 되었으나 오로지 우리 황상(皇上)의 천지부모와도 같은 은혜에 의지하여 군신 상하가 보존되어 이어질 수 있었으니 오늘날 한결같이 감읍할 따름이며 다시 드릴 말씀이 없습니다. 매번 생각하건대, 상황에 따라 적을 압도하여 이기되 서로 힘을 모아 공을 이룸으로써 성천자(聖天子)의 지극한 뜻에 부응할 수 있었던 것은 원수(元帥) 및 여러 장수의 은혜가 아닌 것이 없는데 수차에 두드러진 명성은 남병(南兵)을 통솔한 유격 오(유충)에 있으니 평양 전투에서 자신을 잊고 힘껏 싸워 적의 탄환을 맞음에 이르러서도 더욱 용기를 내서 앞다투어 무찔러 마침내 예봉을 꺾고 적진과 견고한 성을 함락시키는 데 이르렀습니다. 적

---

25) 낙상지(駱尚志, ?~?)이다.

을 추적하여 남쪽으로 내려간 데에 미쳐서는 요해지에 주둔하며 적의 선봉을 차단하여 적으로 하여금 크게 멋대로 날뛰지 못하게 했기에 전라·강원 두 도의 보전은 또한 모두 절병(浙兵)26)의 힘 덕분이었습니다. 비록 그의 초탐하는 군사가 안강의 전투에서 많은 왜적을 만나 조금 사상[折損]을 입기는 하였으나 적 역시 피로해져 밤을 틈타 도망갔으니 그 공이 또한 큽니다. 한 모퉁이 사이에서 진(鎭)을 지킬 때 험한 길에서 이슬을 맞고 추위와 더위를 두루 거쳤으니 큰 공적과 애쓴 노고는 여러 영보다 배가 됩니다. 소방의 인민이 의지하기를 우뚝한 장성처럼 든든하게 여기고 있었는데, 뜻밖에 유언(流言)이 호랑이를 만들어 내듯27) 실상이 가려져 공훈을 생각하기는커녕 처벌이 더해졌습니다. 당직이 이를 듣고 마음속으로 놀라되 그 연고는 알지 못하지만 사정의 허실은 모든 이목이 바라보고 있고 공론(公論)의 소재는 본디 속일 수 없기에 진실로 애써 분별할 것이 없을 것입니다. 다만 소방의 경주에서 밀양(密陽)까지는 약 3일거리이고 안강은 또한 경주에서 (더) 북쪽으로 30여 리 떨어진 곳에 있으니 바로 내지(內地)와 관계되는데, 지금 이르기를 본국(조선)의 기민(飢民)이 밀양을 약탈했고 유격 오(유충)가 공을 탐하여 강을 건너 가벼이 싸웠다가 패하였다고 합니다. 아! 이 말은 어디에서 나온 것입니까? 적이 만약 듣고 안다면 어찌 몰래 웃지 않겠습니까. 비록 적이 진실로 모두 바다를 건너갔고 단지 위협을 받은 본국의 기민만이 남아 있다면 팔거(八莒)에 반년 동안 주둔하는 천병이 부산(釜山)을 수백 리에서 바라보기만 하고 전진하지 못한 것은 무엇이라 하겠습니까? 지금 적추(賊酋) 기요마사(淸正)28)는 울산의 서생포에 있고, 유키나가(行長)는 웅천의

---

26) 절강(浙江)의 군사를 말한다.
27) 저잣거리에는 호랑이가 나타나지 않으나, 사람들이 세 번이나 저잣거리에서 호랑이를 보았다고 하면 많은 이들이 믿게 된다는 고사(三人成虎)이다. 『戰國策』, 魏策 2.
28) 가토 기요마사(加藤淸正, 1562~1611)이다.

제포(薺浦)에 있으며 다른 각각의 적은 양산(梁山)·언양(彦陽)·기장(機張)·동래(東萊)에 나누어 주둔하고 있습니다. 좌우수군절도사영의 임랑포(林郞浦)·두모포(豆毛浦)·부산포·영등포(永登浦)·장문포(場門浦)의 군읍 진보(鎭堡) 수십여 구역에서 성을 수축하고 해자를 파며, 군량을 운반하고 군사를 훈련하며, 집을 짓고 농사를 지으며 장구하게 주둔하려는 계획이 아닌 것이 없음에도 (저들은) 화친을 가장하여 간계를 꾸밈이 날마다 심해지고 있습니다. 저 안강을 침범한 것은 과연 청정의 군사이니 안강과 영일(迎日)을 염탐한 후 군량을 조금 운반하여 군사를 매복, 엄습해서 우리의 향도(餉道)를 끊으려는 것이었습니다. 유격 오(유충)가 때에 맞춰 차단하지 않았다면 경상좌도 일대 및 강원도의 보장(保障)은 이미 와해되었을 것입니다. 이는 게보(揭報)에 갖추어 신기를 지극히 상세하고 지극히 명확하게 해 두었으니, 소방에서 그 공에 감사함에 어찌 끝이 있겠습니까. 천혼(天閽)[29]은 더욱 멀고 사설(辭說)은 정확하지 않아 만 리나 떨어진 변방의 사정을 시원하게 드러낼 길이 없으니 당직은 대분(戴盆)[30]의 아래에서 더욱 통절한 마음뿐입니다. 삼가 귀원이 요좌(遼左)에 안림하고 있으니 소방의 실정과 관계된 일을 이치상 마땅히 전보(轉報)하여 고핵(考覈)의 근거로 삼아 주십시오. 이에 마땅히 자문을 보내니 청컨대 검토해 주십시오. 자문이 잘 도착하기를 바랍니다.

　이 자문을 요좌에 부임하여 안찰 중인 순안요동도찰원, 요동 전 지역을 선무 중인 순무요동도찰원, 변경 부근까지 출병하여 군무를 경리 중인 총독

---

29) 관원의 의견과 백성들의 고충이 전달되는 제왕의 궁문으로 여기서는 조선국왕의 보고가 명황제에게 진달되는 창구를 말한다.

30) '대분망천(戴盆望天)'의 줄임말이다. 사람이 머리에 동이를 이면 하늘을 바라볼 수 없고 하늘을 바라보면 동이를 바라볼 수 없다는 의미이다. 한 번에 두 가지 일을 할 수 없다는 어려움을 말하지만, 동이를 뒤집어쓰면 눈이 가려져서 실상이 보이지 않으므로 모함의 실상이 밝혀지지 않는 현실을 개탄하는 뜻으로도 사용된다. 본문에서는 모함의 실상이 밝혀지지 않는 현실을 가리킨다. 『漢書』 卷62, 司馬遷傳.

병부에 보냅니다.

만력 22년 2월 초10일.

6. 經略駁回本國所報倭情指爲張皇更要確報
13a-14b(213~216쪽)

遼東都指揮使司,

爲 倭情 事.

本月十九日, 蒙 欽差經略薊遼保定山東等處防海禦倭軍務加一品服兵部右侍郎 宋 部牌.

　照得, 倭奴大衆過海, 而屯住西生浦·金海等處者, 不過行長所帶殘倭耳, 其數無幾. 前于閏十一月十六日, 據 遊擊 戚金 稟稱.

　　據 朝鮮領兵元帥權慄具報國王啓內, 開稱.

　　　靑道郡守 車殷輅 馳報內, 大槩.

　　　郡伏兵軍等傳聞, 則內東等處, 交通人言 內.

　　　　兇賊, 本國有叛臣消息, 故西生浦·豆毛浦·(東)萊[31]·水營·釜山浦·下龍堂·巨濟·金海等處, 屯據將帥及所率精銳, 蒸飯裹粮, 于今月初五日, 乘舩回歸本土. 我國年少男女, 上舩入

---

31) 원문에는 '東'자가 누락되어 있다. 『事大文軌』卷8, 萬曆二十二年二月十一日 回咨 기사의 내용을 참고하여 '東萊'로 번역한다.

送, 喧說云云.

如此馳報.

果如此, 則天心悔禍, 從可知矣. 等因.

揭帖見在夫倭衆過海之報, 出自權慄之言, 似爲近眞, 而今陪臣黃璉所齎之報, 則皆九十月以前之事. 顧今混行具報, 況與今日事體, 大相懸絶, 該國君臣, 何昏憒之若是也. 明係張大賊勢, 恐喝我朝, 添兵益餉, 以遂彼報復狼毒之心, 且駕空撫拾, 以掩我將士戰守之功. 不然. 胡今日之報, 乃九月以後之事乎. 中間必有奸佞, 主使情弊事, 係軍機重務, 豈可容此奸佞之徒, 任情混供誤國大事. 合行駁回改正. 爲此, 牌仰本司官吏, 照牌事理, 即將陪臣黃璉所齎之報, 嚴行駁回, 督令從實具報, 毋得撫捏虛情, 混行瀆擾, 具駁過緣由呈報.

蒙此. 又蒙本部票仰本司, 即將朝鮮陪臣黃璉幷通事差人, 押回本國, 令將所齎之本, 速行改正, 毋違. 蒙此. 擬合就行. 爲此, 合咨前去, 貴國煩將駁回黃璉所齎之本, 速行改正, 從實具報. 毋得撫捏虛情, 混行瀆擾. 仍希咨回照. 須至咨者.

右咨朝鮮國王.

萬曆二十一年十二月三十日.

발신: 요동도지휘사사

사유: 왜정(倭情)에 관한 일입니다.

[요동도지휘사사] 본월 19일에 흠차경략계요보정산동등처방해어왜군무의 직함에 1품복을 하사받은 병부우시랑 송(응창)32)의 부패(部牌)를 받았습니다.

[송응창] 살펴보건대, 왜노가 크게 무리지어 바다를 건너갔고 서생포(西生浦)와 김해(金海)에 주둔하고 있는 것은 유키나가(行長)가 거느린 잔왜(殘倭)일 뿐이며 그 숫자는 얼마 되지 않는 것입니다. (그런데) 전에 윤11월 16일 유격 척금(戚金)이 아래의 내용으로 보고를 올렸습니다.

[척금] 조선의 영병원수 권율(權慄)이 조선국왕에게 갖추어 보고한 계문(啓文) 속에 다음의 내용이 있습니다.

[권율] 청도군수(靑道郡守) 차은로(車殷輅)가 치보(馳報)한 내용의 대략입니다.

[차은로] 군(郡) 복병(伏兵) 등에게 들으니 내동(內東) 등지를 오가는 사람들이 말한 것입니다.

[내동 통행인] 흉적이 본국에서 반신(叛臣)이 일어났다는 소식이 있어 서생포·두모포(豆毛浦)·동래(東萊)·수영·부산포(釜山浦)·하룡당(下龍堂)33)·거제(巨濟)·김해(金海)에 둔거하고 있는 장수 및 거느리고 있는 정예 군사들이 밥을 찌고 군량을 싸서 이번 달 초 5일에 승선하여 본토로 돌아가고 있습니다. 우리나라의 연소자와 남녀도 배로 보낸다고 하여 시끄럽습니다.

[차은로] 이와 같이 치보합니다.

[권율] 과연 이와 같다면 천심(天心)이 화(禍)를 내린 일을 뉘우친 것을 미루어 알 수 있습니다.

---

32) 송응창(宋應昌, 1536~1606)이다. 임진왜란 때 경략의 직함을 가지고 '방해어왜(防海禦倭)'의 임무를 전담했다. 이때에 이르러 일본과의 전쟁에 대한 보고가 조선의 그것과 상이하여 탄핵을 받았고, 그 대임으로 계요총독(薊遼總督)이었던 고양겸(顧養謙)이 경략의 업무를 겸하게 된다.

33) 양산(梁山) 관할 지역이다.

[송응창] 게첩(揭帖)에서 현재 저 왜적의 무리가 바다를 건너고 있다는 보고는 권율의 말에서 나온 것이니 진실에 가깝고 지금 배신(陪臣) 황진(黃璡)이 가져오는 보고는 모두 9, 10월 이전의 일입니다. 지금 혼란스럽게 갖추어진 보고를 살펴보건대, 오히려 금일의 사체(事體)와 크게 다름이 있으니 해국(조선국) 군신(君臣)의 흐릿함이 어찌 이와 같습니까? 이는 명백히 적세(賊勢)가 장대하다는 말로 우리 조정을 공갈하여 군사와 군량을 더 하도록 하는 것이니, 결국 저들이 다시 (일본군이) 악독한 마음을 부린다고 보고하며 꾸민 말들을 주워 모아 우리 장사(將士)가 전수(戰守)한 공을 가리고자는 것이 분명합니다. 그렇지 않다면 어찌 금일의 보고가 바로 9월 이후의 일이란 말입니까? 중간에 반드시 간사한 이가 실정을 가리도록 했을 것이니 어찌 군기(軍機)의 중대한 일에 이러한 간사한 무리가 멋대로 혼란하게 보고하여 나라의 대사를 그르치려 함을 용납할 수 있겠습니까? 마땅히 기각하여 개정하도록 해야 할 것입니다. 이에 본사(요동지휘사사)의 관리에게 패를 내리니 패의 사리를 살펴서 즉시 배신 황진이 가져간 보고를 엄히 기각해 돌려보내고 실정에 따라 갖추어 보고하도록 감독하여 거짓을 날조해 혼란하게 어지럽히지 않도록 하고 허물을 기각한 연유를 정문(呈文)으로 갖추어 보고해야 할 것입니다.

[요동도지휘사사] 이를 받고 또한 본부에서 본사에 내린 「조선 배신 황진과 아울러 통사 차인을 본국으로 호송하여 이번에 가져가는 주본을 속히 개정하되 어긋남이 없어야 할 것입니다.」라는 표(票)를 받았습니다. 이를 받들어 헤아려 보건대, 마땅히 곧바로 시행해야겠습니다. 이에 마땅한 자문을 보내니 귀국에서는 번거롭더라도 기각된 황진의 주본을 속히 개정하여 실정에 따라 갖추어 보고하되 거짓을 날조하여 혼란하게 어지럽히지 말아야 할 것입니다. 아울러 자문으로 회답해 주시기 바랍니다. 자문이 잘 도착하기를 바

랍니다.

이 자문을 조선국왕에게 보냅니다.

만력 21년 12월 30일.

7. 回咨
14b-17b(216~222쪽)

朝鮮國王,

准來咨該 爲 倭情 事 云云. 等因.

准此. 先該, 萬曆二十一年九月初十日, 當職, 將二賤息, 自賊中生還, 謝恩事理, 及兇賊屯據嶺南一帶郡邑鎮堡, 作爲巢窟, 搶殺屠陷等情, 差委陪臣戶曹參判黃璉, 賫奏告急. 去後, 續據伺候陪臣尹根壽, 星夜馳還, 說稱.

　臣蒙經略老爺分付.

　　你國三京八路, 幾盡收復. 日前雖已節次陳謝, 目今兩個王子, 亦已脫還, 又你國原請留兵五千外, 更請加留一萬一千, 以備防戍, 不可不具本申謝. 等因.

　來報.

得此. 就將所據分付事理, 具本馳送黃璉, 替賫進奏. 去後, 續於閏十一月十六日, 諸道都巡察使權慄 馳啓. 節該.

　淸道郡守車殷輅 馳報內.

郡伏兵軍等 傳聞.

內東等處, 交通人言內.

兇賊, 以本國有叛臣, 西生浦·豆毛浦·東萊·水營·釜山浦·下龍堂·巨濟·金海等處, 屯據將帥及所率精銳, 蒸飯裹粮, 初五日乘舡, 將向本土, 我國人年少男女, 上舡入送事, 喧說.

馳報.

果如此言, 則天心悔禍, 從可知矣, 欲多般訪問, 更爲馳啓. 得此. 小邦之人, 驟聞賊去, 懽忭踊躍, 如得更生, 卽便呈告摠兵戚根前.

續於第三日, 又據 本官 馳啓.

慶尙左道水軍節度使李守一, 所送軍官, 鄭雄男, 自長鬐馳來, 說稱, 聞賊去之言, 卽馳往西生近處, 多遣軍官牙兵, 更爲偵探, 則賊徒依舊充滿其陣, 又有舡五六隻, 自西生, 向于東萊. 等因.

具啓. 得此. 乃知前說, 專是詐妄, 卽又呈示摠兵戚根前, 而後報則尙未徑轉報. 及今三四箇月節次馳報, 賊情一向緊急, 前後相踵. 據此. 竊念, 倭賊之退, 若或果然, 則小邦之命, 可得少延, 此是何等喜報, 而敢匿其實, 不亟具報耶. 黃璉所賷之奏, 在於上年九月, 旣已登途, 而又以陪臣, 所聞經分付之意, 改作奏文, 追送于其行, 此是, 續據九十月間倭情, 而權慄所報, 倭賊回歸之說, 乃是其後閏十一月馳啓者也. 日月之先後, 可以按覩, 當改作奏文之時, 了無賊歸之報, 何必預料而先諱. 其非混報, 固已明矣. 又其九月以後, 緊急倭情, 則節次據實, 陸續備報, 于各衙門文書具在, 非可誣也. 初聞賊歸, 陪臣喜幸, 卽以其報, 呈示于摠兵戚, 苟有一毫張皇虛喝之意, 則不應爾也. 前報纔來, 旋有後報言, 前報失實, 而賊徒依舊充滿, 則又何敢以不實之說, 踵謬輒報耶. 賊歸之言, 或出於間諜之詐瞞, 或出於哨探之妄聞, 所未可知, 而其爲虛傳, 只以實狀證之, 不足辨矣. 若伊賊稍有退去之意, 則何至今分據邊境, 漸聚慶尙右道地面, 以窺全羅門戶耶. 今日事體, 固是如此, 豈敢虛捏, 自取誣瞞之罪耶. 小邦酷被兵火垂亡, 僅存尙爾, 支撐以至三歲者, 皆天朝將士力戰堅守之功也. 雖隕結未足圖報, 方嚛恩感德, 死生難忘. 至於張大賊勢, 恐喝天朝, 撫捏混報, 以掩戰守之功, 實非小邦之所敢忍也. 賊據我境, 專仗天兵之進勦, 存亡所係顒望如何, 而敢沒其績, 令諸將解體耶. 賊若過海, 則無所用兵, 仍請添兵益餉, 更欲何爲. 斷無是理矣. 黃璡所賷之本, 係是陳謝皇恩, 幷及賊情, 而中路阻滯, 不時道達, 日月蹉過, 奄至半年. 小邦愚甚守株, 事非獲已, 而衷曲莫白, 憂惶徒切. 惟望貴司諒此事情, 據實轉報, 不勝幸甚. 爲此, 合行回咨, 請照驗轉報施行. 須至咨者.
右咨遼東都指揮使司.

萬曆二十二年二月十一日.

발신: 조선국왕

사유: 보내온 자문을 받으니, 「왜정(倭情)에 관한 일입니다. 운운」 했습니다.

[조선국왕] 자문을 받았습니다. 지난 만력 21년(1593) 9월 초10일에 당직은 천한 두 자식[34]이 적중으로부터 살아 돌아와 사은하는 사리 및 흉적이 영남

---

34) 가토 기요마사(加藤淸正)에게 포로가 되었던 선조(宣祖)의 두 왕자인 임해군(臨海君)과 순화군(順和君)을 말한다. 임해군과 순화군은 1592년(선조 25) 7월 회령(會寧)에서 포로가 되었다가 1593년(선조 26) 7월에 송환되었다. 김경태, 2012, 「임진전쟁 전반기, 가토 기요마사(加藤淸正)의 동향-戰功의 위

일대 군읍의 진보(鎭堡)에 점거하여 소굴을 짓고 노략하며 함락하고 있다는 내용에 대해서 차위[35] 배신 호조참판 황진(黃璡)으로 하여금 주본을 가져가도록 하여 고급(告急)했습니다. 그 후 이어서 사후배신 윤근수(尹根壽)가 성야와 같이 속히 돌아와 아뢰었습니다.

　[윤근수] 신이 경략 노야의 분부를 받았습니다.

　　[송응창] 그대 나라의 삼경(三京)[36] 팔로(八路)가 거의 모두 수복되었습니다. 일전에 비록 이미 차례대로 사은을 아뢰었으나 지금 두 왕자 또한 이미 돌아왔고 또 그대 나라에서 원래 유둔하도록 청한 병력 5,000명 외에 다시 11,000명을 더하여 방수에 대비하기를 청하니 주본을 갖추어 거듭 사은하도록 해야겠습니다.

　[윤근수] 보고합니다.

[조선국왕] 이를 받고 말씀하신 분부대로 곧장 주본을 갖추어 황진에게 속히 발송하여 주본을 바꾸어 진주(進奏)하도록 했습니다. 그 후 이어서 (1593년) 윤11월 16일에 제도도순찰사 권율(權慄)이 대략 다음의 내용으로 치계했습니다.

　[권율] 청도군수 차은로(車殷輅)의 치보 속 내용입니다.

　　[차은로] 군(郡)의 복병군 등이 전문(傳聞)했습니다.

　　　[복병군] 내동(內東) 등지를 오가는 사람들의 말 가운데 내용입니다.

　　　　[내동 통행인] 흉적이 본국(일본)에서 반신(叛臣)이 일어나 서생포(西生浦)·두모포(豆毛浦)·동래(東萊)·수영·부산포(釜山浦)·하룡당(下龍堂)·거제(巨濟)·김해(金海) 등지에 둔거하는 일본군 장수

　　기와 講和交涉으로의 가능성-」, 『大東文化硏究』 77, 성균관대학교 동아시아학술원 大東文化硏究院, 252·262쪽.

35) 별도로 파견한 관원을 말한다. 『吏文輯覽』 卷2, 11(1976, 景文社, 330쪽).
36) 한성(漢城), 개성(開城), 평양(平壤)을 말한다.

및 거느리는 정예 군사가 밥을 찌고 군량을 싸서 초5일 배에 올라 본토로 향했습니다. 우리나라의 연소자와 남녀도 배로 보낸다고 하여 시끄럽습니다.

 [차은로] 치보합니다.

[권율] 과연 이 말과 같다면 천심이 화를 내린 일을 뉘우친 것을 미루어 알 수 있습니다. 수차례 두루 조사하여 다시 치계하고자 합니다.

[조선국왕] 이를 받고 소방의 인민은 적이 떠난다는 소식을 듣고 즉시 기뻐 뛸 듯했고 다시 살게 된 것이라 여겨 곧바로 총병 척(금)[37]에 정고(呈告)했습니다. 이어서 제3일에 다시 본관(권율)의 치계를 받았습니다.

 [권율] 경상좌도수군절도사 이수일(李守一)이 보낸 군관 정웅남(鄭雄男)이 장기(長鬐)에서 속히 와서 아뢰었습니다.

 [정웅남] 적이 떠났다는 말을 듣고 속히 서생포 근처에 가 보고 군관과 아병(牙兵)을 다수 파견하여 다시금 정탐하게 하니, 적도(賊徒)는 예전 그대로 진영에 가득 차 있고 또한 적선 5, 6척이 서생포에서 동래로 향하고 있다고 합니다.

[조선국왕] 갖추어 온 장계를 받고서 마침내 이전의 철수설이 전적으로 거짓된 것임을 알았고 곧바로 총병 척(금)에게 정문을 보내 알렸으나 후자의 보고는 아직 전보(轉報)를 거치지 못했습니다. 지금 3, 4개월간 순서대로 올라온 치보에 미쳐서는 적정(賊情)이 한결같이 긴급하다는 내용이 전후로 이어지고 있습니다. 이를 받고 가만히 생각건대 왜적이 철수한다는 소식이 과연 그러하다면 소방의 명운은 조금 더 이어질 수 있는 것이니 이 얼마나 기쁜 소식인데, 감히 실정을 숨기고 서둘러 갖추어 보고하지 않겠습니까? 황진이 가져간 주본은 작년(1593) 9월에 이미 출발했으며, 또한 배신(윤근수)이 분

---

37) 척금(戚金, ?~1621)을 지칭한다.

부로 들은 바의 뜻으로 주본을 고쳐 그 사행에 보냈으니 이는 9월과 10월에 계속 언급된 왜정(倭情)이며, 권율이 보고한 왜적이 돌아가고 있다는 설은 곧 그 후 윤11월에 치계된 것입니다. 날과 달의 선후를 가히 살펴보건대, 주문을 고치는 당시에는 전혀 적이 돌아간다는 보고가 없었으니 어찌 반드시 지레짐작하여 미리 꺼릴 수 있겠습니까? 따라서 혼란한 보고가 아니라는 것이 진실로 자명합니다. 또한 9월 이후의 긴급한 왜정은 순서대로 실제에 근거하여 계속 갖추어 보고했고, 각 아문의 문서에 모두 기재되어 있으니 속일 수 있는 것이 아닙니다. 처음 적이 돌아간다는 소식을 듣고 배신이 다행으로 여겨 곧바로 총병 척(금)에게 정문으로 알렸으니, 진실로 털끝만큼이라도 장황하고 거짓된 뜻이 있었다면 응당 그렇게 하지 않았을 것입니다. 이전의 보고가 막 도착하자마자 곧바로 다음 보고에서 이르기를 이전 보고는 사실과 다르며 적도가 예전 그대로 가득 차 있다고 했으니, 어찌 다시 감히 사실이 아닌 말로 그릇되게 문득 보고하겠습니까? 적이 돌아간다는 말이 혹 간첩의 기만에서 나왔는지, 혹 정탐이 망령되이 들은 데서 나왔는지는 알 수 없습니다만, 그 헛된 소식은 오직 실상으로 증명할 수 있을 뿐이지 족히 따질 것이 못 됩니다. 만약 저 적에게 철수의 뜻이 조금이라도 있었다면 어찌 지금 변경에 나누어 웅거하며 점차 경상우도 지역으로 다가오며 전라도로 향하는 문호를 엿보고 있는 것입니까? 오늘날의 사체가 진실로 이와 같은데 어찌 감히 거짓을 꾸며 속이는 죄를 스스로 짓고자 하겠습니까? 소방이 참혹하게 병화를 입어 망하게 되었다가 근근이 아직까지 보존하며 3년 동안 지탱할 수 있었던 것은 모두 천조의 장사(將士)가 역전(力戰)하여 굳게 지킨 공 덕분입니다. 비록 죽음으로써 은혜를 갚는다 해도 보답하기에 미흡하지만 지금 마음속에 새기고 있는 은덕만은 죽으나 사나 잊지 못할 것입니다. 적세가 장대하다는 말로 천조를 공갈하고 혼란한 보고를 꾸며 전수(戰守)의 공을 가

린다는 대목에 이르러서는 실로 소방이 감히 차마하지 못할 일입니다. 적이 우리의 변경에 웅거하고 있어 오로지 천병의 진초(進勦)에 의지하고 있고 존망에 관계된 큰 기대가 어떠한데 감히 그 공적을 없애 제장(諸將)을 흩어지게 하겠습니까? 적이 만약 바다를 건넜다면 군사를 쓸 데가 없을 것이고 그렇다면 군사와 군량을 더 청하여 다시 무엇을 하겠습니까? 결단코 이러한 이치는 없습니다. 황진이 가져간 문서는 곧 황은에 감사하다는 내용이었고 아울러 적정을 언급하는 것인데, 도중에 정체되어 제때에 도달할 수 없었고, 시간이 흘러 어느새 반년이 지났습니다. 소방의 어리석음이 심하여 수주(守株)하고만 있는 것은 사정상 부득이해서였지만 그래도 속마음을 다 아뢰지 못하였으니 근심만 간절합니다. 오직 바라는 것은 귀사에서 이러한 사정을 양해하셔서 사실에 근거하여 전보해 주시면 매우 다행이겠습니다. 이에 마땅히 회자(回咨)하니 청컨대 검토하여 전보(轉報)하십시오. 자문이 잘 도착하기를 바랍니다.

  이 자문을 요동도지휘사사에 보냅니다.

만력 22년 2월 11일.

---

38) 수주대토(守株待兎)의 줄임말이며 '그루터기를 지켜 토끼를 기다리다.'라는 뜻으로 융통성 없이 구습과 전례만을 고집한다는 의미이다.

8. 傳備禦行催本國查報放過天糧咨
17b-18b(222~224쪽)

經略兵部委官備禦都指揮 傅,

爲 倭情 事.

案照, 先蒙 欽差分守遼海東寧道兼理邊備屯田山西布政使司右布政使 韓 憲牌.

蒙 欽差經略薊遼保定山東等處防海禦倭軍務兵部右侍郞 宋 部票, 前事備仰本職, 照牌事理, 便前赴平壤, 與張都司交代, 專管平壤等處支放粮料. 本官廩給, 家丁行粮, 照委官王夢蛟支給, 事完之日, 定行優處. 等因.

蒙此. 本職遵依, 已於萬曆二十一年四月十一日, 前到平壤等處, 支放粮料, 十月終止. 併都司張, 自二十一年正月起督, 放過粮料. 一同開造, 共該, 稻米四千八百七十九石八斗, 粟米四萬三千七百四十八石八斗四升五合七勺(夕)[39], 蕎秫一千九百七十四石二升五合, 豆四萬一千九百五石五升五合九勺, 草八萬二千八百四十三束, 已徑總類文册,[40] 呈送各衙門外,

---

39) 원문의 '夕'는 전후 문맥으로 볼 때 '勺'의 오기로 보인다.
40) 원문의 '開造 ~ 文册'은 '~한 내용을 모두(일일이) 성책하다'라는 의미이다. 柳壽垣, 『迂書』卷5, 論兩司

> 擬合就行. 爲此, 合咨前去, 貴國煩爲查照過送文册, 存留備查. 仍照前册, 另造一本, 用印鈐盖, 希文回復前來, 以備查考施行, 請勿遲緩. 須至咨者.
> 右咨朝鮮國王.
>
> 萬曆二十二年正月二十四日.

발신: 경략병부위관비어도지휘 부(정립)
사유: 왜정(倭情)에 관한 일입니다.

[부정립] 이전의 처리한 문서를 살펴보니, 앞서 흠차분수요해동녕도겸이변비둔전산서포정사사우포정사 한(취선)으로부터 헌패를 받았습니다.

> [한취선] 흠차경략계요보정산동등처방해어왜군무병부우시랑 송(응창)의 부표를 받고 전사(前事)36)와 관련하여 본직(부정립)에게 갖추어 보내니 패문의 사리를 살펴서 곧장 평양으로 나아가서 장 도사와 교대하여 평양 등지에서 양료(糧料) 지급을 전적으로 관장하십시오. 본관(부정립)의 늠급과 가정37)의 행량(行糧)38)은 위관 왕몽교(王夢蛟)에게 지급했던 예를 살펴서, 일이 완료될 때에 넉넉하게 정해서 시행하도록 하십시오.

合行職務事宜, "御史畢巡回京 並宜開造行事文册 以爲憑驗之地." 어사가 순행을 마치고 경성으로 돌아오면 아울러 마땅히 행한 일을 모두 문책으로 만들어 근거로 삼아야 했다.
36) 본 문서의 사안인 '爲倭情事'를 가리킨다.
37) 부정립이 거느린 가정들이다.
38) 행군이나 임무 수행 중 지급되는 양식을 말한다.

[부정립] 이를 받고 본직(부정립)은 지시에 따라 이미 만력 21년 4월 21일 평양 등지에 이르러 양료를 지급하기 시작하여 10월에 종료했습니다. 아울러 도사 장(삼외)은 만력 21년 1월부터 감독하기 시작하여 양료를 지급했습니다. 함께 기록하여 합계하니 도미(稻米) 4,879석 8두(斗), 속미(粟米) 43,748석 8두 4승 5홉(合)39) 7작(勺), 수수(薥秫)40) 1,974석 2승 5홉, 콩 41,905석 5승 5홉 9작(勺),41) 마초 82,843속(束)으로 종류별 문책(文冊)을 마쳤고, 이를 각 아문에 정송(呈送)한 것 외에, 헤아려 보건대 마땅히 곧바로 시행해야겠습니다. 이에 마땅히 자문을 보내니 귀국에서는 번거롭더라도 송부한 문책을 대조해서 보유한 분량을 갖추어 조사해 주십시오. 덧붙여 이전의 성책(成冊)한 것에 비추어 별도로 1본(本)을 만들어 날인해 주시고, 바라건대 문서로 회보하여 보내 주셔서 갖추어 조사하고 상고할 수 있도록 해 주십시오. 청컨대 지연하지 마십시오. 자문이 잘 도착하기를 바랍니다.

  이 자문을 조선국왕에게 보냅니다.

  만력 22년 1월 24일.

---

39) 1홉은 10분의 1되이다.
40) 출척(秫薥), 촉서(蜀黍)라고도 하며 중국 말로 슈슈(shǔshǔ)이다. '슈슈'가 조선에 들어와 단모음화하여 수수가 되었다.
41) 1작은 10분의 1홉이며, 100분의 1되이다.

9. 回咨
18b-19a(224~225쪽)

朝鮮國王,

准來咨該 爲 倭情 事 云云. 等因.

准此. 當職竊詳, 獎邦司餉官趙污·權處中等, 久陪左右, 支放粮料, 而所報該數, 與鮮來前册, 大相不同. 其於總類之際, 不能致察, 訛謬如此, 委爲未便. 即差戶曹叅議丁允祐, 前徃平壤等處, 勘驗放過, 存留原數, 明白開錄, 以備查考. 而擬候本官回到, 遵依盛教, 將所據名目, 另造一册, 用印鈐盖收貯, 仍具事由, 作速咨報外, 爲此, 合行回咨, 請照驗施行. 須至咨者.

右咨經略兵部委官備禦都指揮.

萬曆二十二年二月十一日.

발신: 조선국왕

사유: 보내 준 자문을 받으니, 「왜정(倭情)에 관한 일입니다. 운운」 했습니다.

이를 받고 당직이 자세히 살펴보니, 폐방(獘邦)의 사향관 조수(趙泘)·권처중(權處中) 등을 오랫동안 대인 곁에 배석하여 양료(糧料)를 지급하도록 했으나 보고한 바의 숫자가 앞서 보내온 문책과 서로 크게 다른 것을 알게 됐습니다. 종류별로 볼 때 철저히 살피지 못하여 잘못됨이 이와 같았으니 실로 불편함이 있습니다. 즉시 호조참의 정윤우(丁允祐)를 차견하여 평양(平壤) 등지에 보내 지급된 숫자를 조사하여 원래의 수량을 보유하고 있는지를 명백히 기록하여 갖추어 조사하고 상고하도록 했습니다. 그리하여 본관(정윤우)이 돌아오기를 기다려 성교(盛敎)에 따라 언급하신 목록을 별도의 1책(册)으로 만들어 인수한 분량을 날인하고 이에 따라서 사유를 갖추어 속히 자문으로 알리는 외에, 이에 마땅히 회자하니 청컨대 검토해 주시길 바랍니다. 자문이 잘 도착하기를 바랍니다.

이 자문을 경략병부위관비어도지휘에게 보냅니다.

만력 22년 2월 11일.

10. 都司咨問司天使侵弊事情
19a-21a(225~229쪽)

遼東都指揮使司,

爲 公務 事.

本年正月三十日, 蒙 欽差巡撫遼東地方贊理軍務兼管備倭都察院右僉都御 韓 憲牌.

　照得, 行人司憲, 奉命東徃, 肆行嚇詐無忌, 備行本司, 卽便備咨朝鮮國王, 亟查行人司憲入朝鮮索受財物. 照依後開數目, 備查明實開報, 固不可含糊回護, 亦不可以有而作無, 毋得遲延未便.[42]

蒙此. 擬合就行. 爲此, 合咨貴國, 煩查行人司憲, 於何月日, 至金郊, 因禮薄將禮單扯碎後, 加何禮送進緣由, 後於何日至王京, 與國王會飮四次, 接受後開禮物. 其陪臣·參判·巡察使等, 禮各開職名, 亦要明開, 固不可含糊, 以有而作無, 明白備咨前來. 幷將上年使臣與朝鮮國王, 相待禮節儀註, 倂開咨內, 以憑立等轉報. 且貴國久被倭奴侵犯, 軍民困苦至極, 我皇上發兵數萬征勦, 費內帑數百萬兩, 原爲貴國至意, 今一使臣索受

---
42) 원문에 '등인(等因)'이 없으나 누락 내지는 생략된 것으로 보인다.

至此, 以致撫院有此. 行查亦爲貴國體恤意也, 貴國務要從實開報, 以警其後. 如行人索受單內之外者, 亦要明開, 咨內毋得隱遺回護不便. 須至咨者.

計開
行人司憲行至朝鮮金郊, 因國王迎接禮薄, 將禮單扯碎, 加禮送進, 令家人紀有年接收.
在王京與國王會飲四次, 受禮四次.
及沿途往來, 共受細紬二百餘匹·虎豹皮十六張·花席百餘領·倭刀十餘把·高麗刀十餘把.
受國王子光海君贄禮, 細綿三十匹·花席十領參十斤·倭刀二把.
要陪臣尹斗壽尹根壽贄禮, 細紬一百匹·花席二十領參十斤·高麗刀二把·弓五張.
其陪臣·參判·巡察使, 節受細紬一百餘匹·花席五十餘領·江硯三十餘方.
又給國王通事林成法·表硯, 銀一百兩, 代買珎珠.
又在王京, 喚集銅匠百名, 鑄造銅燭臺·銅器皿, 不計其數.
沿途令長, 隨常門子苗進忠, 將舖設花席·坐褥·銅器等項, 隨處隨收.
開城大銅火盆三箇, 亦收訖.
往出使朝鮮諸臣, 凡在聖諭, 堂與國王稍下, 東西相向而坐, 所以明有尊也, 乃憲之至, 朝鮮輒於聖諭, 堂南面而坐, 令國王北面坐而陪之, 不知是遵何制也.
又在王京, 造鍍金爪二對.

右咨朝鮮國王.

萬曆二十二年正月三十日.

발신: 요동도지휘사사
사유: 공무에 관한 일입니다.

[요동도지휘사사] 본년(1594) 1월 30일에 흠차순무요동지방찬리군무겸관비왜도찰원우첨도어 한(취선)의 헌패를 받았습니다.

  [한취선] 살펴보건대 행인사행인(行人司行人) 사헌(司憲)43)이 황제의 명을 받고 조선에 가서 협박으로 속여서 뺏는 짓거리를 거리낌 없이 자행했다고 하여 본사에 행이하니 즉시 조선국왕에게 갖추어 자문하여 행인 사헌이 조선에 입국하여 재물을 억지로 요구했는지를 속히 조사하십시오. 후면에 기재하는 항목의 숫자에 따라 참고하게 해서 실정을 밝혀 일일이 정확하게 보고하도록 하고 결코 애매하게 회피하지 말 것이며 또한 있는 것을 없다고 지어내지 말 것이며 지연함으로 미편함이 있게 해서도 안 될 것입니다.

[요동도지휘사사] 이를 받고 헤아려 보건대 마땅히 곧바로 시행해야 했습니

---

43) 1593년(선조 26) 명 조정에서 전쟁의 발발을 막지 못한 선조를 비판하는 논의가 있자 명(明) 신종(神宗)은 이를 수용하여 선조가 광해군에게 전위(傳位)하도록 유도하기 위해 행인사행인(行人司行人) 사헌(司憲, ?~?)을 조선에 사신으로 파견했다. 그러나 조선 조정에서는 이를 역이용하여 일본군의 정세와 조선의 위기를 전달하려 했다. 이에 사헌은 명 조정으로 돌아가 조선의 위기를 전달하며 조선을 방어함으로써 명을 방어해야 할 것을 신종에게 알렸다.(鄭琢, 『壬辰記錄』, 司天使題本正月二十二日)

다. 이에 마땅히 귀국에 자문을 보내니, 번거롭겠지만 행인 사헌이 몇 월 며칠에 금교(金郊)44)에 이르러 예가 박하다고 하여 예단을 찢어 버린 후 (조선은) 어떤 예를 더해 보내 주었는지의 내용과 이후 며칠에 왕경에 이르러 국왕과 함께 네 차례 마시고 뒷장에 기재한 예물을 접수했는지 조사해 주십시오. 배신·참판·순찰사 등 의례에 참석한 각각 직명을 나열하는 일 또한 분명하게 기록해야 하며 진실로 애매하게 있는 것을 없다고 지어내서는 안 될 것이니, 명백히 자문을 갖추어 작성하여 보내 주십시오. 아울러 작년에 사신과 조선국왕이 서로 시행한 예절과 의주(儀註)를 모두 일일이 자문에 기록하여 이에 근거해서 즉시 전보하게 해 주십시오. 또 귀국이 오랫동안 왜노의 침범을 입어 군민(軍民)의 고통이 지극하여 우리 황상이 수만의 군사를 발하여 초멸하고 내탕(內帑)의 수백만 냥을 써서 처음부터 귀국을 위한 뜻이 지극하였거늘, 지금 일개 사신이 억지로 요구해 받음이 이에 이르러 무원(撫院)45)에서 이러한 일이 생겼습니다. 조사를 행하는 것도 귀국을 긍휼히 여기는 뜻이니 귀국에는 힘써 사실에 따라 일일이 명확하게 보고하여 후일의 경계가 되게 하십시오. 행인 사헌이 예단 이외에 무리하게 요구해 받은 것도 분명히 일일이 보고하시고 자문의 내용 속에는 숨기거나 회피하거나 불편함이 있어서는 안 될 것입니다. 자문이 잘 도착하기를 바랍니다.

내역

행인사행인 사헌이 조선의 금교에 이르러 국왕이 영접하는 예가 박하다 하여 예단을 찢음으로 인하여 예물을 더하여 보내니, 가인(家人) 기유년(紀有年)으로 하여금 접수하도록 함.

---

44) 황해도 금천군(金川郡) 강음(江陰) 남서쪽에 위치한 역(驛)이다.
45) 도찰원 소속 순무(巡撫)의 별칭이다.

왕경에서 국왕과 함께 네 차례 함께 술을 마시고 예를 네 차례 받음.

연도(沿途)를 왕래함에 미쳐서는 세주(細紬)⁴⁶⁾ 200여 필, 호표피(虎豹皮) 16장, 화석(花席) 100여 영(領)·왜도(倭刀) 10여 자루, 고려도 10여 자루를 모두 받음.

국왕의 자제 광해군(光海君)의 예물로 세면(細綿) 30필, 화석 10영 30근, 왜도 2자루를 받음.

배신 윤두수(尹斗壽)·윤근수(尹根壽)의 예물로 세주 100필, 화석 20영 30근, 고려도 2자루, 활 5장(張)을 요구함.

배신·참판·순찰사에게서 세주 100여 필, 화석 50여 영, 강연(江硯) 30여 방(方)을 차례대로 받음.

또한 국왕 통사(通事) 임성법(林成法)과 표연(表硯)⁴⁷⁾에게 은 100냥을 주어 진주를 대리로 매득하게 함.

또한 왕경에서 동장(銅匠) 100명을 불러 모아 동 촛대와 동 그릇을 주조하게 한 것이 수를 셀 수 없을 정도임.

연도(沿途)에서 영장(令長)⁴⁸⁾들이 언제나 문자(門子)⁴⁹⁾ 묘진충(苗進忠)을 뒤따르며 화석, 방석, 동 그릇 등을 펼쳐 놓았고 곳곳마다 이를 거두어들임.

개성(開城)에서 대동(大銅) 화로 3개를 또한 역시 받음.

이전에는 조선으로 가는 사신들이 무릇 성유(聖諭)를 받듦에 당(堂, 명 사신)이 국왕보다 조금 아래에서 동서로 서로 마주보고 앉는 것이 존엄을

---

46) 고운 비단을 말한다. 물명에 '세(細)'가 들어가는 제품은 품질이 훨씬 더 좋은 물건이다. 『吏文輯覽』 卷2, 23(1976, 景文社, 339쪽).
47) 통사 '표헌(表憲)'의 오기로 생각된다.
48) '현령(縣令)'과 '현장(縣長)'의 통칭이다. 1만 호(戶) 이상 현의 관리는 영(令)이라 하고, 1만 호 미만 현의 관리는 장(長)이라고 했다.
49) 관청의 문지기 또는 심부름꾼이다.

밝히는 것으로 성헌(成憲)의 지극함이라 할 것인데, (이번에는) 조선에서 문득 성유를 받듦에 당이 남면(南面)하여 앉고 국왕으로 하여금 북면하여 앉아 배석한 것은 어떤 법제에 준거한 것인지 모르겠음.
또한 왕경에서 도금한 손톱 2쌍[對]을 만듦.

이 자문을 조선국왕에게 보냅니다.

만력 22년 1월 30일.

11. 回咨
21a-23a(229~233쪽)

朝鮮國王,
准來咨該 爲 公務 事 云云. 等因.

准此. 查得, 上年閏十一月內, 有天使行人司行人司白牌來到都城. 當職聞宣諭聖勅, 將至不勝兢惶感激之至, 即馳遣陪臣禮曹判書李恒福, 充遠迎使, 祗候境上. 又遣漢城府判尹洪進·刑曹參議李冲原·僉知中樞府事金偉, 節次迎慰于平壤·黃州·開城等地, 皆遵小邦往日已行之禮, 不敢有加損焉. 惟其小邦殘破已甚, 驛站廚傳, 並皆蕩然, 又無財力, 倉卒不能具禮. 天使所至, 或供頓闕乏, 烟火不繼, 所遣陪臣遠迎使等, 又未及期迎候, 以重小邦罪戾則有之, 別無禮單扯碎等事. 閏十一月十二日, 天使奉勅到西郊, 當職率臣民, 迎于城外慕華舘前. 是日, 天使入都城, 宣諭禮畢, 當職即具菲設略行. 下馬宴十三日行. 翌日會, 其後行上馬禮. 及天使回還, 又率陪臣以下, 親送於西郊. 夫尊王人所以敬朝廷也. 當職雖在亂離之際, 不敢廢二百年常行之規, 天使憐小邦殘破人民枕籍死亡, 凡有禮物一切禁約. 至於相見執贄禮, 敬攸寓, 而緣小邦貧寠, 不過以帽·

扇·紙·筆, 僅備薄儀而已. 其他紬皮·花席·珎珠等物, 非小邦今日物力
所能辦出, 雖欲爲之, 何處得來. 而陪臣於天使, 又禮際甚截, 本無私行
饋遺之理. 尹斗壽則其時已在南方, 未及還來執此而揆之, 則流聞之言,
類多失實, 亦可知矣. 若相待禮節一事, 小邦自前詔使之來, 果行東西相
向之禮, 其來已久, 司天使執說中國賓主之禮, 以南北爲正, 當職雖知事
異於古規, 而天使方以皇命來臨, 區區禮節之微, 豈敢相辨. 大抵小邦自
祖先以來, 敬事朝廷, 凡詔使之至於斯也, 前後非一, 無非祗奉德音, 宣
布皇恩. 小邦惟知蹈舞懽欣, 殫誠致敬之不暇, 假使些少之節, 實有可議
者, 小邦猶不敢有所長短. 況此天使往還, 適當兵戈搶攘之際, 百爲疎缺,
館穀供帳, 猶不得成禮, 方懼以此得罪於天朝. 不意有咨內事意. 小邦懃
懼惶惑, 不知所答. 謹查實狀, 回復不敢含糊. 爲此, 合行回咨, 請照驗施
行. 須至咨者.
右咨遼東都指揮使司.

萬曆二十二年二月十八日.

발신: 조선국왕

사유: 보내온 자문을 받으니「공무에 관한 일입니다. 운운」했습니다.

이를 받고 조사해 보니 작년(1593) 윤11월에 천사(天使) 행인사행인(行人司行人) 사(憲)의 백패(白牌)[50]가 도성에 이르렀습니다. 당직은 선유(宣

---

50) '선문(先文)' 또는 '노문(路文)'이라고도 하며, 사신이나 관리가 출장 갈 때 도착할 날짜와 일행의 규모

諭)와 성칙(聖勅)을 듣고 지극한 두려움과 감격을 이기지 못함에 이르러 배신 예조판서 이항복(李恒福)을 속히 파견하고 원영사(遠迎使)로 삼아 변경에서 맞이하도록 했습니다. 또한 한성부판윤 홍진(洪進), 형조참의 이충원(李冲原), 첨지중추부사 김위(金偉)를 보내 순서대로 평양(平壤)·황주(黃州)·개성(開城)에서 영접하도록 했는데, 모두 예전 소방에서 이미 행한 예를 준수하였으니 감히 가감이 있겠습니까. 다만 소방이 이미 심하게 잔파돼 역참에서의 대접51)이 모두 비게 되고 또한 재력도 없어 창졸간에 예를 갖출 수가 없었습니다. 천사가 이르는 곳마다 접대가 혹 부족하기도 하고 음식을 잇대지 못하고 파견한 배신 원영사(들)도 기한 내에 미처 마중하지 못하여 거듭 소방의 죄가 더해졌습니다만, 예단을 찢은 일 등은 전혀 없었습니다. 윤11월 12일에 천사는 칙유를 받들어 서교에 도착했고 당직은 신민을 이끌고 성밖 모화관(慕華館) 앞에서 맞이했습니다. 이날 천사가 도성에 들어와 선유하고 예를 마쳤는데, 당직은 간소하게 준비하여 소략하게 행했을 뿐입니다. 하마연(下馬宴)은 13일에 행했습니다. 다음날 회동이 있었고, 그 후 상마례(上馬禮)를 행했습니다. 천사가 돌아가는 때에 미쳐서는 또한 배신 이하(신하들)를 이끌고 서교(西郊)까지 직접 전송했습니다. 무릇 왕인(王人)52)을 높이는 것은 (명의) 조정을 높이는 것입니다. 당직은 비록 난리 중에 있을지라도 감히 200년 동안 통상 지켜지던 법을 폐하지 않았고, 천사는 소방이 잔파되고 인민이 죽어 널브러져 있음을 가엾게 여겨 모든 예물 일체를 단속했습니다. 상견하여 예물을 전달함에 공경하는 마음을 부쳤으나 소방이 가난한 까닭으로 관모, 부채, 지필 등으로

등을 미리 알리는 공문이다. 『吏文輯覽』 卷3, 44(1976, 景文社, 350쪽).
51) 조선에 방문한 사신이나 지방에 파견된 관원에게 음식과 역마 등을 제공하는 것을 말한다.
52) 황제의 명령을 받들고 온 사람이다.

겨우 보잘것없는 예물을 갖추는 데 불과할 따름이었습니다. 그 외 비단, 가죽, 화석, 진주 등은 소방이 현재 마련할 수 있는 물력이 아니니 비록 내고 싶어도 어디서 얻어 올 수 있겠습니까. 배신이 천사를 대함에 또한 예절이 매우 엄격하여 본래부터 사사로이 선물하는 이치는 없었습니다. 윤두수(尹斗壽)는 그때 이미 남방에 있어 미처 돌아와 (위의 귀한) 예물을 마련해 바칠 수 없었으니 떠도는 소문이 대개 사실이 아니라는 것을 또한 알 수 있습니다. 서로 마주하여 행하는 예절의 경우, 소방에는 예전부터 황제의 명을 받는 사신이 방문할 때 과연 동서로 마주보는 예를 행한 유래가 이미 오래되었습니다만, 사 천사가 주장한 중국의 빈주지례(賓主之禮)는 남북을 정식으로 삼고 있어 당직이 비록 일이 옛 규례와 다르다는 것을 알고 있었으나 천사가 지금 황명으로 왕림하였는데 미미한 예절을 어찌 구구하게 감히 따지고 있겠습니까? 대저 소방은 대대로 (명) 조정을 공경히 섬겨 왔고 대개 황제의 명을 받는 사신이 바로 이곳에 이른 것이 전후(前後)로 한 번이 아니어서 덕음을 삼가 받들고 황은을 선포할 뿐이었습니다. 소방은 오직 삼가 기뻐하고 성(誠)과 경(敬)을 지극히 다하기에도 여유가 없음을 알고 있기에 설사 사소한 절차에 진실로 의논할 것이 있다고 하더라도 소방이 오히려 감히 길고 짧다 논할 수 없을 것입니다. 더구나 천사가 왕래함에 마침 전쟁을 당한 때인지라 백 가지나 소홀하고 누락되어 숙식을 제공하고 행사를 준비함에 여전히 예를 갖출 수 없었기에 지금 이 때문에 천조에 죄를 얻을 것을 두려워하고 있습니다. 그런데 뜻하지 않게 자문 내 내용을 받게 되어, 소방은 두렵고 황송하여 대답할 바를 모르겠습니다. 삼가 실상을 조사하고 회답을 감히 흐릿하게 하지 않겠습니다. 이에 마땅히 회자하니 청컨대 검토하기 바랍니다. 자문이 잘 도착하기를 바랍니다.

이 자문을 요동도지휘사사에 보냅니다.

만력 22년 2월 18일.

12. 倭情奏文[53]
23a-30b(233~248쪽)

朝鮮國王臣姓諱 謹奏,

爲 兇賊留邊, 禍迫吞噬, 懇乞聖明, 特垂矜愍, 終始拯濟 事.

先該上年十二月內, 慶尙右道水軍節度使元均 馳啓.

　據 哨軍金銀金 告稱.

　　本月初三日, 俺於巨濟縣乃梁地面, 瞭望撞遇倭奴一名, 就行活捉前來. 得此, 就審得一名望古之老 供稱.

　　　年二十五歲, 係日本國是巨勿人, 本年二月二十八日, 我們新兵六百名, 跟同上官趙承甘渡海, 前到朝鮮梁山郡下龍堂等處, 設築城子. 探聽朝鮮兵舡聚泊閑山島, 仍移入本縣, 把截隘口縣地. 場門浦原留戰舡約二百餘隻, 軍卒一千餘名, 永登浦原留戰舡約五百餘隻, 軍卒五千餘名, 糧餉自本國搬運, 分積三處. 等因.

又該本月內, 慶尙左道兵馬節度使高彦伯 馳啓.

---

[53] 본 문서는 『선조실록』에서 일부가 확인되며(『宣祖實錄』 卷48, 宣祖 27年 2月 乙丑(16日)), 이호민의 문집인 『오봉집』에도 관련 내용이 실려 있다(李好閔, 『五峯集』 卷12, 奏文, 陳奏奏文甲午二月).

本月初二日, 據 走回人門善 說稱.

　本年閏十一月十九日, 在慶州府地面, 被賊搶去, 前到林郞浦老營, 伺便看覷城子周迴, 與本府城, 相似城內. 山上說二層高閣及大屋三處, 以爲瞭望之所, 窩鋪鱗錯, 賊徒不記其數. 城外又設木柵, 江邊列泊戰舩, 失記日內有賊酋三人, 自南前來. 俺訪得本月十九日, 豆毛浦住賊焚掠本府地面, 多被我兵殺死, 以此怦恨. 伊酋俱來商議, 將要大勢報復.

又 據 走回婦女玉眞 說稱.

　本年九月十一日, 被賊搶去, 前到林郞浦營裏留住, 聽得本賊休養兵馬, 等待明年春汛, 將要順搶全羅地面. 等因.

又該本月內, 慶尙道觀察使韓效淳 馳啓.

　左道東萊·機張·釜山浦·西生浦·林郞浦·仇法谷, 右道金海·熊川·加德·德橋·竹島等處, 留住諸賊如前充斥, 而巨濟縣地面, 賊徒尤多聚集. 等因.

又該本年正月內, 巡邊使李薲 馳啓.

　據 金海府聽撫人朴抹石 說稱.

　　天城·加德·熊浦·森浦·安骨浦等處住賊, 堅築土窟, 深穿濠塹, 冶鑄兵器, 晝夜不休, 江口列泊戰船約五十餘隻. 聽得待候風汛, 一同新添精銳, 順搶全羅地面. 等因.

又該本月內, 諸道都巡察使權慄 馳啓.

　據 體探人達亡 告稱.

　　俺潛往沿海賊營, 聽得諸賊並說, 關白不許回兵, 將要直到晉州永城倉, 搶取米粮, 仍犯全羅地面.

又據 體探人李謙受等 告稱.

　豆毛浦等處倭賊 說稱.

　　明年三月, 我們由靈山縣西路, 進入全羅地面沿路州縣, 各留五箇日, 修治道路. 大衆分三起, 一起自薩摩州, 一起自平胡島, 一起經由全羅, 順搶大明地方. 等因.

　又說.

　　有裝粮舩一萬餘隻, 剋日過海, 以供各該兵衆. 等因.

又該本月內, 慶尙道觀察使韓效淳 馳啓.

　據 哨探人諸玉 告稱.

　　巨濟·熊川等處, 諸賊比前尤盛, 俺訪得, 本賊擬於本年三月, 將犯以此俱集前項地面, 聲勢日漸浩大. 等因.

又該 本官 馳啓.

　本月初一日, 據 機張縣士人辛應隆 告稱.

　　豆毛浦住賊, 說稱, 等待風汛, 本土兵衆盡行出來, 大勢順搶. 等因.

又該本月內, 慶尙右道兵馬節度使成允門 馳啓.

　本月初八日, 據 按伏將崔堈 飛報.

　　金海·加德·天城·安骨浦·永等浦·薺浦等處, 賊舩或四十餘隻, 或八十餘隻, 作綜行使, 俱向巨濟縣地面, 聽得巨濟住賊, 今年春汛, 將要進搶全羅, 仍犯大明地方. 等因.

又該本月內, 本官 馳啓.

　據 金海府聽撫人羽音山 說稱.

　　上年十一月內, 被竹島倭賊搶去, 常在搶主根底使喚. 有賊向俺說稱, 近蒙關白分付, 朝鮮山川, 你等行走已慣. 今又要用你等更戰成功,不可回還. 等因.

又該本月內, 副總兵劉綎伺候陪臣金瓉 馳啓.

本月初七日, 有倭賊六名, 隨同沈參將家丁, 來到本府說稱, 裝粮舡四十餘隻, 被風漂到全羅地面, 將要進去尋討. 總兵回說, 你們舡隻, 若果到我, 當討還, 今實無有, 不知向那邊討來, 行長前稱一十五隻, 再稱一十六隻, 今又却稱四十餘隻, 你言變遷不的. 仍令通事柳依檳傳說, 本賊託言尋討船隻, 其實要知全羅形勢, 以肆其兇, 你國加謹防備, 毋貽後悔. 等因.

又該本月內, 慶尙道觀察使韓效淳 馳啓.

據 按伏將諸得浩 告稱.

倭賊於巨濟縣及玉浦牙州等處, 打造窩鋪, 不記其數. 又自縣治至場門浦·永登浦·所珎浦等處, 賊徒充斥, 火亮燭天, 聲勢十分浩大. 等因.

又該二月內, 本官 馳啓.

據 體探人徐允福 告稱.

俺又作乞人貌樣, 潛入林郎浦營, 有被擄人金奉瑞等, 向俺說稱, 本賊訶知天兵撤回, 方要添調新兵, 進搶腹裏地面. 等因.

又該本月內, 本官 馳啓.

據 沈參將答應通事李愉 呈.

有參將, 上年十二月二十四日, 前赴賊營, 本年正月二十日回還, 二十四日到八莒縣. 卑職訪得, 賊酋秀吉, 在伊國都, 修降表, 遞送熊川縣賊營參將下處, 仍差倭子一十二名, 跟同參將前來. 等因.

具啓. 得此. 臣謹查上年十二月以前各該賊情, 除已查勘, 具本奏聞外,今該前因. 竊照, 臣獲戾上下, 酷被兵禍, 始臣之失國西遷也, 區區之心, 但欲赴死於父母之疆耳. 初豈有一毫圖存之念, 而得見有今日事也. 幸賴聖天子異恩, 逈曠前古, 動天下之兵, 不以爲擾, 犒銀餉粮, 不以爲費. 逐至大丘, 不以爲遠, 屯戍徑年, 不以爲久, 是雖出於天地父母之仁, 興亡殄暴之義, 實非微臣所可希冀. 而王師之死于兵, 死于疾, 病于飢, 傷于水土者, 何限. 馬畜之顚損, 器械之殘缺, 又不可以數計. 凡此都緣臣, 故臣雖至頑, 感恩思罪, 實難措躬, 雖剝膚之災, 迫在朝夕, 不敢再有煩籲. 第臣久觀賊情, 參以近日體探人所言, 則其陰謀兇計, 不但止此. 臣念, 惟此賊所性兇狡, 固難以人理相責, 而顧其習, 盖深於用兵者也. 始賊之違離漢城, 放還二息, 臣之所大望者得矣, 臣宜若專於喜者, 而竊有所隱憂焉, 慮彼之所欲, 有大於此者, 而將取姑與也. 旣屯釜山, 則彼近其境, 粮援俱便, 天兵之勞頓者, 又復千里, 而慶尙一道, 旣不足餉軍, 則小邦之飛輓, 且遠矣. 自得形便, 延住不去者, 是誠不戰而屈人之術. 王師孤懸, 理難久寄, 小邦蕩殘粮竭可待, 則乃欲假托遷就, 緩機便時, 邀極而乘之, 此賊之所以愈欲和也. 在漢城旣以此而緩新勝破竹之勢, 到釜山又以此而稽皇靈蕩掃之期, 所得利已多矣. 本賊實海外兇毒別種, 跳梁自大, 極其僭逆, 不復知有君臣父子之禮. 逆酋秀吉, 又其尤所桀鷔弒君簒位, 遂懷非望, 蓄謀積年, 發兵傾國. 今其長驅睥睨, 聲勢已穰, 得志已極, 而尙且不去經年 他國耐閱寒暑, 砌城盖房, 峙粮練兵者, 豈其計但已也. 臣恐天兵虛實, 未免久而被覬, 非謂水窟妖魂, 終抗大邦, 乃其情則慘矣. 此固聖明之所洞察, 廟堂之所籌度, 無待臣言. 而然在臣悶迫之意, 猶欲備陳邊情, 仰神悤患, 而天閽悠邈, 未易得達, 臣之罪至此而益大矣. 其所謂降表, 非臣所目覩, 未知作何辭說, 而但旣稱秀吉已還國都, 則其徃取賫返, 直在兩旬之內, 又何其速耶. 籍令表文非假, 而其辭極其恭遜, 猶難憑信. 況賊旣無回巢待命之意, 有挾兵自持之計, 敢與天兵對疊, 至於抗戰砍殺. 曾未幾時, 一面請貢, 其出於詐諼, 而非其本情, 亦不可掩. 今若不早爲處, 臣誠恐以此, 釀禍愈大也. 臣聞先人, 有奪人之心, 則敵爲我用. 伊旣以和致我, 我顧不可以此致賊哉. 臣每謂, 黨賊再逞, 必由全羅, 以便取粮, 今方節屆春汛, 大軍適撤此, 正伊再逞之會. 而假討粮舩, 要徃全羅地面, 其朶頤本道之狀顯, 與各該所報, 及臣所忖者, 相符矣. 本道迆東郡縣, 已經兵燹, 只有迆西若干完地, 而簽兵搬餉, 專靠於此軍興, 旣久物力蕩竭, 黨遇豨突, 遮遏無策. 本道旣破, 則小邦更無根柢可據, 已復之地, 當次第瓦解危亡之禍, 急於燃眉. 當此之時, 天兵遠難再出, 小邦沿路數千里, 已爲空虛之地, 兇鋒所至, 若蹈無人之境, 此實悶迫之情, 倍甚於前日. 臣誠無狀, 非不欲自振衰微, 以無負聖天子勅諭之旨. 宗社綴旒之緖, 惟其積敗已極, 賊在門庭, 雖志切奮勵, 而實難爲計. 臣若畏其冒瀆之誅, 頻煩之罪, 不以時奔懇實狀, 則非徒小邦爲賊吞噬, 永失藩屛之寄, 天朝終始拯濟之恩, 臣實有負. 小邦自受兵以來, 耕農全抛, 列邑荒墟, 人畜消耗, 煙火斷絕, 道殣相枕, 積骸堆山. 誠使此賊或盡渡海, 而誠心乞欸, 則臣當乘此間隙, 撫集生聚, 以圖息肩之不暇. 何敢張皇賊情, 瀆冒宸嚴, 必欲使大軍久於暴露, 遺民疲於供給哉. 伏乞聖明察臣阽危之勢, 憐臣竢罪之心, 益霈鴻恩, 終遂再生, 仍圖萬全之策, 不勝幸甚. 緣係兇賊留邊, 禍迫吞噬, 懇乞聖明特垂矜愍, 終始拯濟事理. 爲此, 謹具奏聞.

右謹奏聞, 伏候聖旨. 萬曆二十二年二月十六日. 朝鮮國王臣姓諱.

발신: 조선국왕 신 이(李) 휘(諱)는 삼가 상주합니다.
사유: 흉적이 변경에 머물러 탄서(吞噬)의 화가 임박하여 성명께서 특별히 긍민을 내리어 끝까지 구제해 주시기를 간절히 바라는 일입니다.

[조선국왕] 앞서 작년(1593) 12월 중에 경상우도수군절도사 원균(元均)이 치계했습니다.

  [원균] 초군(哨軍) 김은금(金銀金)이 보고했습니다.

    [김은금] 본월 초3일, 제가 거제현(巨濟縣) 내량(乃梁) 지역 높은 곳에서 주위를 살피다가 왜노 1명을 마주쳐, 곧장 사로잡아 왔습니다. 이에 즉시 심문하니 일명 망고지로(望古之老)라고 하는 자의 공술입니다.

      [망고지로] 나이 25세로 일본국 시거물(是巨勿)[54] 사람입니다. 본년(1593) 2월 28일에 우리들 신병(新兵) 600명은 상관 조승감(趙承甘)[55]을 따라 바다를 건너 조선 양산군(梁山郡) 하룡당(下龍堂) 등지에 도착하여 성자(城子)를 수축했습니다. 조선의 병선이 한산도(閑山島)에 모여 있다는 소식을 탐청하고 본현으로 들어가 현의 협로를 파절했습니다. 장문포(場門浦)에 원래 정박하고 있는 전선은 200여 척이고 군졸은 1,000여 명이며, 영등포(永登浦)에 원래 정박하고 있는 전선은 500여 척이고 군졸은 5,000여 명입니다. 군량은 본국(일본)에서 운반하여 세 군데에 나누어 쌓아 두었습니다.

[조선국왕] 또 본월 내 경상좌도병마절도사 고언백(高彦伯)이 치계했습니다.

  [고언백] 본월 초2일에 주회인(走回人)[56] 문선(門善)이 다음의 내용을 아

---

54) 확실하지 않으나 '시가의 사람(滋賀のもの)'인 듯하다. 시가는 교토에 근접한 지역이다.
55) 초소카베(長宗我部) 가문의 무장으로 추정된다.
56) 전쟁 등으로 적대국에게 납치되거나 포로로 끌려갔다가 스스로 되돌아온 사람들을 가리킨다. 교섭을 통해 합의를 이끌어내어 공식적으로 돌아온 경우는 쇄환(刷還)이라고 하며 상대가 돌려보내는 경우는

뢰었습니다.

[문선] 본년 윤11월 19일에 경주부(慶州府)에서 적(일본군)에게 공격을 받아 임랑포(林郎浦) 본영으로 보내져 기회를 엿보며 성자 주위를 살펴보니 본부(경주부)의 성과 성안이 비슷했습니다. 산 위에 2층 고각과 대옥 세 곳을 지어 주변을 조망하는 곳으로 삼고, 임시 막사가 촘촘하게 들어서서 적도(賊徒)의 숫자가 몇인지 알 수가 없었습니다. 성 밖에는 또한 목책을 설치하고 강변에는 전선을 나란히 정박시켰습니다. 어느 날 내부의 적추(賊酋) 3인이 남쪽으로부터 왔습니다. 제가 알아보니 본월 19일에 두모포(豆毛浦)에 주둔하는 적이 본부(경주부)를 노략했으나 우리 군사에게 많이 죽음을 당하여 이 때문에 괴이하게 여기면서 한스러워하고 있습니다. 저 적추들이 모두 와서 상의하고 장차 크게 보복하려 한다고 합니다.

[고언백] 또 주회 부녀 옥진(玉眞)이 다음의 내용을 아뢰었습니다.

[옥진] 본년 9월 11일에 적에게 공격을 받아 임랑포 영(營)으로 보내져 머물게 되었는데, 들어 보니 본적(本賊)은 병마를 휴식시키며 내년 봄에 따뜻해지는 시기를 기다려 전라도 지역을 차례로 공격할 것이라고 합니다.

[조선국왕] 또한 본월 내 경상도관찰사 한효순(韓效淳)[57]이 치계했습니다.

[한효순] 경상좌도의 동래(東萊)·기장(機張)·부산포(釜山浦)·서생포(西生浦)·임랑포(林郎浦)·구법곡(仇法谷)과 경상우도의 김해(金海)·웅천(熊川)·가덕(加德)·덕교(德橋)·죽도(竹島)에 머물던 여러 적들이 전과 같이 가득 차 있는데 거제현에 적도가 가장 많이 모여 있습니다.

[조선국왕] 또한 본년 1월 내 순변사 이빈(李薲)이 치계했습니다.

송환(送還)이라고 한다.
57) 한효순(韓孝純, 1543~1621)이다. 이하 모두 동일하다.

[이빈] 김해부 청무인(聽撫人)58) 박말석(朴抹石)이 아뢰었습니다.

[박말석] 천성(天城)·가덕·웅포(熊浦)·삼포(森浦)·안골포(安骨浦)에 주둔하는 적이 토굴을 견고하게 쌓고 참호를 깊이 파며, 병기를 주조하기를 밤낮으로 쉬지 않고 있으며, 강어귀에 줄을 세워 정박한 전선이 50여 척입니다. 들으니 봄에 순풍이 불기를 기다려 새로이 충원한 정예병과 한꺼번에 전라도 지역을 차례로 공격할 것이라고 합니다.

[조선국왕] 또한 본월 내 제도도순찰사 권율(權慄)이 치계했습니다.

[권율] 체탐인 달망(達亡)이 아뢰었습니다.

[달망] 제가 몰래 연해의 적영에 가서 여러 적이 모두 "관백이 회군하는 것을 불허하여 장차 진주(晉州) 영성창(永城倉)으로 바로 나아가 미량(米粮)을 탈취하고 이어서 전라도 지역을 침범하겠다."라고 말하는 것을 들었습니다.

[권율] 또한 체탐인 이겸수(李謙受) 등이 아뢰었습니다.

[이겸수] 두모포 등에서 왜적들이 이야기했습니다.

[왜적] 내년 3월 우리는 영산현(靈山縣) 서쪽 길을 거쳐 전라 지역 통로의 주현으로 들어가 각각 5일간 머물며 도로를 닦으려 한다. 대부대를 3기(起)로 나누어 1기는 살마주(薩摩州)59)에서, 1기는 평호도(平胡島)60)에서, 1기는 전라를 경유하여 대명(大明)을 차례로 공격할 것이다.

[이겸수] 또한 (두모포의 왜적들이) 이야기했습니다.

[왜적] 양곡을 실은 배 1만 여 척으로 날을 정해 바다를 건너서 각

---

58) 왜적에게 붙었다가 면사첩(免死帖)을 매개로 한 초무에 응하여 도로 귀부(歸附)해 온 조선인을 이른다.
59) 일본 사츠마를 가리킨다.
60) 일본 히라도(平戶)로 추정된다.

해당 부대에 공급하려 한다.

[조선국왕] 또한 본월 내 경상도관찰사 한효순이 치계했습니다.

[한효순] 초탐인 제옥(諸玉)이 아뢰었습니다.

[제옥] 거제·웅천에서 여러 적이 예전보다 더욱 치성하여 제가 찾아가 보니, 본적이 본년 3월에 장차 전항의 지역에서 모두 모여 침범하고자 성세(聲勢)를 날로 키우고 있는 듯합니다.

[조선국왕] 또한 본관(한효순)이 치계했습니다.

[한효순] 본월 초1일에 기장현 사인(士人) 신응륭(申應隆)이 아뢰었습니다.

[신응륭] 두모포에 주둔하는 적이 "봄에 순풍이 불기를 기다려 본토의 군사가 모두 나와 대거 공격할 것이다."라고 했습니다.

[조선국왕] 또한 본월 내 경상우도병마절도사 성윤문(成允門)이 치계했습니다.

[성윤문] 본월 초8일에 안복장(按伏將) 최강(崔堈)이 급히 보고했습니다.

[최강] 김해·가덕·천성·안골포·영등포·제포(薺浦)의 적선 40여 척 또는 80여 척을 모두 거제현을 향하도록 한곳에 매어놓고 있습니다. "거제에 주둔하는 적이 올해 봄 따뜻해지는 때 장차 전라도로 나가 공격하고 이어서 대명의 지방을 침범할 것이다."라고 들었습니다.

[조선국왕] 또한 본월 내 본관(성윤문)이 치계했습니다.

[성윤문] 김해부 청무인(聽撫人) 우음산(羽音山)이 아뢰었습니다.

[우음산] 작년 11월 중 죽도의 왜적에게 공격을 받아 늘 포로 관리자 곁에서 부려지게 되었습니다. 어떤 왜적이 저에게 "'조선 산천을 너희들이 이미 익숙하게 내달렸다. 이제 또한 너희들이 다시 싸워서 공을 세워야 하니 다시 돌아오지 말라'는 관백의 분부를 최근에 받았다."라고 했습니다.

[조선국왕] 또한 본월 내 부총병 유정(劉綎)의 사후배신(伺候陪臣) 김찬(金

瓚)이 치계했습니다.

[김찬] 본월 초7일에 왜적 6명이 심 참장의 가정을 함께 따라와 본부에 와서 이르기를 "군량을 실은 배 40여 척이 바람에 휩쓸려 전라 지역에 표류하여 가서 찾아보고자 한다."라고 했습니다. 총병이 "그대들의 배가 만약 진실로 우리 쪽에 이르렀다면 마땅히 되돌려 주어야 할 것이나 지금 실제로 있지 않고, 어느 경계로 향한 것이었는지 모르겠으나 유키나가(行長)는 이전에 15척이라고 했다가 다시 16척이라고 했는데 지금 다시 40여 척이라고 하니 그대들의 말이 자꾸 변하여 정확하지 않다."라고 답했습니다. 이어서 통사 유의빈(柳依檳)으로 하여금 "본적은 배를 찾으려 한다는 말을 핑계 삼고 있으나 그 실제는 전라도 형세를 탐지하여 흉모를 멋대로 하려는 것이니 그대 나라는 삼가 방비를 더하여 후회를 끼치지 마십시오."라고 (조선 측에) 전하도록 했습니다.[61]

[조선국왕] 또한 본월 내 경상도관찰사 한효순이 치계했습니다.

[한효순] 안복장 제득호(諸得浩)가 보고했습니다.

[제득호] 왜적이 거제현 및 옥포(玉浦) 아주(牙州)에서 임시 막사를 지었는데 그 수를 이루 다 적을 수 없습니다. 또한 현(거제현)의 치소에서 장문포·영등포·소진포(所珎浦)에 이르기까지 적도가 가득 차 있고 횃불이 하늘에 닿아 성세가 매우 드높습니다.

[조선국왕] 또한 2월 내 본관이 치계했습니다.

[한효순] 체탐인 서윤복(徐允福)이 아뢰었습니다.

[서윤복] 제가 또한 걸인과 같은 행색으로 꾸며 임랑포 영으로 잠입하니 피로인(被擄人) 김봉서(金奉瑞) 등이 "본적이 천병을 엿보아 철수할

---

61) 이 내용은 1594년 2월 1일에 조선국왕이 순무요동도찰원·순안요동도찰원·총독병부·요동도지휘사사에게 보고한 내용이기도 하다. 『事大文軌』 卷8, 萬曆二十二年二月初一日 緊急倭情咨 참고.

것이라 보고 이제 신병을 다시 조발하여 보내어 내지로 진격하려 한다."
라고 제게 말했습니다.

[조선국왕] 또한 본월 내 본관(한효순)이 치계했습니다.

　[한효순] 심 참장의 답응통사(答應通事) 이유(李愉)의 정문을 받았습니다.

　　[이유] 참장은 작년 12월 24일에 적의 진영에 갔다가 본년 1월 20일에 돌아왔고 24일에 팔거현(八莒縣)에 도착했습니다. 비직(이유)이 알아본 바 적추 히데요시(秀吉)은 그 나라의 국도(國都)에 있으면서 항표(降表)를 다듬어 참장이 머문 웅천현의 적진에 보냈고 이어서 왜인 12명을 차견하여 참장을 수행하여 (내지로) 가도록 했습니다.

갖추어 온 장계를 받고 신은 삼가 작년 12월 이전의 적정을 각각 조사하여 이미 현장 조사를 마치고 주본을 갖추어 주문(奏聞)하는 외에, 이번 (주본의) 내용을 가만히 살펴보았습니다. 신(臣)이 하늘과 땅에 죄를 지어 참혹한 병화(兵禍)를 입었습니다. 처음 나라를 잃고 서쪽으로 옮겨 왔던 것은 구구한 마음으로 다만 부모와도 같은 (명의) 강역에 달려가 죽고자 했기 때문입니다. 그리하여 애초부터 어찌 털끝만큼이라도 보존되기를 도모하여 오늘날의 일을 볼 수 있을 것이라 생각했겠습니까? 다행히 성천자(聖天子)의 특별한 은혜에 힘입어 전례 없이 천하의 군사를 움직이는 것을 소요로 여기지 않으셨고 은과 곡식을 내려 주시는 것을 낭비로 여기지 않으셨습니다. 적을 쫓아 대구(大丘)에 이르렀지만 멀다고 여기지 않으셨고 몇 년을 주둔하고 방어하되 길다고 여기지 않으셨으니 이는 천지의 부모와도 같은 인(仁)과 죽어 가는 자를 일으키고 포악한 자를 끊는 의(義)에서 나왔으니 실로 미약한 신이 바랄 수 있는 바가 아니었습니다. 그러나 왕사(王師)는 전쟁에 죽고 역병에 죽고 굶주림에 병들어 (조선의) 수토(水土)에서 상한 자가 어찌 끝이 있겠으며, 말과 가축이 죽거나 다치고 기계가 망가진 것 또한 수를 헤아릴 수 없습니다. 무릇 이는 모두 신 때문인 까닭에 신이 지극히 미련하나 은혜에 감사하고 죄를 생각함에 실로 몸을 가누기가 어려우며 비록 살갗을 벗기는 재앙이 조석 간에 닥친다 하여도 감히 다시 번거롭게 호소할 수 없을 것입니다. 다만 신이 오랫동안 적정을 살펴보고 최근 체탐인이 말한 바를 참작해 보니, 그 음모와 흉계가 여기에 그치지 않습니다. 신이 생각건대 오직 이 적은 본성이 흉악하고 교활하여 진실로 사람의 도리로 책망하기 어렵고, 그 풍습을 돌아보면 대개 용병(用兵)을 치밀하게 하는 자들입니다. 처음 적이 한성(漢城)에서 떠나고 두 자식을 돌려준 것은 신이 크게 바라는 것을 얻은 것이니 신은 마땅히 오로지 기뻐해야 할 듯합니다. 그러나 가만히 생각하건대, 남모르게 걱정하는 바가 있으니 저들이 바라는 바를 생각해 보면 이보다 더 큰 무언가가 있기에 장차 (그것을) 취하고자 잠시 내준 것입니다. 이미 부산에 주둔하였으니 저들은 변경 가까이에 있어 군량과 군사 지원이 모두 편리하지만 천병의 피로함은 또한 다시 천 리로 늘어났고 경상도는 이미 군사를 먹이기에 부족하여 소방이 신속하게 군량을 실어 날라도 멀어지게 되었습니다. 스스로 형편을 얻고 주둔을 연장하여 떠나지 않는 것, 이야말로 진실로 싸우지 않고 남을 굴복시키는 방법입니다. 왕사는 고립돼 이치상 오래 머물기 어려워지고 소방은 탕잔돼 양식이 고갈되기를 기다릴 수 있으니, 그런즉 이에 핑계만 대고 시기를 지체하며 적절한 때의 기회를 늦추었다가 가장 적정한 시점에 올라타려는 것이니 이런 이유로 적은 더욱 강화를 바라는 것입니다. 한성에서 이미 이로써 (우리 측의) 새롭게 승전한 파죽지세를 늦추었고 부산에 이르러서는 또 이로써 황령(皇靈)이 소탕할 시기를 늦춤으로써 (저들이) 얻은 이익은 매우 큽니다. 이 적은 실로 해외의 흉독한 별종으로서 잘난 체하며 날뛰어 끝까지 거역하고 다시는 군신부자의 예가 있음을 알지 못합니다. 역추(逆酋) 히데요시(秀吉)는 또한 방자하게도 임금을 죽이고 왕위를 찬탈하여 마침내 품어서는 안 될 야망을 품고서 몇 년째 음모를 간직하다가 군사를 내니 (그) 나라가 기울 정도였습니다. 지금 멀리까지 뻗치며 흘겨보니 성세가 이미 충만하고 뜻을 지극하게 이루었는데도 오히려 떠나지 않고 타국에서 해를 보내고 추위와 더위를 겪으면서 성을 쌓고 군량을 비축하며 군사를 훈련시키니 어찌 그 계획으로만 끝나겠습니까? 신은 천병의 허실이 오래 될수록 엿보임을 면치 못하리라 걱정되니 섬나라의 요망한 족속이 끝내 대국에 대항할 것을 말하는 것은 아니지만 그 정상이 참혹하다는 것입니다. 이는 진실로 성명께서 통찰하시고 묘당에서 주획할 바인지라 신의 말을 기다릴 것도 없습니다. 그러나 신의 안타깝고 절박한 뜻은 오히려 변방의 실정을 갖추어 아룀으로서 우러러 환란을 대비하심을 돕고 싶습니다만 궐문이 너무 멀어 쉽게 도달할 수 없으니 신의 죄가 이에 이르러 더욱 큰 것입니다. 이른바 항표라는 것은 신이 보지 못하여 무슨 말을 해야 할지 모르겠습니다만 단지 히데요시는 국도로 이미 돌아갔다고 하는데 가서 항표를 가져오는 데는 20일 정도만 걸렸으니 또한 어찌 그리 빠릅니까? 가령 표문은 거짓이 아니라고 하더라도 그 말은 지극히 공손하여 오히려 믿기 어렵습니다. 게다가 적은 이미 원래의 소굴로 돌아가 명을 기다릴 뜻이 없었고 군사의 위력으로 스스로 버티려는 계책을 갖고서 감히 천병과 대치하여 항전하여 죽이는 데에 이르렀습니다. 얼마 지나지 않아 한쪽으로 봉공(封貢)을 청하였으니 그것은 거짓에서 나온 것이지 본심이 아니라는 것을 또한 감출 수 없습니다. 지금 일찍 조처하지 않는다면 신은 진실로 이 때문에 더 큰 화를 빚을 것이라 걱정됩니다. 신이 선인(先人)에게 듣건대 타인의 마음을 뺏을 수 있다면 적이라 하더라도 우리의 쓰임이 될 수 있다고 했습니다. 저들이 이미 우리에게 화친을 청하였으니, 우리라고 해서 적에게 그럴 수 없는 것이겠습니까. 신은 매번 이르기를 혹 적들이 다시 침범한다면 반드시 전라도를 거쳐 군량을 탈취할 것이라고

하였는데, 지금 바야흐로 계절이 얼음이 녹는 봄철이며 대군이 마침 철수하니 바로 저들이 다시 침범할 기회입니다. 양곡을 실은 배[糧船]를 찾겠다고 가장하여 전라(도) 지역을 다니고자 하니 본 도에 침을 흘리는 정상이 현저한데, 각처에서 알린 바와 신이 헤아린 바가 서로 부합됩니다. 본 도의 동쪽 군현은 이미 전란을 겪었고 오직 서쪽 지역만 약간 온전하여 군사를 징병하고 군량을 운반하여 오로지 여기에서 군사를 일으킬 수 있었지만, 이미 오랫동안 물력이 탕갈되어 혹여 갑자기 공격을 받는다면 막을 계책이 없습니다. 본 도가 파괴되고 나면 소방은 다시 근거할 만한 땅이 없어져 이미 회복한 땅도 차례로 와해되고 망하는 화를 당하여 눈썹이 타오르는 때보다 다급해질 것입니다. 이러한 때를 만나도 천병은 멀리서 다시 나오기 어렵고 소방의 연로 수천 리는 이미 텅 빈 땅이 되었으니, 흉봉(兇鋒)이 이르는 곳마다 마치 무인지경을 밟듯이 하여 이는 실로 민박(悶迫)한 사정이 전날보다 두 배가 될 것입니다. 신은 참으로 형편없지만 스스로 쇠미한 데서 떨쳐 일어남으로써 성천자의 칙유를 저버리지 않으려는 뜻이 없지 않습니다. (그러나) 종묘사직과 철류(綴旒)62)의 통서(統緖)는 기력의 쇠잔함이 극에 달했고 적은 문 앞에 있어 비록 뜻을 절실히 분발한다 해도 실로 계책으로 삼기 어렵습니다. 신이 모독의 벌과 번거로움의 죄를 두려워해서 제때 달려가 실상을 호소하지 않는다면 소방은 적에게 삼켜질 뿐 아니라 영원히 번병의 임무를 잃게 되고 신은 천조에서 시종 구제해 준 은혜를 실로 저버리게 되는 것입니다. 소방이 병란을 입은 이래 농사짓기를 완전히 포기하여 열읍이 황폐하고 사람과 가축이 사라졌으며 밥 짓는 연기가 끊겨 길에 굶어죽은 이들이 이어졌고 해골이 쌓여 산을 이루었습니다. 참으로 만약 이 적이 혹시라도 모두 바다를 건너 성심으로 화친을 빌었다면 신은 마땅히 그사이를 틈타 백성을 불러 모아 잠

---

62) 임금을 표장(表章)한 깃발로 곧 임금을 뜻한다.

시도 휴식을 도모할 겨를이 없을 것입니다. 어찌 감히 장황하게 적정을 논하여 성명의 위엄을 번독하고 외람되게 해서 굳이 대군으로 하여금 오랫동안 길가에서 이슬을 맞게 하고 유민들을 (군량) 공급하는 일로 피로하게 하겠습니까? 삼가 바라건대 성명께서는 신의 위태로운 형세를 살피시며 신이 죄를 기다리는 마음을 불쌍히 여기시어 더욱 큰 은혜를 내리셔서 끝내 다시 살리고 덧붙여 만전의 계책을 도모하도록 한다면 크게 다행이겠습니다. 흉적이 변방에 머물러 있는 관계로 화(禍)가 임박하여 병탄될 지경이오니 간절히 바라건대 성명께서는 특별히 가엾게 여기시어 끝까지 구제해 주시라는 사리(事理)를 아룁니다. 이에 삼가 주본을 갖추어 아룁니다.

만력 22년 2월 16일 조선국왕 신 이(李) 휘(諱)가 이같이 삼가 주문하고 성지를 기다리겠습니다.

13. 禮部咨
30b-31a(248~249쪽)

朝鮮國王,

爲 兇賊留邊禍迫吞噬, 懇乞聖明, 特垂矜憫, 終始拯濟 事.

先該, 上年十二月內, 陪臣慶尙右道水軍節度使元均 馳啓.
　據 哨軍金銀金 告稱. 云云.
煩乞貴部, 將這事情, 轉奏天聰, 益霈鴻恩, 終遂再生, 仍圖萬全之策, 不勝幸甚. 爲此, 差陪臣工曹參判許筬, 齎捧實封奏本, 前赴京師進呈外, 合行移咨, 請照驗聞奏施行. 須至咨者.
右咨禮部.

萬曆二十二年二月十六日.

발신: 조선국왕

사유: 흉적(兇賊)들이 변경에 잔류해 있으면서 (본국을) 집어삼키려는 화가 닥쳐오고 있으니, 특별히 불쌍히 여기셔서 처음부터 마지막까지 구제

해 달라고 성명(聖明)께 간절히 비는 일입니다.

[조선국왕] 지난해 12월에 배신 경상우도수군절도사(慶尙右道水軍節度使) 원균(元均)이 치계(馳啓)했습니다.
  [원균] 초군 김은금(金銀金)이 고해 왔습니다. "운운(云云)."
[조선국왕] 번거로이 귀부(貴部)에 바라건대, 이러한 사정을 황상[天聰]께 대신 상주해 주셔서 더욱 큰 은혜를 내려 끝내 다시 살 길을 열어 주심으로써 만전의 계책을 도모하게 해 주신다면 더 없이 다행이겠습니다. 이에 배신 공조참판 허성(許筬)을 파견하여 실봉주본(實封奏本)을 받들고 경사(京師)에 가서 진정하게 하는 것 외에도, (예부에) 마땅히 자문(咨文)을 보내니 청컨대 살펴 주십시오. 자문이 잘 도착하기를 바랍니다.
  이 자문을 예부에 보냅니다.

만력 22년 2월 16일.

14. 奏請使護送
31a(249쪽)

朝鮮國王,
爲 公幹 事.

該萬曆二十二年二月十六日, 差陪臣工曹參判許筬, 齎捧實封奏本, 前赴京師, 經由貴治馳驛前去. (爲此)[63] 合行移咨, 請照驗護送施行. 須至咨者.
右咨遼東都指揮使司.

萬曆二十二年二月十六日.

발신: 조선국왕.
사유: 공무[公幹]에 관한 일입니다.

---

[63] 원문에 '위차(爲此)'가 없으나 누락 내지 생략된 것으로 보인다.

만력 22년 2월 16일에 배신 공조참판 허성(許筬)을 보내어 실봉주본을 받들고 경사(京師)로 나아가게 하였는데 귀사(貴司)에서 관할하는 역(驛)을 경유하게 되었습니다. (이에) 마땅히 자문을 보내니 청컨대 살펴서 호송해 주시기 바랍니다. 자문이 잘 도착하기를 바랍니다.

이 자문을 요동도지휘사사에 보냅니다.

만력 22년 2월 16일.

15. 議政府關⁽⁶⁴⁾
31a-32a(249~251쪽)

朝鮮國議政府, 敬奉教旨.

萬曆二十二年二月十六日, 差陪臣工曹參判許筬, 齎捧實封奏本, 幷齎達字三十號, 起馬符驗一道, 前赴京師進呈施行.

敬此. 除敬依外, (爲此)⁶⁵⁾ 合行移咨,⁶⁶⁾ 請照驗敬依施行. 須至關者.

一計
實起馬 一十一匹.

工曹參判許嘉善.
通事司譯院副正林應瑞.
護軍李海隆.

---

64) 본 문서에는 별도로 두주(頭註)가 달려 있지 않다. 의정부에서 선조(宣祖)의 교지를 받들어 허성에게 보낸 공문[關]이다.
65) 원문에 '위차(爲此)'가 없으나 누락 내지 생략된 것으로 보인다.
66) 본 문서는 자문이 아닌 관문이므로 '이자(移咨)'가 아닌 '이관(移關)'으로 표기해야 한다. 오기로 보인다.

司譯院副正李檣.

主簿奏仍男.

司果李再榮.

司勇許宗.

司正金守敬.

司正宋得.

司正金起隆.

司正韓千齡.

從人金一男·朴隆·黃萬敬.

工曹參判許嘉善.

萬曆二十二年二月十六日.

발신: 조선국 의정부는 공경히 교지(教旨)를 받듭니다.
사유: 만력 22년 2월 16일 배신(陪臣) 공조참판 허성(許筬)을 파견하여 실봉 주본을 받들고 아울러 '달(達)'자 30호 기마부험(起馬符驗) 1통을 가지고서 경사에 가서 진정하게 했습니다.

이를 받들고, 공경히 의거하는 것 외에도, (이에) 합당한 관문을 보내오니 청컨대 살펴 공경히 준행하시기 바랍니다. 관(關)이 잘 도착하기를 바랍니다.

일계(一計)

실제로 타고 갈 말 11필.

공조참판 가선대부 허성(許筬).

통사 사역원 부정 임응서(林應瑞).

호군 이해룡(李海龍).[67]

사역원 부정 이장(李檣).

주부 주잉남(奏仍男).

사과 이재영(李再榮).

사용 허실(許宲).

사정 김수경(金守敬).

사정 송득(宋得).

사정 김기륭(金起隆).

사정 한천령(韓千齡).

종 김일남(金一男)·박륭(朴隆)·황만경(黃萬敬).

공조참판 가선대부 허(許)에게 보냅니다.

만력 22년 2월 16일.

---

[67] 원문은 '이해륭(李海隆)'이나 본명은 '이해룡(李海龍)'이다. 『사대문궤』라는 문서의 특성상 '용(龍)'이라는 글자를 피한 것이다. 이와 같은 사례는 유성룡(유성룡)이나 민몽룡(민몽룡) 등의 사례에서도 보인다. 김기륭이나 박륭도 같은 사례로 추정되지만 확인할 길이 없어 이해룡만 수정해 두었다.

16. 議政府批[68]
32a(251쪽)

朝鮮國議政府, 敬奉敎旨.

差陪臣工曹參判許嘉善, 齎捧實封奏本, 前赴京師.

除例起鋪馬外, 另帶長行馬匹, 仰告驗經過官司站驛, 途毋住滯. 須至批者.

一計
長行馬一匹.

萬曆二十二年二月十六日 兵房錄事 朴仲豪 承府.

발신: 조선국 의정부는 공경히 교지(敎旨)를 받듭니다.
사유: 배신 공조참판 가선대부(허성)를 파견하여 실봉주본을 받들고 경사(京師)에 가게 했습니다.

---

68) 본 문서에는 별도로 두주(頭註)가 달려 있지 않다. 선조(宣祖)의 교지를 받들어 허성의 사행단이 경과하는 지역의 역참을 사용할 수 있도록 의정부에서 내린 비(批)이다.

전례대로 (지급)하는 기마(起馬)와 역마[鋪馬] 외에 따로 데려가는 장행마(長行馬)는 경유하는 관사(官司)와 참역(站驛)에 고하여 도중에 지체되지 않게 하십시오. 비(批)가 잘 도착하기 바랍니다.

일계(一計)
장행마 1필.

만력 22년 2월 16일 병방녹사 박중호(朴仲豪)가 의정부로부터 받듦.

17. 本國查報修險運粮練兵仍開胡沈二官勞積咨

32a-35b(251~258쪽)

朝鮮國王,

爲 修險·運粮·練兵等 事.

據 議政府左議政尹斗壽 狀啓.

臣跟從光海君, 前到全州府. 就令戶曹判書韓準, 兵曹判書李恒福, 工曹判書金命原, 將應行事件, 尅日完了, 臣仍往慶尙一帶, 星夜督倂. 本年正月, 日期不等, 節據金命原各呈.

　　除設險事件, 爲緣賊尙留邊, 只將腹裏去處, 量加修築設伏, 其餘軍粮操演等事, 該韓準·李恒福, 亦俱告粗完. 等因.

據此, 今將各官呈事件, 計開于後. 爲此, 謹具啓知.

一. 令戶曹判書韓準, 遵依經略兵部委官參將胡·經歷沈分付, 一同檢察使李山甫等, 將全羅·忠淸二道及慶尙道安東·榮川·奉化等府郡縣芻粮, 日逐運赴各營支用. 爲緣人力凋殘, 無又稅粮欠少, 僅句供給, 未得積峙.

一. 令兵曹判書李恒福, 遵依所據委官參將胡·經歷沈分付, 一同都巡察使權慄等, 揀選麗兵 解赴劉總兵軍前, 泒撥各營, 操演教訓, 近日坐作進退, 日漸如法.

一. 令工曹判書金命原, 跟同所據委官參將胡·經歷沈, 前往慶州·全州·南原等處, 修築城子, 加設望樓·敵臺, 又改穿濠塹. 三嘉·八莒等處, 據險竪寨. 又設敵臺於鳥嶺·竹嶺·小鳥嶺·秋豐嶺各處. 爲緣人力不敷, 未得砌築關城, 只設按伏軍兵, 把截隘口. 各設防守兵器·火炮, 督同本曹正郎崔洽等, 收合材料, 竭力打造, 已經解到軍前應用.

一. 轉令慶尙左右道將官白士霖·金大虛等, 具遵依兵部咨內事意, 及所據委官參將胡·經歷沈分付, 於左道賊屯蔚山·東萊·機張·釜山浦·西生浦·林郞浦, 右道昌原·金海·巨濟·熊川等處, 分遣乖覺人役, 多賚免死帖, 扮作乞人貌樣, 潛入賊營, 招回本國被脅人民男婦, 各處前後聽撫人, 共計四千一百五十六名口. 以後有回者, 俱另加撫恤, 以廣招徠之路. 等因.

具啓. 得此. 查照, 先該, 上年閏十一月初八日, 准 貴部 咨.

該爲屬國已復等事, 准 兵部 咨.

該兵部題, 職方淸吏司案呈.

奉本部送, 准 經略侍郞 宋 咨. 前事. 看得, 咨稱, 卽于宣諭勅內, "幷專督陪臣尹斗壽·尹根壽, 恊助光海君姓諱, 出居全 慶總督, 戶兵工三判書韓準·李恒福·金命原及國王前差催粮吏曹判書李山甫, 俱各照分管職業, 上緊運粮·鍊兵·製器·築險, 務在刻期完成. 如陪臣怠緩, 聽經略參究"一節, 爲照, 咨議事理, 相應題請. 合無特賜嚴旨, 責令國王嚴督陪臣, 各照職業, 將應運芻粮, 應練兵馬, 應製器械, 應修險隘, 及時料理整頓. 本部移咨禮部, 轉行差去行人司憲, 順齎面諭, 仍移咨經略衙門, 一體知會施行. 等因.

萬曆二十一年十一月初三日, 太子太保本部尙書 石 具題. 奉聖旨.

是. 這所議就着差去行人, 面諭朝鮮王, 令其責成. 奏內王子陪臣, 督率全羅等道, 大修戰具, 防禦再擧. 我兵一撤之後, 不聽再請. 欽此. 備咨前來.

爲此, 合咨前去, 煩照本部題奉明旨事理, 行令該管陪臣, 欽遵施行. 等因.

准此. 續該本月十二日, 有欽差行人司行人司, 前到本國, 面諭前項聖旨, 當職與各陪臣欽聽, 不勝隕越. 就令劣息光海君, 前往全羅地面, 總管諸務, 仍令戶曹判書韓準, 兵曹判書李恒福, 工曹判書金命原, 馳往慶尙等處, 分管該務, 俱聽候委官參將胡, 經歷沈分付. 又令議政府左議政尹斗壽, 往來督倂, 不許怠緩悮事, 待事完各具該管事務了, 當緣由作速回稟, 以憑咨報. 去後, 今該前因, 爲照, 貴部深念小邦殘破, 不能自守, 選差委官, 踏看形勢, 仍要設險, 以防侵犯. 又將鍊兵等事, 著令一倂擧行. 至於轉題奉旨, 宣諭嚴切, 俱係禦倭急務, 貴部指敎之恩, 報答無地. 仍照於上年四月, 賊在都城, 其勢方熾, 而參將胡·經歷沈, 不憚艱險, 出入虎穴, 陳說利害, 却退賊衆. 今又再涉荒遐, 歷閱寒暑, 將各該事件, 親自分付監督, 這等賢績尤宜記錄. 煩乞貴部將這二官, 特加獎勸, 備諳勤勞, 不敢不據實具稟. 爲此, 合行移咨, 請照驗施行. 須至咨者.

右咨經略兵部.

萬曆二十二年二月十八日.

발신: 조선국왕

사유: 험지를 수리하고 군량을 운반하며 병사를 훈련시키는 등의 일입니다.

[조선국왕] 의정부(議政府) 좌의정(左議政) 윤두수(尹斗壽)의 장계를 받았습니다.

　[윤두수] 신이 광해군(光海君)을 수행하여 전주부(全州府)에 도착했습니다. 곧바로 호조판서(戶曹判書) 한준(韓準), 병조판서(兵曹判書) 이항복(李恒福), 공조판서(工曹判書) 김명원(金命元)으로 하여금 응당 시행해야 할 일들을 일자를 당겨 완료하게 하고, 신은 바로 경상도 일대로 가서 밤을 지새우며 독려했습니다. 올해 정월, 각기 다른 날짜에 김명원 (등)이 각각 올린 정(呈)을 차례대로 받았습니다.

　　[김명원] 요새를 설치하는 사안만은 왜적이 여전히 변경에 머물러 있는 탓에 단지 내지[腹裏]에 있는 곳만 적절히 헤아려 수축하여 복병(伏兵)을 설치하였고, 그 나머지 군량과 조련 등의 사안은 한준과 이항복이 또한 모두 조악하게나마 완료했다고 고해 왔습니다.

[윤두수] 이를 받고 이제 각 관원이 올린 정(呈)의 사안들은 뒤에 열거해 두었습니다. 이에 삼가 갖추어 아룁니다.

하나. 호조판서 한준으로 하여금 경략병부의 위관(委官)인 참장(參將) 호택(胡澤)과 경력(經歷) 심사현(沈思賢)의 분부를 준행하여 검찰사(檢察使) 이산보(李山甫) 등과 함께 전라도와 충청도 그리고 경상도의 안동부(安東府)·영천군(榮川郡)·봉화현(奉化縣)의 말먹이와 군량을 날마다 운반하여 각 영에서 쓰게 했습니다. 인력이 조잔하고 세량(稅糧)으로 낼 것도 부족하여 간신히 공급하였을 뿐, 쌓아 두지는 못했습니다.

하나. 병조판서 이항복으로 하여금 위관인 참장 호택과 경력 심사현의 분부를 준행하여 도순찰사(都巡察使) 권율(權慄) 등과 함께 조선군[麗兵]을 선발하였으며, 총병 유정의 군전에 보내고 (다시) 각 영으로 나누어 파견하여 조련하고 가르치게 했더니 요즘 기초적인 제식 동작에는 날로 법도가 잡혀 가고 있습니다.

하나. 공조판서 김명원으로 하여금 위관인 참장 호택과 경력 심사현을 따라서 경주(慶州)·전주(全州)·남원(南原) 등처로 가서 성곽을 수축하고 망루(望樓)·적대(敵臺)를 추가로 설치하였으며 또 해자를 새로 팠습니다. 삼가(三嘉)·팔거(八莒) 등처에는 험지에 의거하여 영채를 세웠습니다. 또 조령(鳥嶺)·죽령(竹嶺)·소조령(小鳥嶺)·추풍령(秋豐嶺)의 각처에는 적대를 설치했습니다. 인력이 충분하지 못해서 관성(關城)을 겹겹이 쌓지는 못하고 단지 매복할 군병을 설치하여 좁은 목[隘口]을 차단하였습니다. 각기 설치할 방수(防守)에 쓸 병기(兵器)와 화포(火砲)는 본조(本曹)[69]의 정랑(正郎) 최흡(崔洽) 등과 함께 재료를 수습하여 힘을 다해 두들겨 만들고 이미 군전으로 날라 두어서 적절히 사용하게 했습니다.

하나. 경상좌도와 경상우도의 장관(將官)[70] 백사림(白士霖)·김태허(金太虛)[71]에게 명령을 전(轉)하여 모두 병부(兵部) 자문 안의 뜻과 위관인 참장 호택과 경력 심사현의 분부를 준행하여, 좌도의 왜적 주둔지인 울산(蔚山)·동래(東萊)·기장(機張)·부산포(釜山浦)·서생포(西生浦)·임랑포(林郎浦)와 우도의 창원(昌原)·김해(金海)·거제(巨濟)·웅천(熊川) 등처에 재주가 좋고 똑똑한 사람들을 나누어 파견하여 다량의 면사첩(免死帖)을 가지고 걸인의 행색으로 분장시켜 적영(賊營)에 몰래 들어가 본국의 위협을

---

69) 여기서 본조(本曹)는 공조(工曹)이다. 본 문서에서 최흡은 공조정랑으로 나타나지만, 『선조실록』에는 공조좌랑(工曹佐郎)으로 나타난다. 『宣祖實錄』 卷45, 宣祖 26년(1593) 閏11月 戊戌(18日).
70) 아래에서 백사림은 김해부사(金海府使), 김태허는 울산군수(蔚山郡守)임이 확인된다.
71) 원문에는 '김대허(金大虛)'로 표기되어 있으나 '김태허(金太虛)'를 지칭한다.

받아 구류된 남녀를 불러오게 하였는데, 각처에서 전후로 청무인(聽撫人)이 모두 4,156명입니다. 이후에도 되돌아오는 자가 있으면 모두 별도로 무휼(撫恤)을 더하여 초무(招撫)하여 돌아오게 하는 길을 넓히도록 하겠습니다.

[조선국왕] 갖추어 온 장계를 받고 조사해 보건대, 앞서 작년 윤11월 초8일에 귀부(貴部)의 자문을 받았습니다.

[송응창] 속국(屬國)을 이미 수복했다는 등의 사안에 대한 병부의 자문을 받았습니다.

[병부] 병부에서 올릴 제(題)에 대한 직방청리사(職方淸吏司)의 안정(案呈)은 다음과 같습니다.

[직방청리사] 본부가 보낸 문서는 경략시랑 송(응창)이 전사(前事)[72]에 대해 자문한 것이었습니다. 자문에서 말한 것을 보니, 선유한 칙서 안에 「배신 윤두수(尹斗壽)와 윤근수(尹根壽)를 아울러 오로지 독려하게 하고 광해군 성(姓) 휘(諱)를 도와서 전라도와 경상도로 나가 머물면서 총독(總督)하게 하며, 호조판서 한준, 병조판서 이항복, 공조판서 김명원과 국왕이 전에 군량을 마련하라고 차출했던 이조판서 이산보(李山甫)에게 모두 나누어 관장한 업무를 살펴서 서둘러 군량을 운반하고 군병을 조련하며 요새를 수축하되 기한을 정하여 완성하도록 힘쓰게 하십시오. 만약 배신들이 태만하게 풀어진다면 경략의 추궁을 받을 것입니다.」라는 부분에 대해서는 살피건대 자문에서 논한 사리가 제(題)로 청할 만합니다. 특별히 엄한 성지를 내리시어 국왕과 배신들을 엄히 독려하여 각기 맡은 직분을 살펴서 말먹이와 군량을 운반하고 병마(兵馬)를 조련하며 무기를 제조하고 험한 요새를 수선하여 제

---

72) 본 문서의 사안인 '爲修險運粮練兵等事'를 가리킨다.

때 헤아려 정돈케 하는 것이 어떨까 합니다. 본부에서 예부로 자문을 보내어 파견한 행인(行人) 사헌(司憲)에게 전(轉)하여 가지고 가서 직접(면전에서) 유시하게 하고 경략 아문에도 자문을 보내어 일체로 알려야 할 것입니다.

[병부] 만력 21년 11월 초3일에 태자태보 본부(병부) 상서 석(石)[73]이 갖추어 아뢴 제에 대한 성지(聖旨)를 받들었습니다.

[만력제] 그리하라. 그 의논한 바는 즉시 행인을 파견하여 조선왕에게 직접 유시하여 책임지고 성취하게 하라. 주본(奏本) 안에 거론된 왕자·배신들은 전라도 등을 독솔하여 무기를 대대적으로 수선하고 다시 방어에 힘쓰라. 우리 군대가 철수한 뒤로 다시 청한 것은 따르지 말라.

[병부] 이와 같이 공경히 받들어 자문을 갖추어 보냅니다.

[송응창] 이에 마땅히 자문을 보내니, 번거롭더라도 본부에서 올린 제에 대해 받든 명지(明旨)의 사리를 살펴서 해당 관할 배신으로 하여금 공경히 준행하게[欽遵] 하십시오.

[조선국왕] 이를 받고, 이어서 그달 12일에 흠차행인사행인 사헌이 본국에 와서 앞의 성지를 직접 유시하였으니, 당직(當職)은 각 배신들과 더불어 공경히 듣고서 간절한 마음을 이길 수 없었습니다. 즉시 못난 자식 광해군으로 하여금 전라도 지역에 가서 여러 사무를 총관하게 하고 이어서 호조판서 한준, 병조판서 이항복, 공조판서 김명원으로 하여금 경상도 등처로 달려가서 해당 업무를 나누어 관장하게 하였으며, 모두 위관인 참장 호택과 경력 심사현의 분부를 듣게 했습니다. 또 의정부 좌의정 윤두수로 하여금 오가면서 아울러 감독하여 태만히 이완되어 일을 그르치지 못하게 하고, 일이 완료되어 각기 맡은 해당 사무가 모두 끝나기를 기다렸다가 마땅히 연유를 속히 회품

---

[73] 석성(石星, 1537~1599)이다. 임진왜란 당시 명의 병부상서(兵部尙書)였다.

(回票)하여 이를 근거로 자문으로 보고하고자 했습니다. 그 뒤로 이번에 위의 자문을 받고 살펴보니 귀부에서 소방이 잔파되어 능히 스스로 지킬 수 없음을 깊이 유념하여 위관을 뽑아서 파견하였으며, 형세를 직접 조사하게 하고 이어서 요새를 설치하여 침범을 방어하게 했습니다. 또 군대를 조련시키는 등의 일도 아울러서 거행하게 하셨습니다. 제를 전(轉)하여 받든 성지에 이르러서는 선유한 바가 엄하고도 간절하였고 모두 왜적을 막는 급무였으니, 귀부(貴部)에서 가르쳐 주시는 은혜를 보답하고자 해도 방법이 없습니다. 그리고 작년 4월에 왜적이 도성에 있을 때, 그 세력이 바야흐로 치성하였으나 참장 호택과 경력 심사현은 어려움을 마다하지 않고 호랑이 굴을 드나들면서 이해(利害)를 펼쳐 말해서 왜적의 무리를 퇴각시켰습니다. 그리고 지금은 또다시 변방[荒遐]에 와서 추위와 더위를 번갈아 겪어 가면서 각각의 사안을 직접 분부하고 감독하니 그들의 현저한 공적은 더욱 마땅히 기록해야 할 것입니다. 번거롭더라도 바라건대, 귀부에서는 그 두 관원에게 특별히 표창하고 격려하기를 더해 주십시오. 부지런한 노고를 낱낱이 알리고자 감히 사실대로 갖추어 품하지 않을 수 없습니다. 이에 마땅히 자문을 보내니 청컨대 살펴 주십시오. 자문이 잘 도착하기를 바랍니다.

이 자문을 경략병부에게 보냅니다.

만력 22년 2월 18일.

18. 本國請勿許參將沈帶同倭使入內地
35b-38a(258~263쪽)

朝鮮國王,

爲 勿許兇賊跟越關津, 以杜姦細之患 事.

議政府 狀啓.

據 慶尙道觀察使韓效淳 呈.

本年正月二十五日, 有賊兵一十二名, 跟同參將沈, 自熊川縣老營, 前來誘說.

蒙關白差委, 齎擎降表, 前去上國.

續 據兵曹 呈.

有參將沈, 所帶倭子一十二名, 用强騎坐站馬, 跟同參將起程. 等因. 得此. 竊照, 本賊自上年六月, 分據慶尙道金海·蔚山·梁山·東萊·機張·釜山·天城·加德等, 淵海要害二十餘處, 築城盖房, 運粮貯兵, 遞相防守, 以爲久住之計. 兇酋秀吉, 又領大衆, 來駐對馬島·郞古耶地面, 號令諸酋. 近又要犯全羅迤西, 於本道附近巨濟縣地面, 添集兵衆, 打造船隻, 節據哨報, 聲息十分緊急. 而遽稱投呈降表, 差遣伊衆, 跟同參將沈, 前赴腹裏. 竊念, 伊性自來兇狡, 專以打細, 爲能安知. 其姦謀詭計, 假稱納款, 實要窺覘也. 謹查倭奴朝貢之路, 未嘗經由遼·薊. 卽目拒敵天兵, 方圖順搶. 而曩日賊倭少西飛等三十三名, 及今所據倭賊一十二名, 節續跟同, 以行呵禁不加, 委爲未便. 合無備將前因, 移咨總督部院, 懇乞急諭參將沈, 將原帶倭子於沿路官司監候, 或別有處置, 勿令跟入裏面, 遂伊姦細之計. 相應. 等因.

具啓. 據此. 參詳本職, 自小邦沿海一帶, 兇謀百端狡詐難測, 而目今參將沈, 帶同伊衆多至一十餘名, 稱說齎呈降表, 專不防禁, 穿過小邦京邑, 將向上國地方. 竊念, 小邦自慶尙沿路, 至于平壤, 被伊殘破, 榛莽盈目, 順安以西, 困於調度, 十室九空, 伊賊豈不益肆其陵侮, 而復生呑噬之心乎. 況查日前本賊未嘗經由遼·薊, 只許從寧波海路十年一貢, 天朝待伊之例, 微意可見. 今螳拒天兵, 與之對壘, 而假稱輸款, 誘投降表, 乃令梟獍之徒, 遠隨單車之使, 其計不過誘以講和, 出入裡面 而密行窺覘, 要遂奸謀也. 雖上國城郭之壯, 士馬之盛, 有以震慴其耳目, 而山川夷險, 道路迂直, 防備疎密, 人情强弱, 伊且歷歷識認, 朶頤而歸, 委屬未便. 煩乞部院洞燭姦情, 峻斥兇徒, 急諭參將沈, 將原帶齎表賊倭於沿路官司監候, 或別有處置, 勿許跟越關津, 以杜姦細之患. 仍禁約往來員役, 日後勿令帶同兇賊混入腹裏, 覘我虛實, 不勝幸甚. 爲此, 合行移咨, 請照驗施行. 須至咨者.

右咨總督兵部.

萬曆二十二年二月十八日.

발신: 조선국왕

사유: 흉적(兇賊)이 (명 사신을) 근수(跟隨)하여 관문과 나루터[關津]를 건너지 못하게 함으로써 간첩[姦細]들이 돌아다니는 근심을 막아 달라는 일입니다.

[조선국왕] 의정부(議政府)에서 장계를 올렸습니다.

[의정부] 경상도관찰사(慶尙道觀察使) 한효순(韓效純)의 정(呈)을 받았습니다.

[한효순] 본년 정월 25일, 적병 12명이 심 참장을 따라서 웅천현(熊川縣)의 노영(老營)으로부터 와서 핑계를 대며 말했습니다.

[차왜] 관백(關白)이 위임해서 파견하여 항표(降表)를 공경히 받들고 상국(上國)으로 가도록 했습니다.

[의정부] 이어서 병조(兵曹)의 정을 받았습니다.

[병조] 심 참장이 대동한 왜자(倭子) 12명은 억지를 부리며 역마를 타고 참장을 뒤따라 함께 출발했습니다.

[의정부] 이를 받고 가만히 살펴보건대, 이 왜적은 작년 6월부터 경상도의 김해(金海)·울산(蔚山)·양산(梁山)·동래(東萊)·기장(機張)·부산(釜山)·천성(天城)·가덕(加德) 등 바닷가의 요해처 20여 곳을 나누어 점거하고서 성을 쌓고 가옥을 지으며 군량을 운반하고 병기를 쌓아 두고 교대로 방수하면서 이로써 오래 머물 생각을 하고 있습니다. 흉악한 추장 히데요시(秀吉)가 또 대병력을 이끌고 대마도와 나고야 지방에 와서 주둔하면서 여러 추장을 호령하고 있습니다. 근래에는 또 전라도의 서쪽 지역을 범하고자 본 도 부근의 거제현(巨濟縣) 지역에 많은 병력을 보태서 모아 두고 선척을 건조하게 하였는데, 정탐한 보고들을 차례대로 받아 보니 성식(聲息)이 십분 긴급했습니다. 그런데 갑자기 정을 보내어 「항표를 보내겠다.」라고

하면서, 그들의 무리를 파견하여 심 참장을 따라가서 내지[腹裏]로 들어오겠다고 합니다. 가만히 생각해 보건대, 그들의 성질은 원래 흉악하고 교활하니 오로지 간첩짓을 하려는 것인지 어찌 알겠습니까. 그들의 간사한 꾀와 속이려는 계책은 거짓으로 납관(納款)하겠다면서 실제로는 염탐하려는 것입니다. 삼가 왜노의 조공로[朝貢之路]를 조사해 보니, 일찍부터 요동(遼東)이나 계주(薊州)를 경유하지 않았습니다. 지금은 천조의 군대에 항거하여 대적했으며 바야흐로 차례대로 침입하고자 도모하고 있습니다. 그런데 지난번에는 적왜 소서비(少西飛) 등 33명이, 이번에는 앞서 언급한 바의 왜적 12명이 계속해서 근수한다면서 함께 오려고 하니 더욱 꾸짖어 금지시키지 않는다면 불편함이 있을 듯합니다. 이번 자문의 사항에 대해서 총독부원(總督部院)[74]에 자문을 갖추어 보내 심 참장에게 급히 유시하도록 간청하고 원래 데려오던 왜인들은 연로의 관사(官司)에서 감후(監候)하게 하거나 혹은 별도로 처치함으로써 근수한다면서 (조선) 내부로 들어와 간첩짓하려는 그들의 꾀를 달성하지 못하게 하는 것이 어떨까 합니다.

[조선국왕] 갖추어 온 장계를 받고서 본직이 소방(小邦)의 연해 일대를 자세히 살펴보니, 흉모(兇謀)가 백 가지로 나와서 교사스러움을 헤아릴 수 없는데 지금 심 참장이 그들 무리를 12여 명씩이나 함께 대동하고서 바칠 항표를 가지고 간다고 말하며 전혀 막거나 금지시키지 않고서 소방의 경읍(京邑)을 거쳐서 장차 상국 지방으로 간다고 합니다. 가만히 생각해 보니, 소방의 경상도 연로(沿路)부터 평양(平壤)에 이르는 지역은 저들에 의해 잔파되어 온통 가시덤불만 가득하며, 순안(順安)으로부터 서쪽은 조도(調度)에 지쳐 열 집 가운데 아홉은 비었으니, 저 왜적들이 어찌 그 능멸함을 이롭게 여

---

74) 여기서 '部院'은 6부와 도찰원을 통칭하는 말이다. 당시 조선에 파견된 경략 송응창과 총독 고양겸 등 명군 지휘부가 6부와 도찰원의 관직을 겸한 경우가 많았기에 이런 표현을 사용한 것으로 보인다.

겨서 다시 집어삼킬 마음을 가지지 않겠습니까? 하물며 이전에는 이 왜적들이 일찍이 요동과 계주를 경유하지 않았으며 다만 영파(寧波)의 바닷길을 따라서 10년에 한 번 조공(朝貢)할 뿐이었으니 천조(天朝)에서 그들을 대하는 전례가 미미했음을 알 수 있습니다. 지금 사마귀처럼 천조의 군대를 가로막고 서로 대치하고 있으면서 거짓으로 항복하겠다고 말하고 항표를 바친다는 핑계를 대어 가며 배은망덕한 무리로 하여금 멀리 '단차지사(單車之使)'를 따르게 하니, 강화한다고 속여서 내부를 드나들며 몰래 엿보아 간사한 꾀를 이루고자 하는 계책에 지나지 않습니다. 비록 상국의 장려한 성곽과 성대한 군병으로 그 이목(耳目)을 두려워하게 하더라도, 산과 하천의 험하고 편평한 형세와 도로의 굽고 곧은 상태, 방비의 소루하고 조밀한 정도, 인정(人情)의 강하고 약한 실태를 그들이 또한 훤히 알아서 군침을 흘리며 돌아가게 된다면 아마도 불편해질 듯합니다. 번거롭겠지만 바라건대, 부원(部院)은 그들의 간사한 정형을 통촉하셔서 흉악한 무리를 준절하게 배척하고 급히 심 참장에게 유시하여 원래 데려가기로 했던 표문을 가진 왜적들을 연로의 관사에서 감독하게 하시고, 혹 별도로 처치하여 관문과 나루터를 넘어오지 못하게 함으로써 간첩짓하는 염려를 막아 주십시오. 또한 오가는 원역을 금지시켜서 이후에는 흉적을 대동하고 내지로 함께 들어와서 우리의 허와 실을 엿보지 못하게 해 주신다면 더없이 다행스러울 것입니다. 이에 마땅히 자문을 보내니 청컨대 살펴 주십시오. 자문이 잘 도착하기를 바랍니다.

  이 자문을 총독병부에 보냅니다.

만력 22년 2월 18일.

19. 都司查問倭情咨
38a-38b(263~264쪽)

遼東都指揮使司,

爲 倭情 事.

本月十七日辰時, 蒙欽差巡撫遼東地方贊理軍務兼管備倭都察院右僉都御史 韓 憲牌.

　近該按院周題稱, 劉綎等兵馬, 與倭奴對敵, 殺傷數多, 已該兵部覆行查勘. 爲此, 牌仰本司官吏, 照牌事理, 卽便移咨朝鮮國王, 備查副總兵劉綎等兵馬, 於某年月日, 在於某處, 因何被倭奴殺傷官軍·損傷馬匹器械各若干. 幷先後倭情, 及今據釜山者約有若干, 是否請封, 備查明確, 星馳轉報本院, 以憑施行.

蒙此. 擬合就行. 爲此, 合咨前去貴國, 煩查副總兵劉綎等兵馬, 於某年月日, 在於某處, 因何被倭奴殺傷官軍·損傷馬匹器械各若干, 幷先後倭情, 及今據釜山者約有若干, 是否請封, 作速備查明確, 回咨本司, 立等轉報施行. 須至咨者.

右咨朝鮮國王.

萬曆二十一年十二月十八日.

발신: 요동도지휘사사
사유: 왜정(倭情)에 관한 일입니다.

[요동도지휘사사] 이달 17일 진시에 흠차순무요동지방찬리군무겸관비왜도찰원우첨도어사 한(취선)의 헌패(憲牌)를 받았습니다.

> [한취선] 근래 안원(按院) 주(유한)75)가 제(題)를 올려, 「유정(劉綎) 등의 군대가 왜노(倭奴)와 싸우다가 죽거나 다친 인원이 많습니다.」라고 했는데, 이미 병부(兵部)에서 다시 조사했습니다. 이에 패(牌)를 본사(本司)의 관리들에 내리니 패의 사리를 살펴서 곧장 조선국왕에게 자문을 보내어 부총병 유정 등의 군대가 언제, 어디에서, 어떠한 이유로 왜노에게 살상되었는지와 관군(官軍)76)의 손상된 마필(馬匹)과 기계(器械)가 각각 얼마인지를 갖추어 조사하게 하십시오. 아울러 선후(先後)의 왜정(倭情)과 지금까지 부산을 점거하고 있는 자가 대략 얼마 정도인지, 책봉을 청한 것이 맞는지 여부를 갖추어 조사하여 명확하게 하고 서둘러 본원(本院)에 전보(轉報)하여 이를 근거로 조치할 수 있게 하십시오.

[요동도지휘사사] 이를 받고 헤아려 보건대, 마땅히 즉시 시행해야 하겠습니다. 이에 마땅히 자문을 귀국에 보내니 번거롭더라도 부총병 유정 등의 군대

---

75) 당시 순안산동감찰어사(巡按山東監察御使)였던 주유한(周維翰, ?~?)이다.
76) 여기서 관군은 의병(義兵)과 대비한 조선군을 이르는 것이 아니라, 조선이 명과 주고받는 외교 문서 안에서 명군(明軍)을 가리키는 용어로 쓰였다. 조선이 보내는 문서에 '조선군'은 '본국 군병(本國軍兵)' 등으로 표기된다.

가 언제, 어디에서, 어떠한 이유로 왜노에게 살상되었는지 하는 것과 관군의 손상된 마필과 기계가 각각 얼마인지를 갖추어 조사하십시오. 아울러 선후의 왜정(倭情)과 지금까지 부산을 점거하고 있는 자가 대략 얼마 정도인지, 책봉을 청한 것이 맞는지 여부를 속히 명확하게 갖추어 조사하고 자문으로 회답하여 곧장 전보(轉報)하게 해 주십시오. 자문이 잘 도착하기를 바랍니다.

이 자문을 조선국왕에게 보냅니다.

만력 21년 12월 18일.

20. 回咨
38b-44a(264~275쪽)

朝鮮國王,

准來咨該 爲 倭情 事 云云. 等因.

准此. 查照先該上年十一月內, 據陪臣諸道都巡察使權慄 馳啓.

本月初五等日, 據慶尙右道兵馬節度使成允門, 左道助防將洪季男, 節次飛報.

有大勢倭賊, 分爲二起, 一起自固城縣·党項浦·墻峙等口進入, 聲言復搶晉州地面, 有先鋒被本國軍兵殺退, 諸賊就行回還昌原·金海·熊川等處, 一起自梁山郡治進入, 過慶州府繞出天兵寨後, 到本府安康縣等處, 大肆殺掠, 天兵二百二十三名被賊殺死. 本國軍兵與天兵, 恊力突進射砍, 奪還被搶男婦一百二十五名口. 等因.

仍並查自上年六月以後, 至閏十一月, 各該陪臣所報, 一應賊情具本, 順付陳謝陪臣, 齎赴京師. 去後, 又將前項賊情, 備咨專差通事林春發, 齎赴撫按兩院及布政衙門投呈. 續查上年十二月以後, 各該陪臣所報, 緊急聲息, 備咨專差通事李海隆, 齎赴撫·按兩院及鎭守布政各衙門投呈. 又查自上年六月以後, 至本年正月, 各該賊情, 備咨專差陪臣掌隸院判決事李廷馨, 齎赴貴部根前投呈. 又查自上年十二月, 至本年正月, 未報賊情, 備咨順付本官, 前去撫·按兩院及鎭守·布政·都司衙門投呈. 又該本年二月初一日, 專差陪臣高仍恕, 齎兇賊窺覘全羅緊急聲息咨一角, 星夜前赴貴部及撫按都司各衙門投呈去訖. 等因.[77] 所據請封緣由, 查照, 本年正月內, 該參將沈伺候陪臣金潤國 馳啓.

　參將沈, 上年十二月二十四日進入賊營, 本年正月二十日回還, 二十四日到八莒縣. 臣訪得賊酋遝呈表文, 待候封貢. 等因.

又該二月內, 慶尙道觀察使韓效淳 馳啓.

　據 金海府使白士霖 飛報.

　　該體探僧玄鑑 回稱.

　　　俺上年十二月二十五日, 進本府德橋·竹島等處, 看得賊勢如舊瀰漫, 有天將沈參將, 帶同官軍人等, 前到密陽三浪江, 駕坐船隻, 投卸竹島, 有倭賊將, 該騎馬匹具鞍出迎. 留經三箇日, 護送熊川賊營.

　續據 蔚山郡守金太虛 飛報.

　　本年正月十一日, 該體探人徐允福 回稱.

　　　俺又扮作乞人貌樣, 潛入林郞浦賊營, 看得, 本賊打造窩鋪, 約一千餘座, 有兩箇賊將演陣練兵, 所峙軍粮, 不記其數, 傍有所積柴草. 又有被擄人金奉瑞等, 向俺潛說.

　　　　賊兵自那邊出來相替防守, 訶知慶州駐箚天兵已盡撤回, 方要添衆順搶.

---

77) 원문의 '等因'은 생략하는 것이 합당한 것 같다.

又各處哨瞭軍 走告.

近日東萊·機張·釜山浦, 蔚山郡靑鑛·西生浦, 梁山郡仇法谷, 金海·熊川·天城·加德·竹島·德橋·多大浦·所珎浦·永登浦·知世浦·玉浦·栗浦·場門浦·助羅浦等處, 賊徒尤熾, 添兵入據巨濟縣, 右道形勢日甚危急. 等因.

具啓. 得此. 除外, 今准前因, 爲照, 賊酋淸正, 在蔚山西生浦, 大設城池·器械, 號令各屯賊徒, 聲勢甚盛, 左道慶州等處, 十分危迫. 本道節度使高彦伯等, 節次乞援於劉總兵營中, 於是統領南兵遊擊吳, 卽率見帶兵三千, 馳赴慶州, 會同副總兵駱, 防守本處. 賊詗知本州安康及迎日等縣, 稍有轉輸粮餉, 乃於上年十一月初二日, 放兵來襲. 吳遊擊手下哨探官兵, 撞遇本賊, 未免折損數百, 小邦諸將領等, 與天兵恊力攔截, 奪還被擄男婦, 賊亦力疲經夜遁歸. 其殺傷官軍, 係是吳遊擊營下, 不干劉總兵兵馬, 揭報具在, 至詳至明. 至於馬匹·器械, 係是天朝將領, 所自勘數, 小邦無從究詰開報. 但小邦之所深痛者, 賊勢張大而轉報欠實, 乃以此賊, 爲小邦飢民, 在密陽乏食出搶而遊擊吳貪功輕戰, 致此敗衂. 密陽之距安康, 程途甚遠, 飢民之抗天兵, 事勢所無, 邊情俺昧, 容有可辯. 所據先後賊情, 已具各該咨內, 祗候審察. 目今伊賊屯駐去處, 左道則蔚山郡靑鑛也, 西生浦也, 機張縣也, 豆毛浦也, 梁山郡仇法谷也, 林郞浦也, 下龍堂也, 東萊府也, 左水營也, 釜山浦也, 多大浦等鎭也, 右道則金海府也, 竹島也, 德橋也, 山城也, 安骨浦也, 熊川縣也, 薺浦·加德·天城鎭也, 巨濟縣也, 右水營也, 玉浦·栗浦·所珎浦·場門浦·知世浦·助羅浦·永登浦等鎭也, 沿海一帶, 首尾數百餘里. 見在之數未詳, 約有若干而觀其駐箚地方, 則計其衆, 必不下累萬. 雄據要害, 日肆搶掠, 小邦蕩殘之餘, 軍民死亡, 物力殫竭. 所恃而支撐朝夕, 苟延性命者, 只惟天兵, 是賴而天兵盡撤, 禍機漸迫, 當職痛心泣血, 不知所出. 仍念此賊假和詐順, 陰逞兇計, 乃其常態也. 當初兇鋒到小邦, 而潛試我淺深亦累矣. 在尙州請和而明日渡鳥嶺, 在臨津請和而明日入開城, 在中和請和而明日渡大同江. 及見沈參將, 講論乞和, 却說東西皇帝之稱, 其悖逆無忌, 固已甚矣. 賊之情形如此, 而猶欲以和之一字, 苟了大事, 不免見墮於伊術中. 嗚呼. 痛歟. 見今賊帥行長在熊川, 清正在西生浦, 方就巨濟等處, 添兵造船, 以窺全羅, 而或謂伊賊退在西生浦, 怛威乞和, 晉州已陷, 安康已敗, 而或謂伊賊愈益恭遜, 塘報與實狀, 大相謬戾 痛悶憂煎, 寧有極乎. 假令此賊誠心乞貢, 則所當歛兵回島, 以待朝廷之命, 何故仍據他國, 築城·浚濠·盖房·種田·運粮·練兵, 閱歷寒暑, 至于三載, 而不退歟. 近聞行長外示乞和而流聞之語, 甚多可疑. 至稱表文, 非關白所爲. 乃是行長假作, 圖緩天兵而後肆其桀逆之志. 此聞事情, 秘不得詳, 唯以事勢揆之, 恐亦近似. 觀其假托尋討粮船, 要往全羅地方, 陰謀所存, 盖已著矣. 況今沈參將出來而譚委官見拘. 安知此表亦不出於行長詐謗之手, 而伊賊之情, 顯有叵測者歟. 小邦存亡, 唯係此機. 煩乞貴院·貴司, 洞察緊急緣由, 作速轉奏, 運奇萬全, 終始拯濟, 不勝幸甚. 爲此, 合行移咨, 請照驗施行. 須至咨者.
右咨巡撫遼東都察院·巡按遼東都察院·總督兵部·遼東都指揮使司.

萬曆二十二年二月二十日.

발신: 조선국왕

사유: 보내온 자문을 받으니, 「왜정(倭情)에 관한 일. 운운」 했습니다.

[조선국왕] 이를 받고, 앞서 지난해 11월에 받은 배신(陪臣) 제도도순찰사(諸道都巡察使)[78] 권율(權慄)의 치계(馳啓)를 조사해 보았습니다.

　[권율] 이달 5일 등에 경상우도병마절도사(慶尙右道兵馬節度使) 성윤문(成允門)과 좌도조방장(左道助防將) 홍계남(洪季男)으로부터 차례대로 비보(飛報)를 받았습니다.

　　[성윤문·홍계남] 대규모의 왜적(倭賊)이 두 갈래로 나뉘어, 한 갈래는 고성현(固城縣)·당항포(党項浦)·장치구(墻峙口)로 진입하여 다시금 진주(晉州) 방면을 약탈할 것이라고 성언하였으나 선봉(先鋒)이 본국의 군대에 의해 격퇴되어 여러 적들이 곧장 창원(昌原)·김해(金海)·웅천(熊川) 등처로 돌아갔고, 한 갈래는 양산(梁山)의 군치(郡治)로부터 진입하여 경주부(慶州府)를 지나 천조(天朝) 군대의 영채 뒤로 돌아 나와서 본부(本府)의 안강현(安康縣) 등처에 이르러 크게 살략을 자행하여 천조의 군병 223명이 왜적에게 피살되었습니다. 본국의 군병이 천조의 군병과 힘을 합쳐 돌진하여 쏘아대고 베며 사로잡혀 가던 남녀 125명을 탈환했습니다.

[조선국왕] 이어서 작년 6월 이후부터 윤11월에 이르기까지 각 배신들이 보고한 바의 적정(賊情) 일체를 아울러 조사하여 주본으로 갖추고, 사은하러 가는 배신에게 순부(順付)하여 경사(京師)로 가지고 가게 했습니다. 그 뒤로 또한 전항(前項)의 적정에 대해서 자문으로 갖추어 통사(通事) 임춘발(林春

---

78) 조선에서 권율의 직함은 도원수(都元帥)였으나, 『사대문궤』에서는 일관되게 '제도도순찰사'라는 명칭을 사용하였다.

發)을 전차(專差)하여 (자문을) 가지고 순무(巡撫)·순안(巡按) 및 포정(布政) 아문에 나아가서 진정하게 했습니다. 이어서 작년 12월 이후 각 배신들이 보고한 바의 긴급한 성식(聲息)을 조사하고, 자문으로 갖추어 통사 이해륭(李海隆)을 전차하여 가지고 순무·순안 및 진수(鎭守)·포정의 각 아문에 나아가서 진정하게 했습니다. 또 작년 6월 이후부터 올해 정월까지의 각기 적정을 조사하여, 자문으로 갖추고 장예원(掌隸院) 판결사(判決事) 이정형(李廷馨)을 전차하여 가지고 귀부(貴部)의 근전에 나아가서 진정하게 했습니다. 또 작년 12월부터 올해 정월까지 보고하지 못한 적정을 조사하고, 자문으로 갖추어 본관(本官)에게 순부(順付)하고 순무·순안 및 진수·포정·도사(都司) 아문에 가서 진정하게 했습니다. 또 올해 2월 1일에는 배신 고잉서(高仍恕)를 전차하여 '흉적이 전라도를 엿보는 긴급한 성식'에 관한 자문 1통을 가지고 밤을 새워 나아가서 귀부와 순무·순안·도사 각 아문에 진정하게 했습니다. 자문에서 언급한 봉공(封貢)을 청한 이유에 대해서는 명확하게 조사해 보니 올해 정월 심 참장의 사후배신(伺候陪臣) 김윤국(金潤國)의 치계에 있습니다.

[김윤국] 참장 심(유경)이 지난해 12월 24일에 적 진영에 들어가서 올해 정월 20일에 돌아왔으며 (같은 달) 24일에 팔거현(八莒縣)에 도착했습니다. 신이 물어보니 왜적의 추장이 정문(呈文)과 표문(表文)을 전하고 봉공을 기다리고 있다고 합니다.

또 그 2월에 경상도관찰사(慶尙道觀察使) 한효순(韓效淳)이 치계했습니다.

[한효순] 김해부사(金海府使) 백사림(白士霖)의 비보(飛報)를 받았습니다.

[백사림] 정탐하러 간 승려 현감(玄鑑)이 돌아와 말했습니다.

[현감] 제가 지난해 12월 25일에 본부의 덕교(德橋)·죽도(竹島) 등처에 가서 보니 적세가 예전과 같이 가득 차 있었습니다. 천조의 장수

인 심 참장은 관군들을 대동하고 밀양(密陽)의 삼랑강(三浪江)에 가서 배에 올라타고 죽도에 내렸는데, 왜적의 장수가 (심유경이) 탈 말에 안장까지 얹어 두고 나와서 영접했습니다. 3일을 머문 뒤, 웅천의 적 진영으로 호송했습니다.

[한효순] 이어서 울산군수(蔚山郡守) 김태허(金太虛)의 비보를 받았습니다.

[김태허] 올해 정월 11일에 정탐하러 갔던 사람인 서윤복(徐允福)이 돌아와 아뢰었습니다.

[서윤복] 제가 또한 걸인 모양으로 변장하고 임랑포(林郎浦)의 적 진영에 몰래 들어가서 보니, 이 왜적들이 와포(窩鋪)79)를 두들겨 만든 것이 약 1천여 곳[座]이었고, 두 명의 적장(賊將)은 진법(陣法)을 연습하고 군병을 훈련시키고 있었으며, 쌓아 둔 군량이 그 수를 셀 수 없을 정도였고 그 옆에 땔감과 풀[柴草]을 쌓아 두었습니다. 또 피로인(被擄人) 김봉서(金奉瑞) 등이 저에게 몰래 말하기를, "적병이 변경에서부터 나와 서로 교체해 가면서 방수하고 있는데, 경주에 주둔하던 명군이 모조리 철수한 사실을 염탐하여 알고서 바야흐로 병력을 늘려 차례로 약탈하고자 한다."라고 했습니다.

[김태허] 또 각처의 초료군(哨瞭軍)들이 달려와서 고했습니다.

[초료군] 요사이 동래(東萊)·기장(機張)·부산포(釜山浦), 울산군(蔚山郡)의 청광(靑鑛)과 서생포(西生浦), 양산군(梁山郡)의 구법곡(仇法谷), 김해·웅천·천성(天城)·가덕(加德)·죽도·덕교·다대포(多大浦)·소진포(所珎浦)·영등포(永登浦)·지세포(知世浦)·옥포(玉浦)·율포(栗浦)·장문포(場門浦)·조라포(助羅浦) 등처에는 적(賊)의 무리가 더욱 치성하며 병력을 보태어 거제현(巨濟縣)에 들어가 점거하였으니 우도

---

79) 임시로 만든 판옥을 말한다.

(右道)의 형세는 날로 위급함이 심해지고 있습니다.

[조선국왕] 갖추어 온 장계를 받았고 그 밖에 지금 받은 위의 자문을 살펴보건대, 왜적의 추장 기요마사(淸正)가 울산의 서생포에 있으면서 대대적으로 성지를 쌓고 기계를 만들어 각 둔의 왜적들을 호령하는데 형세가 심히 성대(盛大)하여 좌도(左道)의 경주(慶州) 같은 곳들이 몹시 위급합니다. 본 도의 절도사 고언백(高彦伯) 등이 차례대로 유 총병의 진영에 가서 구원을 청하니, 이에 통령남병유격(統領南兵遊擊) 오유충(吳惟忠)이 즉시 데리고 있던 3,000명의 병사를 거느리고 경주로 달려가 부총병 낙상지(駱尙志)와 회동하여 그곳을 지켰습니다. 왜적은 그 주(州)의 안강현(安康縣)과 영일현(迎日縣)에 수송해 둔 군량이 조금 있다는 사실을 파악하고 지난해 11월 초2일에 군대를 풀어 습격했습니다. 오 유격 수하의 정탐하던 관병(官兵)들이 그 왜적들과 맞닥뜨렸다가 수백 명의 사상자가 발생하고 말았으나, 소방(小邦)의 여러 장수들이 천조의 군대와 힘을 합쳐 가로막고서 잡혀가던 남녀를 도로 빼앗았고 왜적들도 힘이 빠져 밤을 틈타 도망쳐서 돌아갔습니다. 살상된 관군(官軍)은 오 유격 진영의 휘하로 유 총병의 군대가 아니었다는 사실이, 보고한 게첩(揭帖)에 모두 있었는데 지극히 상세하고 명료했습니다. 마필(馬匹)과 기계(器械)에 이르러서는 천조의 장수들이 스스로 수효를 헤아린 바, 소방은 끝까지 따져서 모두 보고하지는 않았던 것입니다. 다만 소방에서 몹시 원통하게 여기는 것은 왜적의 세력이 매우 컸음에도 전보(轉報)에는 실상이 빠져서, 이 왜적을 소방의 기민이라면서 밀양에서 먹을 것이 없자 약탈해 온 것이라고 하거나 오 유격이 전공을 탐내어 가벼이 접전했다가 이렇게 패전하기에 이르렀다고 한 것입니다. 밀양부터 안강까지는 길이 매우 멀어서 기민들이 천조의 군대에 항거한다는 것은 사세상 그럴 수 없는 것이며, 변경의 정세에 어두우니 변명할 만한 점이 있습니다. 전후로 받았던 바의 적정

(賊情)은 이미 각 자문 안에 갖추었으니 깊이 살펴 주기를 공경히 기다립니다. 현재 이 왜적들이 주둔하고 있는 곳은, 좌도(경상좌도)의 울산군의 청광·서생포·기장현·두모포(豆毛浦)·양산군의 구법곡·임랑포(林郎浦)·하룡당(下龍堂)·동래부·좌수영(左水營)·부산포·다대포의 진(鎭)이고, 우도는 김해부·죽도·덕교·산성(山城)·안골포(安骨浦), 웅천현, 제포(薺浦)·가덕진·천성진·거제현·우수영(右水營)·옥포·율포·소진포·장문포·지세포·조라포·영등포의 진으로 연해 일대에 수백 리에 걸쳐서 이어져 있습니다. 현재의 수효는 자세히 모르지만 대략 그 주둔한 지방을 살펴보면 그 무리의 총계가 수만 명을 밑돌지 않을 것입니다. 요해처에 웅거해 있으면서 날마다 함부로 약탈하는데, 소방은 잔폐된 나머지 군민들은 사망하고 물자는 바닥났습니다. 아침저녁으로 지탱하면서 의지하고 진실로 목숨을 연명할 수 있는 것은 오로지 천조의 군대를 믿기 때문인데 바로 그 의지하던 천조의 군대가 모두 철수했으니 화기(禍機)가 점차 닥쳐오고 있습니다. 당직(當職)은 마음이 아파서 피눈물을 흘리지만 나오는지도 알지 못합니다. 그리고 이 왜적들이 화친에 가탁하여 충순한 척 속이면서 속으로는 흉계를 꾸미는 것은 바로 그들이 늘상 하는 짓입니다. 당초 흉적의 선봉이 소방에 도착했을 때 넌지시 우리의 속내를 시험해 본 것도 여러 차례였습니다. 상주(尙州)에서는 화친을 청하더니 이튿날 조령(鳥嶺)을 넘었고, 임진강(臨津江)에서 화친을 청하더니 이튿날 개성(開城)에 들어갔으며, 중화(中和)에서 화친을 청하더니 이튿날 대동강(大同江)을 건넜습니다. 그리고 심 참장을 만나고서는 화친하고 싶다며 강론(講論)하다가 갑자기 '동쪽 황제와 서쪽 황제'를 말하니, 그 패역함을 꺼리지 않는 것이 진실로 심했습니다. 왜적의 정형이 이와 같은데 오히려 '화(和)'라는 한 글자로 구차하게 대사(大事)를 마무리 지으려 하니 그들의 술책에 빠짐을 면치 못할 것입니다. 오호 통재라! 현재 적의 장수 유키나가(行

長)는 웅천에서, 기요마사(淸正)는 서생포에서 바야흐로 거제도 등처에 병력을 보태고 배를 건조하면서 전라도를 엿보고 있는데 혹자는 저 왜적들이 서생포에 물러가 있으면서 위엄을 겁내어 화친을 애걸한다고 하지만 이미 진주를 함락시키고 안강에서 패하였으며, 혹자는 저 왜적들이 날로 공손함을 더한다고 하지만 당보(塘報)와 실상이 서로 크게 다르므로 원통하고 근심스러움이 어찌 더할 수 있겠습니까. 가령 이 왜적들이 진실한 마음으로 봉공을 요청하는 것이라면 마땅히 병력을 거두어 섬으로 돌아가 조정의 명을 기다려야 할 것인데, 무슨 이유로 여전히 다른 나라를 점거한 채로 성을 쌓고 해자를 파고 가옥을 지으며 밭을 경작하고 군량을 운반하고 군대를 훈련시키며 추위와 더위를 번갈아 겪은 것이 3년이나 되었는데도 물러가지 않는 것입니까. 근래 들어 보니 유키나가가 겉으로는 화친을 애걸하지만 소문에서 들리는 말들에는 의심스러운 점이 많습니다. 표문을 말한 것에 이르러서는 관백(關白)이 하는 바가 아닙니다. 이는 곧 유키나가(行長)가 거짓으로 지은 것이며, 천조의 군대를 해이해지게 만들었다가 나중에 그 사납고 흉악한 뜻을 보이고자 도모한다고 합니다. 이 소문에 대한 사정을 상세히 알 수는 없었지만, 오직 사세로써 헤아려 보자면 또한 근사(近似)한 듯합니다. 그들이 군량 실은 선박을 찾는다고 가탁하여 전라도 지방으로 하고자 하는 것을 보니, 뒤로 음모가 있는 바가 대개 드러난 것입니다. 하물며 지금 심 참장은 나왔지만 담 위관(譚委官)[80]은 구류되었습니다. 표문도 유키나가(行長)의 속임수에서 나온 것이 아님을 어찌 알겠으며 (따라서) 저 왜적들의 정형은 현저하게 헤아릴 수가 없습니다. 소방의 존망이 오직 여기에 달려 있습니다. 번거로이 바라건대 귀원(貴院)·귀사(貴司)에서는 긴급한 연유를 통찰하여 속히 전주(轉奏)해서 운기(運奇)에 만전을 기하여서 시종일관 증제(拯濟)하

---

80) 담종인(譚宗仁, ?~?)이다.

여 주신다면 다행스러움을 이길 수 없을 것입니다. 이에 마땅히 자문을 보내니, 청컨대 살펴 주십시오. 자문이 잘 도착하기를 바랍니다.

 이 자문을 순무요동도찰원(巡撫遼東都察院)·순안요동도찰원(巡按遼東都察院)·총독병부(總督兵部)·요동도지휘사사(遼東都指揮使司)에 보냅니다.

만력 22년 2월 20일.

21. 都司因韓撫院案驗咨令本國塘報倭情[81]
44a-47a(275~281쪽)

遼東都指揮使司,

爲 增載海防勅諭, 以專責成 事.

准 朝鮮國王 咨.

　准 本司 咨.

　　蒙欽差巡撫遼東地方贊理軍務兼管備倭都察院右僉都御史 韓 案驗.
　　前事.

　　　備准回咨前來, 內稱. 節該.

　　　　本賊自本年五月以後, 分據沿海一帶金海·蔚山·昌原·梁山·東萊·熊川·機張·彥陽·蔚山之西生浦·釜山浦等處, 築城竪寨, 搬運伊國軍粮·兵器, 不記其數. 六月日期不等, 大勢行搶焚燒草溪·鎭海·宜寧之境, 攻陷咸安郡. 又圍晉州, 委係一道保障, 城池險固, 賊徒諉以報仇, 盡力打破, 屠戮倡義使金千鎰·節度使

---

[81] 본 자문은 『선조실록』에도 요약된 형태로 보이며 아울러 자문에 대한 내부 논의도 확인된다. 『宣祖實錄』 卷46, 宣祖 26年(1593) 12月 甲戌(25日).

崔慶會等以下官吏·軍民數萬員名. 仍涉全羅東界而退就還前項
地面, 依舊下營. 又據巨濟縣及天城·加德二鎭, 打造船隻, 修治
器械, 而兇酋秀吉統領大衆, 近駐對馬島·郞古耶地面, 號令諸
酋. 姦謀愈密, 兇鋒益肆, 東自慶州, 西至晉州, 中間數百里間,
日被侵擾. 十一月初二日, 又自梁山郡治, 進搶慶州地面, 繞出
天兵寨後, 分掠於安康·迎日之間, 敵殺天兵二百餘名, 搶奪軍
粮八百餘石. 近據走回人 說稱.

秀吉擬以明年三月, 令伊長子關白替伊領衆, 督倂諸賊, 順搶
上國地方. 該儲粮餉于東萊二萬餘石, 釜山五萬餘石, 左水營
三百餘石, 各設倉廠, 分兵看守. 等因.

具係緊急聲息, 不可時刻淹滯. 煩乞速行呈報撫·按衙門, 以憑
轉奏天聰, 亟行征勦, 俾絶日後之患. 伊賊蓄力旣久, 肆毒必大.
如是視同泛常延至風汎之節, 非徒小邦遺民再罹屠戮之禍, 抑亦
留守官兵難防衝突. 爲此, 合行回咨, 請照驗轉報施行. 等因.
到司. 准此. 卷查, 本年十二月初七日, 蒙欽差巡撫遼東地方贊理軍務兼
管備倭都察院右僉都御史 韓 憲牌.

照得, 本院奉勅兼管備倭, 近又該兵部覆議. 塘報一事.

向緣撫鎭互異, 故特題屬經略, 以免推諉, 乃今事尙未安, 奏報未悉
似應. 仍令撫鎭照舊塘報, 一體傳報內閣部科, 以便稽查. 等因.
奉欽依備咨前來, 除遵照責差官夜前去擺塘傳報外, 合行塘報. 爲此,
備行本司, 照牌事理, 即便移咨朝鮮國王, 凡有大小倭情軍務及地方事
宜, 俱要開具, 給付擺塘官夜, 轉送本院, 以憑酌處轉報施行.
蒙此. 隨移咨貴國, 凡有大小倭情軍務及地方事宜, 俱要開具, 給付擺塘

官夜, 轉送撫鎭衙門, 轉報內閣部科. 去後, 今准前因. 及查咨內所云, 五六月以後倭患, 迺經略·提督二衙門, 在彼經略, 豈無報知. 至于十二月間, 兇酋敵殺天兵二百餘名, 搶寇軍粮八百餘石. 又稱, 走回人說稱, 秀吉擬以明年三月, 令伊長子關白替伊領衆, 督倂諸賊, 順搶上國地方, 東萊·釜山等處聚粮情由, 緣副將劉綎防守之所, 何不具文報耶. 但蒙撫院差官夜, 於貴國一帶地方擺塘專謂, 傳送此務, 貴國理當依此通報, 爲照咨內一切情狀, 不知是否的遽. 係干題請急務, 合行移咨會查. (爲此)82) 合咨前去, 貴國煩爲會同副將劉綎, 速査十一月初二等日, 前項倭賊兇酋, 是否進搶慶州等處地面, 是否敵殺天兵二百餘名, 搶寇軍粮八百餘石, 是否秀吉父子, 聲言順搶上國地方, 出自何人所言, 東萊·釜山·水營聚集粮石, 何人所報, 是否眞的, 希速備査明白開具, 給付擺塘官夜, 傳送撫鎭衙門, 報部施行. 勿致擾越. 須至咨者.

右咨朝鮮國王.

萬曆二十一年十二月二十五日.

발신: 요동도지휘사사

사유: 해방(海防)을 강화하라는 칙유로써 전적으로 책성(責成)하게 할 일입니다.

[요동도지휘사사] 조선국왕의 자문을 받았습니다.

  [조선국왕] 본사(本司)의 자문을 받았습니다.

---

82) 원문에 '위차(爲此)'가 없으나 누락 내지 생략된 것으로 보인다.

[요동도지휘사사] 전사(前事)83)에 대해서 흠차순무요동지방찬리군무겸관비왜도찰원우첨도어사 한(韓취선)의 안험(案驗)을 받았습니다.

[한취선] 갖추어 보내온 회자(回咨)는 대략 다음과 같은 내용입니다.

[조선국왕] 이 왜적들이 본년 5월 이후부터 연해 일대의 김해(金海)·울산(蔚山)·창원(昌原)·양산(梁山)·동래(東萊)·웅천(熊川)·기장(機張)·언양(彦陽)·울산의 서생포(西生浦)·부산포(釜山浦) 등처에 머물면서 성채를 견고하게 쌓고서 그 나라의 군량과 병기를 옮겨 둔 것이 헤아릴 수 없을 정도로 많았습니다. 6월의 각기 다른 시기에 대병력으로 초계(草溪)·진해(鎭海)·의령(宜寧)의 경계를 약탈하여 불사르고, 함안군(咸安郡)을 공격하여 함락했습니다. 또 진주(晉州)를 포위하였는데, 이는 한 도의 보장(保障)으로서 성지가 험하고 견고하여 전에 누차 패전하였으므로 왜적 무리가 보복할 생각을 가지고서 있는 힘을 다해 깨뜨려 창의사(倡義使) 김천일(金千鎰)과 절도사(節度使) 최경회(崔慶會) 등 이하의 관리와 군민 수만 명을 도륙했습니다. 이어서 전라도 동쪽 경계로 건너갔다가 곧 다시 전항(前項)의 지역으로 돌아와서는 예전과 같이 주둔하고 있습니다. 또 거제현(巨濟縣)과 천성진(天城鎭)·가덕진(加德鎭)을 점거하여 선박을 건조하고 기계를 수선하는데, 흉추(兇酋) 히데요시(秀吉)가 대군을 통령하여 대마도·나고야 지방에 주둔하면서 여러 추장을 호령한다고 합니다. 간사한 음모가 더욱 촘촘해지고 흉봉은 더욱 방자해지니 동쪽으로 경주(慶州)에서부터 서쪽으로 진주에 이르기까지 그 사이의 수백 리가 날마다 침해받고 있습니다. 11월초 2일에는 또 양산군의 치소(治所)로부터 진격하여 경주 지역을 침범하고, 천조

---

83) 본 문서의 사안인 '爲增載海防勅諭以專責成事'를 가리킨다.

군대의 영채 후면으로 돌아 나와 안강(安康)·영일(迎日) 사이를 나누어 약탈하였으며 천병 200여 명을 살해하고 군량 800여 석을 빼앗아 갔습니다. 근래 주회인(走回人)이 다음과 같이 아뢰었습니다.

[주회인] 히데요시(秀吉)가 내년 3월이 되기를 기다렸다가, 그의 장자를 관백(關白)으로 삼고 그를 대신하여 무리를 거느려 여러 적을 아울러 독려하게 하고 상국(上國) 지방을 제멋대로 침범하고자 합니다. 저축해 둔 군량이 동래에 2만여 석, 부산에는 5만여 석, 좌수영(左水營)에는 300여 석이 있는데, 각각 창고를 설치하고 병력을 나누어 지키게 하고 있습니다.

[조선국왕] 모두 긴급한 소식이라서 한시도 지체할 수 없습니다. 번거로이 바라건대, 속히 순무(巡撫)와 순안(巡按) 아문에 정보(呈報)하시고 이를 근거로 황제[天聰]께 속히 정벌해서 짓밟자고 전주(轉奏)해 주셔서 훗날의 걱정거리가 되지 않게 해 주십시오. 이 왜적들은 이미 오래 전부터 힘을 모아 왔으니 반드시 매우 방자하고 흉악할 것입니다. 만약 이것을 범상하게 여기다가 지연되어 풍신(風汛)의 계절이 이르게 되면, 단지 소방(小邦)의 유민(遺民)들만 도륙의 화에 다시 걸려드는 것이 아니라, 머물면서 방수(防守)하고 있는 관병(官兵) 또한 충돌해 오는 것을 막아 내기 어려울 것입니다. 이에 마땅히 자문으로 회답하니 청컨대 살펴서 전보(轉報)해 주십시오.

[요동도지휘사사] 자문이 본사에 도착했습니다. 이를 받고서 이미 관련된 문서를 찾아보았는데, 본년 12월 초7일에 받든 흠차순무요동지방찬리군무겸관비왜도찰원우첨도어사 한(취선)의 헌패(憲牌)가 있습니다.

[한취선] 살펴보건대, 본원(本院)은 칙서를 받들어 '비왜(備倭)'를 겸관하는데 근래 또 병부(兵部)에서 당보(塘報)에 관한 일을 다시 의논했습니다.

[병부] 지난번 순무와 총병이 (올린 내용이) 서로 달랐으므로 특별히 (황제께) 제본을 올려 경략에게 예속시켜 서로 미루지 못하도록 했는데, 지금까지도 일이 여전히 미덥지 못하니 주본으로 보고한 내용이 모두 합당하지는 않은 듯합니다. 그러니 순무와 총병으로 하여금 옛 당보를 살펴서 일체로 내각(內閣)과 부과(部科)로 보고하게 해서 자세히 조사하는 데 편리하도록 하십시오.

[한취선] 황제의 뜻을 받들어 자문을 보내니 이를 살펴 준행하여 관원과 야불수(夜不收)84)에게 책임을 지워 파견하고 가서 파발과 당보로 전하게 하는 것 외에, 마땅히 (조선으로 하여금) 당보하게 해야 할 것입니다. 이에 갖추어 본사에 (문서를) 보내니 헌패의 사리를 살펴서 즉시 조선국왕에게 자문을 보내어, 무릇 크고 작은 왜정(倭情)과 군무(軍務) 그리고 지방의 일들을 모두 갖추어 열거하게 하고 파발과 당보를 맡은 관원과 야불수에게 내주어 본원에 전(轉)해 보냄으로써 이에 근거하여 적절히 헤아려 처리하고 전보할 수 있게 하십시오.

[요동도지휘사사] 이를 받고 그대로 귀국(貴國)에 자문을 보내서 무릇 크고 작은 왜정과 군무 그리고 지방의 일들을 모두 갖추어 열거하여 파발과 당보를 맡은 관원과 야불수에게 내주고 순무와 총병 아문에 전하여 보내게 함으로써 내각과 육부 및 육관에 전보(轉報)하게 해 달라고 했습니다. 이렇게 조치한 후 이번에 위의 자문을 받았습니다. 그리고 자문을 조사해 보니, 「5~6월 이후 왜적에 관한 사항에 대해서 곧 경략(經略)과 제독(提督) 두 아문이 그곳에서 담당하고 있는데 어찌 보고하여 알리지 않았습니까? 12월 사이에 이르러서는 흉추가 대적하여 천조의 군병 200여 명을 살해하고 군량 800여 석

---

84) 명의 장수가 거느린 병사 가운데 사적으로 부리는 사람들을 이른다. 대체로 파발, 정탐, 문서의 전달 등의 임무를 수행했다.

을 약탈했습니다.」라고 했습니다. 또 「주회인이 말하기를, "히데요시(秀吉)가 내년 3월이 되기를 기다렸다가, 그의 맏아들로 하여금 그 대신 관백(關白)으로 삼고 (자신은) 무리를 이끌고 여러 왜적들을 아울러 독려하여 상국(上國) 지방을 이어서 약탈하고자 합니다."라고 했는데, 동래와 부산 등처에 군량을 모아 두고 있는 정황과 사유를 근처의 부장 유정(劉綎)이 방수하는 곳에서는 어찌 문서를 갖추어 보고하지 않습니까?」라고 했습니다. 다만, 무원이 파견한 관원과 야불수가 귀국의 일대 지방에서 파발과 당보로 이러한 군무를 전해 왔으니, 귀국에서는 이치상 마땅히 이에 의거하여 통보해야 합니다. 자문 내의 일체 정형과 상황을 살펴보건대, 급한 것인지 아닌지의 여부를 알 수 없습니다. 급무를 제(題)로 청한 일인 만큼, 마땅히 자문을 보내어 함께 조사하는 것입니다. (이에) 합당한 자문을 보내니 귀국에서는 번거롭더라도 부장 유정과 회동하여 속히 11월 초2일 등에 전항에서 언급한 왜적의 흉추가 경주 등처 지역으로 진격해서 공격한 것이 사실인지의 여부와 천조의 군대와 대적하여 200여 명을 살해하고 군량 800여 석을 약탈한 것이 사실인지의 여부, 히데요시(秀吉) 부자(父子)가 상국 지방을 공격하겠다고 성언(聲言)한 것이 사실인지의 여부, 그것이 누구의 말에서 나온 것인지, 동래·부산·수영(水營)에 군량을 모아 두었다는 것은 누구의 보고인지, 옳고 그름의 진실을 바라건대 속히 갖추어 조사하여 명백히 열거하고, 파발과 당보의 관원과 야불수에게 급부(給付)하여 순무와 진수총병의 아문에 전송하여 부(部)에 보고하도록 해 주시고 참월(攙越)하는 데 이르지 않게 해 주십시오. 자문이 잘 도착하기를 바랍니다.

이 자문을 조선국왕에게 보냅니다.

만력 21년 12월 25일.

22. 回咨
47a-49b(281~286쪽)

朝鮮國王,

准來咨 云云. 等因.

准此. 查照, 先准 貴司 咨, 前事. 竊照, 巡撫衙門, 旣承勅諭, 兼管備倭軍務, 小邦一應聲息, 理宜逐一查報就將略節. 邊情開回咨, 隨知欠詳恐妨題奏. 節於陪臣諸道都巡察使等官權慄等, 原啓內, 將前後所報緊急賊情, 明白查出, 分報經略·提督及撫·按·鎭·布等各該衙門. 仍差通事林春發·李海隆, 陪臣李廷馨·高仍恕等, 陸續齎呈星夜馳驛. 去後, 今該前因, 爲照所據賊情, 雖節次明查咨報, 爲緣巡撫衙門, 未經接覽. 除副總兵劉卒難會同外, 今又備查開列. 該慶尙右道水軍節度使元均 馳啓.

本年八月十六日, 據走回人諸萬春 供稱.

本年四月內, 被賊搶去, 前到對馬島, 東距三日程, 郞古耶地面. 有賊酋平秀吉, 自稱大閣, 領兵號二十萬, 於本地面箚下大營. 仍著金海·蔚山·梁山·東萊·機張·熊川·右水營·釜山浦·永登浦·薺浦等處, 築城造屋, 運卸伊國軍粮·兵器, 淹留. 至七月聽得, 秀吉擬以明年三月, 令伊長子, 號稱關白者替伊, 留下本營, 號令諸酋進搶上國地方. 等因.

又該諸道都巡察使權慄 馳啓.

本年十一月初五日, 據左道助防將洪季男 飛報.

本月初二日, 有大勢倭賊, 自梁山郡治進入, 過慶州府繞出天兵寨後, 到本府安康縣等處, 大肆殺掠. 仍與天兵交戰, 天兵二百二十三名被賊殺死, 左道原運軍粮八百餘石, 並被搶奪. 本國軍兵突進射砍, 奪還被搶男婦一百二十五名口. 等因.

又該本官 馳啓.

本月初九日, 據走回人原任主簿尹沃 說稱.

本年十一月十二日, 卑職領兵於梁山郡梨川山地面按伏, 有倭賊約二百餘名, 不意突進, 將卑職擒拿 前去林郞浦賊營. 住經三個日始放. 卑職要探賊勢, 仍往西生浦等處, 看覷沿海一帶, 屯住賊徒, 約有二萬餘名. 自伊國運到粮餉, 東萊三萬餘石, 釜山五萬餘石, 左水營三百餘石, 各設倉廠儲峙看守. 等因.

具係眞的事理, 別無虛誑緣由. 仍照上年六月以後, 各該賊情, 節經具報經略·提督根前. 其時望救之心, 日急一日, 而道途脩阻, 或者所報未獲逐旋得達. 軍機尙密進退與否, 尤非當職所可度知. 至於副總兵劉, 方駐慶尙地面, 凡干見聞, 理應謄報, 豈容踈闕. 再照伊賊, 非惟不思退歸, 稔惡日深, 一面請貢謀緩隄備, 一面假託看船要往全羅. 全羅實南嵋巨防, 獨免兇鋒, 伊所流涎, 續出於聽撫人所言, 而果有顯犯之計. 全羅又陷, 悉得資粮·器械, 則竊恐聲言所及蔑無不至, 委爲閔迫. 煩乞貴司, 將這事意, 作速呈報, 急救朝夕之命, 以存藩籬之寄, 不勝幸甚. 爲此, 合行回咨,請照驗轉報施行. 須至咨者.右咨遼東都指揮使司.

萬曆二十二年二月二十日.

발신: 조선국왕
사유: 보내온 자문을 받으니, 「운운」 했습니다.

[조선국왕] 이를 받고 조사해 보건대, 앞서 전사(前事)[85]에 관한 귀사(貴司)의 자문을 받았습니다. 삼가 살펴보건대, 순무(巡撫) 아문에서 이미 칙유(勅諭)를 받들어 비왜(備倭) 군무를 겸하여 관할하게 되었으니 소방(小邦)의 성식 일체를 이치상 마땅히 하나하나 조사해서 사안별 개요를 보고해야 할 것입니다. (따라서) 변정(邊情)을 회자(回咨)에 열거하였으나, 곧이어 상세하지 못하여 아마도 제주(題奏)하는 데 방애가 된다는 점을 알게 되었습니다. 전반적으로, 배신(陪臣)인 제도도순찰사(諸道都巡察使) 권율(權慄) 등 관원들의 원래 장계 내용에서 전후 보고해 온 바의 긴급한 적정(賊情)을 명백하게 조사해 내어서 경략(經略)·제독(提督) 및 순무·순안(巡按)·진수총병(鎭守總兵)·포정사사(布政使司) 등 각 해당 아문으로 나누어 보고했습니다. 그리고 이어서 통사 임춘발(林春發)·이해륭(李海隆), 배신 이정형(李廷馨)·고잉서(高仍恕) 등을 파견하여 잇따라서 정(呈)을 가지고 밤을 새워 달려가게 했습니다. 이렇게 조치한 후 지금 보내온 자문을 받고서 언급된 적정을 살펴보건대, 비록 차례대로 명백히 조사하여 자문으로 보고했지만, 순무아문이

---

[85] 앞 21번 문서의 사안인 '增載海防勅諭以專責成事'를 가리킨다.

아직 접해 보지 못하게 되었습니다. 부총병(副總兵) 유정(劉綎)과 갑자기 회동하기 어려운 것 외에도, 지금 다시 갖추어 조사하여 열거합니다. 경상우도 수군절도사(慶尙右道水軍節度使) 원균(元均)이 치계(馳啓)했습니다.

[원균] 본년 8월 16일에 받은 주회인 제만춘(諸萬春)이 공술한 내용입니다.

[제만춘] 본년 4월에 왜적에게 사로잡혀서 대마도(對馬島) 동쪽 3일거리에 있는 나고야 지역에 도착했습니다. 그곳에는 왜적의 추장인 히데요시(秀吉)가 있는데 스스로를 태합[大閤][86]이라고 칭하고, 거느린 병력이 20만 명이라면서 그 지역에 대규모의 진영을 세워 두고 있었습니다. 이어서 김해(金海)·울산(蔚山)·양산(梁山)·동래(東萊)·기장(機張)·웅천(熊川)·우수영(右水營)·부산포(釜山浦)·영등포(永登浦)·제포(薺浦) 등처에 성을 쌓고 가옥을 지었으며 그 나라의 군량과 병기를 옮겨다 두고 오래 머물고자 했습니다. 7월에 이르러, 히데요시가 내년 3월이 되기를 기다렸다가 그의 장자로 하여금 그 대신 관백(關白)이라는 호칭을 대신 맡아서 본영에 머무르게 하고 (자신은) 여러 추장을 호령하여 상국(上國) 지방으로 진격하여 공격하고자 한다는 사실을 알게 되었습니다.

[조선국왕] 또 제도도순찰사 권율이 치계했습니다.

[권율] 본년 11월 초5일에 받은 좌도조방장(左道助防將) 홍계남(洪季男)이 올린 비보(飛報)입니다.

[홍계남] 본월 초2일에 대규모의 왜적이 양산군의 치소(治所)로부터 진입하여 경주부(慶州府)를 지나 천병(天兵)의 영채 뒤로 돌아 나와서 본부(本府)의 안강현(安康縣) 등처에 이르러 크게 살략을 자행했습니다. 그리고 천조의 군대와 교전하여 천조의 병사 223명이 왜적에게 살해되

---
86) 원문은 '대합(大閤)'이다. 도요토미 히데요시가 아들 히데쓰구(秀次)에게 관백의 직함을 넘겨준 뒤 스스로 이와 같은 호칭을 사용하면서 나고야성에 머물렀다.

었습니다. 좌도의 원래 운반하던 군량 800여 석이 아울러 창탈되었습니다. 본국의 군병이 돌진하여 쏘아 대고 베며 사로잡혀 간 남녀 125명을 탈환했습니다.

[조선국왕] 또 본관이 치계했습니다.

[권율] 본월 초9일에 받은 주회인 원임 주부(主簿) 윤옥(尹沃)이 아뢰었습니다.

[윤옥] 본년 11월 12일, 제가 병사를 거느리고 양산군(梁山郡) 이천산(梨川山) 지역에 매복하고 있다가 왜적 200여 명이 뜻밖에 돌진해 와 저를 붙잡아서 임랑포(林郎浦)의 적 진영으로 데려갔습니다. 머문 지 3일이 지나자 비로소 놓아주었습니다. 제가 왜적의 형세를 정탐하고자 또다시 서생포(西生浦) 등처로 가서 보니 연해 일대에 주둔하는 왜적의 무리가 2만여 명이었습니다. 그 나라에서부터 운반해 놓은 군량은 동래에 3만여 석, 부산에 5만여 석, 좌수영(左水營)에 3백여 석이 있었는데 각각 창고를 설치하여 산더미처럼 쌓아 두고 지키고 있었습니다.

[조선국왕] 갖춘 바가 모두 진실된 첩보로 특별히 믿지 못할 내용이 없었습니다. 그리고 작년 6월 이후 각각의 적정(賊情)을 이미 차례대로 경략(經略)·제독(提督)에게 갖추어 보고했습니다. 그때는 구원을 바라는 마음이 날로 급해졌으나 도로가 막혀서 어떤 경우는 보고가 차례대로 도달하지 못했던 것입니다. 군사의 기밀은 진퇴의 여부를 비밀리에 함을 숭상하니, 당직이 더욱 헤아릴 수 없는 것입니다. 부총병 유정의 경우에는 바야흐로 경상도 지역에 주둔하고 있으므로 무릇 보고 들은 것에 대한 것이라면 이치상 응당 베끼시 보고했을 것이며 어찌 소홀하거나 빠뜨림을 용납할 수 있겠습니까. 다시 그 왜적들을 살펴보면, 오직 물러나 돌아갈 생각을 하지 않을 뿐만 아니라, 악행이 날로 심해져서 한편으로는 봉공을 청하면서 우리의 준비를 이완시키려

하고, 한편으로는 배를 지킨다고 핑계하며 전라도로 가고자 합니다. 전라도는 실로 남쪽 끝의 거방(巨防)[87]으로 홀로 흉적의 예봉을 면하여 그들이 늘 침 흘리며 탐내던 곳으로서 연달아 청무인(聽撫人)들이 말한 바에서도 나왔으니 과연 침범하려는 계책이 드러난 것입니다. 전라도까지 함락시켜 군량과 기계를 모두 얻게 된다면 미치는 바에 이르지 못할 곳이 하나도 없다고 성언(聲言)하니 실로 걱정스럽고 절박합니다. 번거롭더라도 귀사에 바라건대, 이러한 사의(事意)를 속히 정(呈)으로 보고하여 급히 아침저녁을 장담할 수 없는 목숨을 구하고 이로써 번리(藩籬)가 의지할 곳을 존속시켜 준다면 더 없는 다행일 것입니다. 이에 마땅히 회자하니, 청컨대 살펴 주십시오. 자문이 잘 도착하기를 바랍니다.

이 자문을 요동도지휘사사에 보냅니다.

만력 22년 2월 20일.

---

[87] 전국시대(戰國時代) 제(齊)나라의 성으로 만리장성의 일부가 되었다. 중요한 관방, 특히 해안을 따라 설치된 관방을 의미한다.

23. 都司咨令本國備報賊情于新經略
49b-50b(286~288쪽)

遼東都指揮使司,
爲 公務 事.

本月二十三日申時, 蒙巡按山東監察御使 周 批.

該本司揭呈, "蒙本院差官齎發朝鮮國咨文二道, 令本司審具略節口詞, 揭報. 蒙此, 隨令通事李海隆譯審, 得陪臣白惟賢供稱, 賊勢尙急, 懇乞仍留重兵, 以防衝突事. 咨文一道, 該國因見聖旨, 將總兵劉綎, 原領川兵五千名, 令其防守, 其餘南北官軍, 盡行輒回, 倘倭奴復肆長驅, 恐五千之兵, 不能相抵, 乞請本院, 具題仍要存留大兵, 照舊防守等情. 又審倭情事, 咨文一道, 亦據陪臣白惟咸供稱, 我國王節據慶尙右道水軍節度使元均馳啓, 據巨濟縣烽燧軍金銀等及回鄕人口供報大率謂, 倭奴盤據釜山·東萊等處地方, 築城·蓄積·整練兵馬火器. 又因天氣融和, 恐其復犯, 則小邦危急, 亦請本院, 具奏請討山東粮十萬石, 仍要輸之義州, 自義州以小邦輸至都城, 以救都城小民之饑. 幷請兵馬, 其全羅·忠淸兩道稅粮, 專候天兵食用, 長短相補, 如遲恐緩不濟事情等因." 緣由. 揭報本院, 蒙批, "諭彼, 方今朝廷簡付新經略顧, 經理東事. 彼國事宜, 宜速咨經略, 所咨姑留該司, 候與督·撫議定, 施行此繳."
蒙此, 擬合就行. 爲此, 合行移咨前去貴國, 照依批·揭·咨文內事理, 今後該國, 凡有倭情事, 宜速咨新經略顧處施行. 仍希咨回照. 須至咨者.
右咨朝鮮國王.

萬曆二十二年正月二十七日.

발신: 요동도지휘사사
사유: 공무(公務)에 관한 일입니다.

[요동도지휘사사] 이달 23일 신시에 순안산동감찰어사(巡按山東監察御使) 주(유한)의 비(批)를 받았습니다.
　[주유한] 본사(本司)에서 게첩(揭帖)으로 「본원(本院)[88] 차관이 가지고 출발한 조선국(朝鮮國)의 자문 2통을 받고 본사로 하여금 살펴서 대략의 어구를 갖추어 게첩으로 보고하라고 하였습니다. 이를 받고 이어서 통사 이해륭(李海隆)에게 역심(譯審)하여 '왜적의 형세가 여전히 급박하니 간절히 바라건대, 중병(重兵)을 계속 주둔시켜서 이로써 충돌해오는 것을 방어하게 해 주십시오.'라는 배신 백유함[白惟咸][89]의 공초를 얻었습니다. 자문 1통은 그 나라가 성지(聖旨)에서 총병(總兵) 유정(劉綎)이 원래 거느

---

88) 13도 감찰어사가 속한 도찰원을 이른다.
89) 백유현(白惟賢)은 백유함(白惟咸, 1546~1618)이다.

리고 있던 사천(四川)의 병사 5천 명으로 하여금 방수(防守)하게 하고 그 나머지 남방과 북방의 관군(官軍)은 모조리 철수해서 돌아오도록 하라고 했는데, 만약 왜노(倭奴)가 다시 깊숙이 달려 들어온다면 5천 명의 병사로는 능히 저지하지 못할 것이라 염려하면서 본원에 청하기를, 계속해서 대병력을 잔류시켜서 예전처럼 방수해 달라는 내용으로 제(題)를 갖추어 청해 올리라는 것이었습니다. 또 왜정(倭情)을 살펴달라는 일에 관한 자문 1통을 보냈는데, 역시 배신 백유함(白惟咸)은 '우리나라 왕이 절차대로 경상우도수군절도사(慶尙右道水軍節度使) 원균(元均)의 치계(馳啓)를 받았는데, 거제현(巨濟縣)의 봉수군 김은(金銀)[90] 등과 회향인(回鄕人)들이 공초로 보고한 것에서 대개 이르기를, 왜노가 부산(釜山)·동래(東萊) 등처 지방을 기반으로 점거하고서 성을 쌓고 물자를 쌓아두며 군대와 화기를 정련하고 있다고 합니다. 그리고 날씨가 좋아지고 있어서 그들이 다시 침범할까 염려되므로 소방(小邦)은 위급합니다.'라고 공초하면서 또한 본원(本院)에 청하기를, 주본(奏本)을 갖추어 산동(山東)의 군량 10만 석을 청해 달라며 '의주(義州)까지 수송하면 의주에서부터는 소방이 도성(都城)까지 수송하고 이로써 도성의 소민(小民)들이 겪는 기아를 구제하도록 하겠습니다.'라고 했습니다. 아울러 병마(兵馬)를 요청하면서 '그 전라도와 충청도의 세량(稅粮)을 온전히 천조(天朝) 병사들의 식사로 쓴다면 장점과 단점이 서로 보완될 것이고 만약 늦어진다면 이완되어 일을 구제할 수 없게 될 것입니다.'라고 했습니다.」라고 보고했습니다. (이와 같은) 연유를 본원에 게첩으로 보고해서 「그들에게는 지금 조정에서 새로운 경략(經略)

---

[90] 앞에 실린 자문에는 김은금(金銀金)이라고 하였다.『事大文軌』卷8, 萬曆二十二年二月十六日 禮部咨. 내용으로 보아 동일인임은 확실히 알 수 있으나, 김은(金銀)인지 김은금(金銀金)인지는 분명히 알 수 없다.

고양겸(顧養謙)을 뽑아 동사(東事)를 경리하게 했다고 유시하고 저 나라의 사안들은 마땅히 속히 경략에게 자문으로 알리되 그 자문은 일단 해사(該司)에 두고 총독·순무가 의정(議定)되기를 기다렸다가 이 격(緻)91)을 시행하십시오.」라는 비(批)를 받았습니다.

[요동도지휘사사] 이를 받고, 헤아려 보건대 마땅히 곧바로 시행해야 하겠습니다. 이에 마땅히 자문을 귀국에 보내니, 비(批)·게첩·자문 안의 내용을 살펴 의거하고 지금부터 나라에 왜정(倭情) 관련 사안이 있으면 마땅히 속히 새로운 경략 고양겸에게 자문으로 알리기 바랍니다. 또한 바라건대, 자문에 대한 회답을 보내주십시오. 자문이 잘 도착하기를 바랍니다.

이 자문을 조선국왕에게 보냅니다.

만력 22년 1월 27일.

---

91) 상급 관청의 지시에 따라 하급 관청에서 작성해 보고하는 문서를 말한다.

24. 回咨
50b-53a(288~293쪽)

朝鮮國王,

准來咨該 爲 公務 事 云云. 等因.

准此. 爲照, 小邦酷被寇禍, 軍兵死亡, 田土抛荒, 而賊據邊境, 復謀順搶, 餓莩相枕, 振活無策. 竊恐轉報之間, 事或淹滯, 專差陪臣白惟咸, 齎留兵·請粮等咨, 馳赴撫·按二院投呈, 冀蒙矜察准行. 今准揭·咨, 凡有倭情事宜, 著令咨禀經略顧處. 小邦自來一應聲息, 咨報貴司, 以憑轉呈. 況査巡撫衙門, 又管備倭軍務, 目今一以經禀經略顧處, 一以照例轉呈二院, 委爲便益. 今將各該陪臣馳啓沿海賊情, 開寫. 該本年二月初一日, 巡邊使李薲 馳啓.

　本年正月初三日, 據聽撫人介伊等各 說.

　　原留賊徒, 金海府五百餘名, 東萊縣·林郎浦各一千餘名, 竹島·豆毛浦各五千餘名, 釜山浦·西生浦各二萬餘名, 俱修設城寨, 積峙粮餉, 日逐擺陣演兵, 聽候關白分付. 等因.

續該本月初三日, 本官 馳啓.

本年正月十九日, 據體探人金海俊 告稱.

倭賊於熊川縣熊浦, 添造窩鋪, 巨濟縣漆川島, 新設土窟於附近地方, 日肆殺掠, 聲言等候新兵, 大勢順搶. 等因.

又該本月十二日, 慶尙左道兵馬節度使高彦伯 馳啓.

本年正月二十六日, 據被擄人徐應麟等 說稱.

俱係蔚山郡人, 上年十二月內, 被賊搶去, 前到西生浦老營使喚, 聽得衆賊說稱, 等待添兵, 我們將復搶京城. 本月內, 本營賊酋與林郎浦賊酋, 往來相議, 仍令俺每齎書一紙, 轉投慶州城裏, 急討回話等情. 得此, 隨將伊書看得, 該寫我永住而生, 則近邊萬民, 當年農作所仰也, 若怠緩失音, 各處大亂不可也. 等因.

又該本月十七日, 全羅道防禦使李時言 馳啓.

本年正月二十八日, 據 別將韓名璉 呈.

卑職統領精銳朱義壽等六十四員名, 潛往金海府德橋·竹島, 熊川縣熊浦·安骨浦等處, 遍行體探, 各處倭賊, 如前箚營. 仍於金海府三岔兒路邊按伏, 遇賊一百餘名, 就行截殺, 生擒一賊, 前來譯審. 得信隱叱已 供稱.

係日本國右道島人, 上年正月內, 在平壤城裏, 戰敗逃還於熊川老營留住, 今被捉拿而來. 本營兵衆, 時無渡海的期. 十二月內. 有天將一員, 前來講和, 約以大明美少女, 許嫁日本王子, 此上本營上官留待美少女. 左·右道分駐各營, 並不那移衣粮等物, 俱從本國接濟. 等因.

又該本月十九日, 諸道都巡察使權慄 馳啓.

本月五日, 據 金海府使白士霖 呈.

> 該哨探人孟守告稱, 俺瞭見海洋, 有賊舩一百九十餘隻, 自那邊出來分往, 東萊·金海等處灣泊. 又聽得金海竹島諸賊, 將要耕農, 於本國民戶, 責出牛隻. 等因.

並係緊急飛報, 小邦存亡所判. 煩乞貴司, 即照舊例, 作速轉呈二院, 拯援施行. 須至咨者.

右咨遼東都指揮使司.

萬曆二十二年二月二十四日.

발신: 조선국왕

사유: 보내온 자문(咨文)을 받으니, 「공무(公務)입니다. 운운」 했습니다.

[조선국왕] 이를 받고 살펴보건대, 소방(小邦)은 왜구의 병화를 혹독하게 입어 군병들은 죽고 토지는 황폐해졌는데, 왜적은 변경(邊境)을 점거하고서 다시 침범해 올 것을 도모하고 있으니 굶어죽은 자들이 서로를 베고서 누웠는데도 이를 구제할 방책이 없습니다. 삼가 전보(轉報)하는 사이에 일이 혹시라도 오래 지체됨이 있을까 염려스러워, 배신(陪臣) 백유함(白惟咸)을 전차(專差)하여 병력을 잔류시키고 군량을 요청하는 등의 자문을 가지고 순무(巡撫)와 순안(巡按) 두 원(院)[92]으로 서둘러 가서 진정하도록 하고, 불쌍히 여겨 살펴 주심을 입어 허락을 받기를 바랐습니다. 지금 받은 게첩(揭帖)과 자

---

92) 순무(巡撫)와 순안(巡按)을 아울러 지칭한다. 도찰원의 직함을 겸했기 때문에 이처럼 부른다. 각각 무원(撫院), 안원(按院)이라고도 한다.

문에, 「무릇 왜정(倭情)에 관한 일은 자문으로 경략(經略) 고양겸(顧養謙)에게 품하십시오.」라고 했습니다. 소방은 예전부터 성식(聲息)에 관한 일체를 자문으로 귀사(貴司)에 보고하여 이를 근거로 전정(轉呈)하도록 해 왔습니다. 더구나 순무아문에서 또 '비왜군무(備倭軍務)'를 아울러 관할하게 되었음을 알았으니, 이제부터 한편으로는 경략 고양겸에게 품하고, 한편으로는 전례대로 두 원(院)에도 전정한다면 실로 더욱 편할 것 같습니다. 지금 각 배신들이 치계(馳啓)한 연해 지역의 적정(賊情)을 낱낱이 옮겨 적습니다. 본년 2월 초1일에 순변사(巡邊使) 이빈(李薲)이 치계했습니다.

[이빈] 본년 정월 초3일 청무인(聽撫人) 개이(介伊) 등이 각각 아뢰었습니다.

[개이 등] 원래 머물고 있던 왜적의 무리는 김해부(金海府)에 500여 명, 동래현(東萊縣)과 임랑포(林郞浦)에 각 1,000여 명씩, 죽도(竹島)와 두모포(豆毛浦)에 각 5,000여 명씩, 부산포(釜山浦)와 서생포(西生浦)에 각 20,000여 명씩이었는데 모두 성채(城寨)를 건설하고 군량을 산더미처럼 쌓아 두었으며 날마다 진(陣)을 배열하고 군사 훈련을 하면서 관백(關白)의 분부를 기다리고 있었습니다.

[조선국왕] 이어서 본월 초3일, 본관이 치계했습니다.

[이빈] 본년 정월 19일에 체탐인(體探人) 김해준(金海俊)이 보고했습니다.

[김해준] 왜적이 웅천현(熊川縣)의 웅포(熊浦)에서 와포(窩鋪)를 추가로 조성하였고, 거제현(巨濟縣)의 칠천도(漆川島)에서는 부근 지역에 토굴을 새로 설치하고서 날로 방자하게 살육과 약탈을 자행하면서 신병(新兵)이 오기를 기다렸다가 대대적으로 공격해 올 것이라고 합니다.

[조선국왕] 또 본월 12일, 경상좌도병마절도사(慶尙左道兵馬節度使) 고언백(高彦伯)이 치계했습니다.

[고언백] 본년 정월 26일에 피로인(被擄人) 서응린(徐應麟) 등이 아뢰었습니다.

[서응린 등] 저희는 모두 울산군(蔚山郡) 사람들로 작년 12월에 왜적에게 사로잡혀 가서 서생포의 본영[老營]에서 사환을 했는데, 그러다 여러 왜적들이 "병력이 보태지기를 기다렸다가 우리들은 장차 다시 경성(京城)을 공격할 것이다."라고 하는 것을 들었습니다. 본월 내에 본영의 왜적 추장이 임랑포의 왜적 추장과 더불어 오가면서 서로 의논하고 이어서 저로 하여금 매번 서신 한 장을 가지고 경주성(慶州城) 안에 전해주게 하면서 "급히 답변을 재촉하라."고 했습니다. 이를 받고 그대로 그들의 편지를 보니 「우리들은 영원히 거주하며 살 것이다.」라고 쓰여 있은즉, 근처의 만민(萬民)들은 올해의 농작을 우러러 기다리는데 만약 태만해져서 실패했다는 소식이 있으면 각처의 대란(大亂)을 어쩔 수 없게 될 것입니다.

[조선국왕] 또 본월 17일에는 전라도방어사(全羅道防禦使) 이시언(李時言)이 치계했습니다.

[이시언] 본년 정월 28일, 별장(別將) 한명련(韓名璉)93)의 정(呈)을 받았습니다.

[한명련] 제가 정예병 주의수(朱義壽) 등 64명을 거느리고 몰래 김해부의 덕교(德橋)와 죽도, 웅천현의 웅포와 안골포(安骨浦) 등처에 가서 널리 정탐하였는데, 각처의 왜적들이 이전과 같이 주둔하고 있었습니다. 이어서 김해부 삼차아(三叉兒)의 길 옆에 매복하고 있다가 왜적 100여 명을 조우하여 곧바로 차단해서 죽이고 왜적 1명을 생포하여 데려와서 역심(譯審)했습니다. 신은질이(信隱叱已)가 공술한 내용입니다.

---

93) 한명련(韓明璉, ?~1624)이다.

[신은질이] 저는 일본국(日本國) 우도도(右道島) 사람으로 작년 정월에 평양성(平壤城) 안에 있다가 전투에서 패하여 웅천의 본영[老營]으로 도망쳐 돌아와서 머물렀다가 이제 붙잡혀서 오게 되었습니다. 본영의 군대는 아직 바다를 건너갈 기약이 없습니다. 12월에 천조의 장수 1원이 와서 강화(講和)를 진행하며 대명(大明)의 미소녀를 일본(日本)의 왕자(王子)와 혼인하도록 하겠다고 약속하였으므로 이 때문에 본영의 상관은 머물면서 미소녀를 기다리고 있습니다. 좌도(경상좌도)와 우도(경상우도)에 나누어 주둔하는 각 진영들은 모두 의복이나 군량 등의 물건을 옮길 수 없어서 모두 본국의 접제(接濟)를 따르고 있습니다.

[조선국왕] 또 본월 19일, 제도도순찰사(諸道都巡察使) 권율(權慄)이 치계했습니다.

[권율] 본월 5일에 김해부사(金海府使) 백사림(白士霖)의 정을 받았습니다.

[백사림] 초탐인(哨探人) 맹수(孟守)가 고했습니다.

[맹수] 제가 바다를 멀리 바라보니, 왜적의 배 190여 척이 변경에서부터 나누어 와서 동래·김해 등처의 물굽이[灣]에 정박했습니다. 또 김해의 죽도에 주둔하는 여러 왜적이 장차 농사를 짓고자 하여 본국의 민호(民戶)들에게 소를 내도록 강요하고 있습니다.

[조선국왕] 이상은 모두 긴급한 비보(飛報)이며, 소방의 존망이 여기서 판가름 날 것입니다. 번거롭더라도 귀사에서는 즉시 옛 규례를 살펴서 속히 순무와 순안에게 전정하여 구원하게 해 주십시오. 자문이 잘 도착하기를 바랍니다.

이 자문을 요동도지휘사사에 보냅니다.

만력 22년 2월 24일.

25. 相公胡煥揭帖
53a-54b(293~296쪽)

煥以中土庸才, 於時無算, 東征之役, 逐隊名邦. 逝春三月. 盡抵義州, 輒值衰病舉發, 因而憩息調攝, 光陰荏苒, 垂及半期, 目擊時艱, 不勝扼腕. 始焉力排和義之非, 繼而極詆撤兵之謬. 書再上不蒙當事者採行, 遂令無補空談. 一籌莫展, 撫膺增嘆, 慚憤殊深. 十月內奉劉總戎, 接入內地, 一至王京, 淹住五旬, 伏蒙賢王殿下, 擴虛懷樂善之誠, 隆敬老尊賢之典禮, 勤問餽. 勢略崇卑揣分奚堪. 捫心知感. 臘月間復入大丘, 計與劉總戎, 商確何如, 相機勦撲, 不意部文已至, 盡行撤兵, 惟川兵五千, 擇地防守. 於時久戍之卒, 傷殘之餘, 適遂思歸之懷, 誰存爭鬪之志. 劉總戎亦徒增憤悶而已. 即今時事, 益無可爲. 第念兇夷, 稔惡既深, 當見災生禍及, 天心厭亂已久. 自應否極泰來. 恭惟殿下聰明天植睿知性成, 襲聖祖累世仁厚之基, 衍箕公千古悠長之祚, 允宜興圖鞏固, 世道遐昌. 突罹運氣中衰, 實出數奇非偶. 穹窿眞宰, 何敢逭逃. 顧盡人事, 可以回天, 配命自求多福. 伏願殿下, 用賢圖治, 修德行仁, 任老成直亮之臣, 逬憸壬阿諛之輩, 搜求巖穴遺逸, 明揚側陋英雄, 罷武藝之征, 寬有額之稅, 一切山海之利, 與民同之, 生聚休養, 元氣日完, 十餘年後, 國富兵強, 聲施遐播. 倘以世

> 仇爲念, 樓船十萬, 旌旗蔽空, 揚帆溟渤之衝, 直搗鯨鯢之穴, 殲諸兇殘, 一鼓而殲滅之, 踏平島嶼, 化爲血海, 不難矣. 如或聖慈宇量恢弘, 姑置度外, 不報無道, 南方之强, 君子居之爲美也. 煥潦倒遠人, 此回中土日, 惟遙望東南紫氣浮空, 祥雲捧日, 卽知王靈振耀乾德. 豐亨祇惟盥焚, 恭申祝願之私耳. 玆當遠離京闕, 不能叩首, 彤墀悠悠, 日遠耿耿. 時存戒程已卜, 出月初二也. 謹具啓聞. 臨啓, 曷勝感激瞻戀之至. 洪都山人胡煥, 薰沐頓首.

환(煥)[94]은 중국의 용렬한 인재로 이 때에 있어 계책이 없는데, 동정(東征) 전역(戰役)에 군대를 따라 명방(名邦)에 왔습니다. 지난 봄 3월에 오게 됐습니다. 의주(義州)에 거의 다다를 무렵 문득 쇠병(衰病)이 나서 그로 인해 휴식하고 조섭(調攝)하다가 세월을 보낸 것이 반기(半期)에 이르렀는데, 지금의 어려움을 목격하니 분함을 견디지 못하겠습니다. 처음에 화의의 잘못됨을 힘써 배척하였고, 이어서 철병의 그릇됨을 극력 비난했습니다. 글을 다시 올렸으나 당사자로부터 채택됨을 얻지 못했고, 끝내 도움이 되지 않는 빈말이 되어 버렸습니다. 한 가지 지략도 전개하지 못한 채 가슴만 두드리며 탄식만 늘고 부끄러움과 괴로움이 더욱 깊었습니다. 10월 내에 유 총융(劉總戎)[95]을 받들어 내지로 들어와 한번에 왕경에 이르렀고 50일 동안 머물렀는데, 현왕(賢王) 전하를 엎드려 뵈니, 허심탄회하게 선을 즐기는 정성을 넓히시고

---

94) 호환(胡煥)이다. 명군 부총병 유정(劉綎)의 스승으로 알려져 있다. 유정과 함께 조선에 왔으나 병 때문에 뒤처져 있다가 이후에 유정의 진영에 합류했다. 정탁의 『약포집(藥圃集)』에 호환과 주고받은 서신이 보인다.

95) 유정을 가리킨다.

경로하고 존현하는 전례를 융숭히 해 주셔서, 정성스레 문안하고 예물을 보내 주셨습니다. 사세로 보아 대략 높고 낮음의 분수를 헤아려 볼 때 어찌 감당하겠습니까. 가슴을 쓰다듬으며 느낀 것이 있습니다. 12월간에 다시 대구(大丘)로 들어가서 유 총융과 계획을 세우며 어떻게 하여 기회를 보아 초박(勦撲)할지 의논하고 있었는데, 불의에 병부의 문서가 이미 이르러 모두 철병하고 오로지 사천의 병사 5,000명을 지역을 골라 남겨 방수하게 되었습니다. 이제 오랫동안 지키고 있던 병졸의 다치고 남은 나머지가 마침내 돌아가고픈 마음을 품게 된다면, 누구에게 싸울 의지가 남아 있겠습니까. 유 총융 역시 단지 괴롭고 번민한 마음만 키우고 있을 뿐입니다. 즉 지금 사세는 더욱 어찌할 도리가 없습니다. 흉악한 오랑캐를 생각하면 쌓인 악이 이미 심하여, 의당 재난이 생기고 화가 미치는 것을 보게 되었으니 천심(天心)이 난을 싫어한 지 이미 오래입니다. 응당 비색(否塞)이 다하면 안태(安泰)가 오게 마련입니다.96) 삼가 생각건대 전하의 총명하심은 하늘이 예지(睿知)를 심어 천성이 되었고 성조(聖祖)가 누대에 쌓은 인후한 기초를 이었고 기공(箕公)97)으로부터 흘러온 천고(千古)의 유장(悠長)한 복을 넓혔으니 진실로 영토는 공고하고 세도는 오래도록 번창한 것입니다. 돌연 운기가 중쇠를 겪게 된 것은 실로 운수가 사나운 데서 나온 것이었으나 우연이 아닙니다. 궁륭진재(穹窿眞宰)98)인 하늘로부터 어찌 감히 도망갈 수 있겠습니까. 돌아보건대, 사람의 일을 다해야만 가히 하늘에 부합하는 명에 돌아가 스스로 다복을 구할 수 있는 것입니다.

전하께 엎드려 바라건대, 어진 이를 써서 다스림을 도모하고 덕을 닦아 인을

---

96) 천지의 기운이 막혀 쇠퇴하는 비괘(否卦)의 운세가 막바지에 달하고 이제 순조롭게 번성하는 태괘(泰卦)의 시대가 이르게 되었다는 말이다.
97) 기자(箕子)를 가리킨다.
98) 땅을 감싸고 있는 반구형의 하늘 모양으로 인간과 사물을 통섭하는 절대자를 의미한다.

행하며, 노성(老成)하고 직량(直亮)한 신하에게 일을 맡기고 간사하고 아첨하는 무리를 멀리하며, 숨어 있는 유일(遺逸)을 찾아내고 낮은 곳에 있는 영웅을 발탁하며, 무예의 정벌을 그만두며, 많은 세금에 관용을 베풀며, 산해의 이익되는 일체의 것을 백성과 함께 하시면, 백성이 모여들어 휴양하고 원기가 나날이 완전히 되어 10여 년 후에 나라가 부강해지고 병사는 강해져 명성이 널리 퍼질 것입니다. 혹시 대대로의 원수를 생각한다면, 누선(樓船) 10만에 정기(旌旗)로 하늘을 가득 채우고 돛대를 펼치고 검푸른 바다로 뛰어들어 곧바로 경예(鯨鯢)의 소굴을 짓찧는다면, 여러 흉잔(兇殘)을 북소리 한번에 눌러 섬멸하고 섬들을 평평하게 밟아 피의 바다로 만드는 것이 어렵지 않을 것입니다. 만약 성자(聖慈)의 도량이 넓으셔서 일단 치지도외하고 무도하게 보복하지 않으신다면 남방의 강함이니 군자의 거처함이 아름다워지는 것입니다.[99] 환은 멀리서 온 늙고 병든 사람으로 이번에 중국으로 돌아갈 때, 멀리 바라보니 동남쪽에 자줏빛 기운이 떠올라 상서로운 구름이 해를 받들고 있어 곧 왕의 신령함으로 임금의 덕을 떨치고 있음을 알겠습니다. 성대한 날을 누리도록 오직 몸과 마음을 정결히 하여 축원하는 사의를 거듭 공손히 하겠습니다. 지금 경성의 궁궐에서 멀리 떨어져 머리를 조아리지 못하고 대궐이 멀어지니, 날이 갈수록 그리워집니다. 월 초2일에 길을 떠나기로 정해졌습니다. 삼가 갖추어 아룁니다. 아룀에 임하니 감격함과 우러러 연모하는 지극함을 이루 다할 수가 없습니다. 홍도산인(洪都山人) 호환은 몸을 정결히 하고 고개를 숙입니다.

---

[99] 『중용(中庸)』제 10장에 나오는 "관대함과 온유함으로 다른 이들을 가르치면서 부당한 행위에 대해서도 무도한 방식으로 보복하지 않는 이것이 남방의 강한 힘이라고 할 것인데, 군자가 바로 이런 자세를 취하는 것이다(寬柔以教 不報無道 南方之强也 君子居之)."는 부분을 인용한 것으로 보인다.

26. 回帖
54b-56a(296~299쪽)

夙聞高義. 尙阻良覿, 空切嚮往, 未展下誠. 玆承尺蹏之問, 委示滿腔之誠, 諄諄誨論, 警發多矣. 不穀何幸得此於左右哉. 久知南昌素多人傑, 古今未宜殊徐孺子之後, 復有其人矣. 劉總戎遠臨弊邦, 駐節南陲軍旅方殷, 而猶且禮賢迎師, 聞所未聞. 高明爲總戎跋涉殊方千里無難, 盖有兩美相濟之義. 議及軍事, 唯以相機勦撲, 爲先廓淸之功, 行有日矣. 甚盛甚盛. 至於和議撤兵, 小邦極知其非計, 而不敢力爭, 秪切憂悶, 不意高明之見, 乃與之脗合也, 可謂先得我心也, 尤用歎服. 弊邦自箕子受封而來, 頗知以禮讓爲治, 越至先祖開國, 首被聖朝東漸之化. 歷年二百, 久狃昇平, 干伐不試, 民不知兵, 一朝海寇猝至, 將士嬰鋒潰敗, 相仍三都俱陷 一方僅存宗社, 灰燼生齒蕩盡. 此雖三韓陽九之會, 而君相不言命, 古有其語. 不穀叨守弊邦, 而亦曰人牧斯乃人事之未盡, 武略之不競, 豈敢諉之氣數, 而少緩於自責乎. 幸賴聖天子恩深子視, 曲加矜恤, 出兵拯救, 一鼓而復平壤, 餘威震疊, 兇醜宵熸, 七道幾還版籍, 賊之所據者, 只慶尙一隅而已. 不籍皇靈, 曷有今日. 此所以北望宸極, 唯思糜粉以報者也. 回天配命求福, 實是今日之急務. 不穀雖無似, 敢不奉以周旋. 至於

> 用賢圖治, 迸悏搜逸, 罷無藝而寬民力, 一言一藥, 皆是對證. 既蒙仁人之言, 將見利博之日, 爲賜大矣. 弊邦之於此賊, 盖萬世必報之讎, 顧力不足耳. 豈敢晷刻而暫弛甞膽之心乎. 高明之爲弊邦計者, 一至於此, 益增感刻, 不知所喻. 纔見勿藥, 繼有旋軫之行, 千里長途, 千萬節宣, 以副慕用之懷. 心之精微, 言不能盡, 惟冀諒察.

삼가 높은 뜻을 들었습니다. 여전히 반갑게 만날 길이 없으니 부질없이 간절합니다. 척제(尺蹄)100)의 질문을 받들어 빈 것을 가득 채우는 정성을 보여주시니, 정성스러운 가르침에 놀라움이 많습니다. 불곡(不穀)은 그대에게서 이 내용을 받아 얼마나 다행인지요. 남창(南昌)에 원래 인걸이 많다는 이야기가 예전부터 알려져 있었으나, 고금에 서유자(徐孺子)101) 이후로 특출하지 못했는데 다시 그러한 사람을 냈습니다. 유 총융(劉總戎)이 멀리에서부터 폐방에 임하여 남쪽에 주둔하여 군사가 한창 성대한데 오히려 현인을 예우하고 군사(軍師)를 맞이했으니 들어 보지 못한 것을 들은 것입니다. 고명(高明)은 총융을 위하여 이역 땅 천 리로 건너오기를 어렵게 여기지 않으셨으니 훌륭한 두 분이 서로 돕는 의리가 있었던 것입니다.

군사에 관한 의논에 있어서는 오로지 기회를 보아 초박(勦撲)하는 것을 적을 깨끗이 쓸어 버리는 공[廓淸之功]으로 삼으셨으니 행해질 날이 올 것입니다. 매우 훌륭하고 훌륭합니다. 화의(和議)와 철병에 이르러서는, 소방이 그 잘못된 계책임을 잘 알고 있으나 감히 힘써 쟁변하지 못하고 걱정하는

---

100) 작은 종이에 쓴 편지 또는 쪽지와 같은 것을 의미한다.
101) 서치(徐稚, 97~168)를 이른다. 자(字)는 유자(孺子). 후한시대의 인물로 남창 출신이다. 농사를 지으며 자력으로 생활을 영위했으며 겸허한 자세로 주위의 칭송을 받았다.

마음만 간절했는데, 불의에 고명의 견해를 듣고, '(우리 의견과) 꼭 맞구나', '가히 우리의 마음을 먼저 알았구나' 하고 더욱 탄복했습니다. 폐방은 기자(箕子)가 책봉을 받은 이래, 자못 예양(禮讓)으로 다스리는 것을 알아서, 멀리 선조께서 열었을 때부터 맨 먼저 성조(聖朝)의 동점(東漸)하는 교화를 입었습니다. 그 이래 200년 오랫동안 승평(昇平)에 익숙해져 무기를 사용하지 않았고 백성들은 전쟁을 몰랐는데, 하루아침에 해구(海寇)가 갑자기 이르니 장사들이 칼날을 마주하자 궤산하여 삼도(三都)가 서로 이어 모두 함락되었고 종사가 한쪽 구석에 겨우 남았고 타다 남은 재 속에 백성들이 모두 없어져 버렸습니다. 이는 비록 삼한(三韓)의 '양구지회(陽九之會)'[102]나, 임금과 재상은 운명을 말하지 않는다는 옛적의 그런 말이 있습니다. 불곡이 폐방을 외람되이 맡았는데, 또한 임금으로 인하여 인사가 미진하며 무략이 떨쳐지지 못하는 것을 어찌 감히 기수(氣數)를 탓할 것이며 자책을 조금이라도 느슨하게 할 수 있겠습니까. 다행히 성천자(聖天子)의 은혜가 자식을 보듯 깊어 곡진히 궁휼을 더하여 군사를 내어 구제해 주시고 한번 북소리로 평양을 회복해 주셨고, 남은 위엄이 진동하자 흉추(兇醜)가 금세 사그라지며 일곱 도의 판적(版籍)이 거의 되돌아가 왜적이 머물러 있는 곳은 단지 경상도 한쪽 구석뿐입니다. 황령을 빌리지 않았다면 어찌 오늘이 있겠습니까. 이것이야말로 대궐을 북망(北望)하며 오로지 분골하여 보답하고자 생각하는 이유입니다.

사람의 일을 다하여 하늘의 뜻을 돌리고 천명에 짝하여 복을 구하라고 하신 말씀은 실로 오늘날의 급무입니다. 불곡이 비록 보잘것없으나 감히 받들어 주선하지 않겠습니까. 어진 이를 써서 다스림을 도모하고 간사한 자를 멀리하고 숨은 이를 찾아내며 무예를 파하고 민력에 너그러이 하는 것, 이 한마

---

102) 불운한 운수라는 의미이다. 『漢書』 卷24上 「食貨志」 4 上 "予遭陽九之阨 百六之會."

디가 하나의 약이며 모두 증세에 따른 처방입니다. 이미 어진 분의 말씀을 입었으니 장차 이로움이 넓은 날을 만나면 그 은덕 입음은 클 것입니다.[103] 폐방은 이 왜적이 대개 만세토록 반드시 갚아야 할 원수이나 생각건대 힘이 부족할 뿐입니다. 어찌 감히 구각(晷刻)하여 잠시라도 와신상담하는 마음을 해이하게 할 수 있겠습니까. 폐방을 위하는 고명의 계책이 한번 여기에 이르니 더욱 마음에 새긴 감사함을 무어라고 해야 할지 모르겠습니다. 병이 나은 것을 보자마자 이어서 돌아가신다니 천 리의 먼 길에 천만 가지로 기체를 살피셔서 사모하는 마음에 부응해 주십시오. 마음의 정미함을 말로 다할 수 없으니 오직 헤아려 살펴 주시기 바랄 뿐입니다.

---

103) 『춘추좌씨전(春秋左氏傳)』 소공(昭公) 1년 조에 "어진 이의 말은 그 이로움이 넓도다(仁人之言 其利博哉)."라고 하였다.

27. 密報賊情咨
56a-60b(299~308쪽)

朝鮮國王,

爲 密報緊急賊情 事.

該本年二月十七日, 全羅道防禦使李時言 馳啓.
　本年正月二十八日, 據 別將韓命璉 呈.
　　卑職率領精銳朱義壽等六十四員名, 潛徃金海府德橋·竹島, 熊川縣熊浦·安骨浦等處, 遍行體探各處, 倭賊如前箚營. 仍於金海府三岔兒, 路邊按伏, 遇賊一百餘名, 就行截殺, 生擒一賊前來. 譯審, 得信隱叱已 供稱.
　　　係日本國右道島人, 上年正月內, 在平壤城裏戰敗, 逃還於熊川老營留住, 今被捉拿而來. 本營兵衆, 時無渡海的期. 十二月內, 有天將一員, 前來講和, 約以大明美少女, 許嫁日本王子. 此上, 本營上官, 留待美少女. 左右道分駐各營, 竝不那移衣粮等物, 俱從本國接濟. 等因.
續該本月二十四日, 慶尙道防禦使金應瑞 馳啓.

本月初二日. 據 體探牙兵鄭承獻等 告稱.

蒙差潛徃左水營城裏賊屯, 體探賊情, 至東萊地蘇山驛, 撞遇本國被擄人一名, 誘引投降倭賊四名前來. 就與俱還. 得此, 譯審. 得倭奴一名居要叱, 其年二十二歲, 係日本國都東距二日程崐都郡居住. 一名知汝武, 年二十八歲, 係日本國古勿乃居住. 一名沙阿加, 年二十三歲, 係日本國沙金阿居住. 一名山之, 年二十五歲, 係日本國閔玉郡居住. 各倭同辭, 供稱.

俱隸將倭化是怕山守部下, 渡海攻伐朝鮮, 至咸鏡道北邊行搶. 上年八月還到釜山, 將倭病死. 奴輩仍留釜山, 販賣資生. 一日炊飯, 失火延燒軍幕, 罪在刑戮, 無計偸生. 聞朝鮮撫恤投降人, 將欲歸順, 適逢鄭承獻, 跟隨出來. 在本國時, 聽得關白起兵根因, 先伐朝鮮, 侵犯中原, 要亂天下. 旣入朝鮮, 將犯中原, 有天將沈參將, 出來平壤, 向倭將平行長, 懇說, 生于一天之下, 如是交爭, 甚所不宜, 多賂銀兩請和, 以此退兵京城, 參將又請成故捲兵. 今者參將, 又入行長營裏, 相議婚姻事, 定期五月. 衆酋商議, 如約就行回軍, 不如約, 添調新兵, 由全羅道, 順搶中原, 又請兵於南蠻國, 渡軍於浙江等處, 南北夾攻, 則中原指期可圖, 所言如此. 日本軍兵見住之數, 西生浦五千, 林郞浦三千, 機張三千, 東萊一千, 釜山浦一萬, 梁山地仇法谷三千, 左水營三百, 金海一萬八千, 安骨浦二千, 加德七百, 熊川·薺浦四千, 巨濟七千餘名. 貴國若於二三月前, 乘機擧事, 庶可勦滅, 如失其時, 日本精兵銳卒, 四五月間, 掃盡出來, 朝鮮兵馬雖千萬, 恐難抵敵. 等因.104)

---

104) 『宣祖實錄』卷49, 宣祖 27年 3月 丙申(18日).

又該本月二十五日, 慶尙道觀察使韓效淳 馳啓.

　本月十五日等節, 據 哨探人朴名善等 告稱.

　　沿海諸賊, 各箚營不動, 而於右道巨濟等處, 砍伐材料, 打造船隻, 不記其數, 聲勢十分浩大. 左道西生浦老營, 亦多添兵衆. 等因.

又該本月二十七日, 諸道都巡察使權慄 馳啓.

　本月十六日, 據 體探人尹已等 告稱.

　　蒙差潛入森浦·熊浦·安骨浦等處, 看覷賊酋平義智·注㚇官等, 添造窩鋪多貯粮餉, 將新調兵衆, 日加操演. 又遣伊船五十餘隻, 前徃固城·鎭海地面, 出沒耀兵. 等因.

得此. 査照, 先該, 本年二月內, 各該陪臣所報賊情, 已經節續咨稟. 去後, 今該前因. 爲照, 本賊佯示講和, 禍心未悛, 分據要害, 兇備益厚. 而前項各該降倭所供略同, 其奸謀詭計, 委係叵測. 卑辭之請, 獻貢之說, 竊恐終不可保也. 況多添兵衆, 打造船隻, 而按營不動, 潛伺便利, 其意必不但已也. 煩乞貴司, 轉呈部院, 洞燭兇謀, 深察兵機, 趁伊未發之先, 速施制人之策, 及時征討, 勦滅無遺, 以畢大功, 實爲萬幸. 當職仍照小邦之地, 溪澗山林, 十居八九. 而伊賊跳跟率多步兵, 如盡以騎兵相値, 地利之便, 專在於賊. 況查平壤之戰, 南兵首先登城, 狼筅·鳥鎗之技, 捷疾如神, 賊不敢支吾, 遂至奔敗. 自是伊賊, 畏最浙兵, 此乃已然之明效. 又照小邦自遭兇禍, 倉厫儲峙, 竝被焚燒, 田土盡荒, 稅入無路. 只靠忠淸·全羅兩道所運, 及遼·陽原運米豆, 以供天兵之餉. 而消費已盡, 京城所儲, 不滿萬石, 加以飢民四集, 賑救方急, 不出數旬, 將告罄竭. 雖有前項兩道, 上年稅粮, 爲緣調發頻煩, 經農亦廢, 該納不敷, 止可供給留兵而已, 更無餘剩, 可以搬運他處耶. 今邊報日緊, 王師渡江, 則供億之費,一日爲難. 軍若無粮, 將何以濟. 若於調兵臨發, 方議餽運, 水陸千里, 勢不相及, 小邦至此, 存亡決矣. 更乞貴司, 亦竝轉報部院, 商量步騎之異, 宜深念軍餉之當急, 多調精銳步兵, 以張必勝之勢, 先運各處粮餉, 以備軍興之用, 不勝幸甚. 爲此, 合行移咨, 請照驗施行, 須至咨者.
右咨總督兵部·遼東都指揮使司.

萬曆二十二年三月初六日.

발신: 조선국왕
사유: 긴급한 왜적에 관한 일을 은밀히 보고합니다.

[조선국왕] 올해 2월 17일, 전라도방어사 이시언(李時言)[105]이 치계했습니다.

[이시언] 본년 정월 28일, 별장 한명련(韓命璉)의 정(呈)을 받았습니다.

[한명련] 제가 정예병 주의수(朱義壽) 등 64명을 이끌고 김해부(金海府)의 덕교(德橋)와 죽도(竹島), 웅천현(熊川縣)의 웅포(熊浦)와 안골포(安骨浦) 등처에 몰래 가서 두루 체탐하였더니 각처의 왜적이 전과 같이 주둔하고 있었습니다. 이어서 김해부 삼차아(三叉兒)에서 길가에 잠복하고 있다가, 왜적 100여 명을 만나 사살하고 1명을 생포해 왔습니다. 역심(譯審)하여 얻은 신은질이(信隱叱已)의 공술 내용입니다.

[신은질이] 일본국 우도도(右道島) 사람으로 지난해 정월 중에 평양성(平壤城)에서 패전하고 웅천의 옛 진영으로 도망쳐 돌아와 주둔하

---
105) 이시언(李時言, ?~1624)이다.

고 있다가 지금 잡혀오게 되었습니다. 본영의 병사들은 아직 바다를 건널 기약이 없습니다. 12월에 천장(天將) 1명이 와서 강화하였는데, 대명(大明)의 미소녀를 일본 왕자에게 시집보내기를 허락한다고 약속했습니다. 이를 올려서 본영의 상관이 미소녀를 기다리고 있는 중입니다.106) 좌우도에 나누어 주둔한 각 영은 아울러 옷과 군량 등 물품을 옮기지 않고 모두 본국의 접제에 따르고 있습니다.107)

[조선국왕] 이어서 본월 24일 경상도방어사 김응서(金應瑞)가 치계했습니다.

[김응서] 본월 초2일 체탐아병 정승헌(鄭承獻) 등이 보고했습니다.

[정승헌] 차견되어 몰래 좌수영성 내 왜적 둔거지로 가서 왜적의 정세를 체탐하고, 동래(東萊) 지역 소산역(蘇山驛)에 이르러 본국 피로인 1명을 만났는데, (그가) 유인하여 투항시킨 왜적 4명을 데리고 왔습니다. 모두 데리고 돌아왔습니다. 이들을 받아 역심했습니다. 왜노 일명 거요질(居要叱)은 나이가 22세이며 일본의 국도에서 동쪽으로 2일거리인 곤도군(崐都郡)에 거주하는 자입니다. 일명 지여무(知汝武)는 나이가 28세이며 일본국 고물내(古勿乃)에 거주하는 자입니다. 일명 사아가(沙阿加)는 나이가 23세이며 일본국 사금아(沙金阿)에 거주하는 자입니다. 일명 산지(山之)는 나이가 25세이며 일본국 민옥군(閔玉郡)에 거주하는 자입니다. 각 왜적이 같은 말을 했는데 공술한 내용입니다.

---

106) 1593년 6월(초본은 5월), 도요토미 히데요시가 명군 사절에게 제시한 이른바 7개 조건 중 첫 번째 조건과 관련된 것으로 보인다. "1. 화호서약에 틀림이 없다는 것은 천지가 다한다 하더라도 바뀔 수 없다. 이를 (보증하기) 위해 대명 국왕의 현녀(賢女)를 본조(本朝)의 후비(后妃)로 맞이하게 할 것(一. 和好誓約無相違者, 天地縱雖盡不可有改易也, 然則迎大明國王賢女, 可納本朝后妃事)" 명군 사절은 일본 측과의 회담 자리에서 이 조건을 극구 거부하였으며, 따라서 이 조건은 공식적으로 명 조정에 전달되지 않았다. (김경태, 「東京大學 史料編纂所 소장 『江雲隨筆』 내 임진왜란 관련 사료 해제」, 『전쟁과 유물』 7, 2015, 참조)

107) 한명련에 의한 신은질이의 공초 내용은 실록에도 나온다(『宣祖實錄』 卷49, 宣祖 27年 3月 丙申(18日)).

[거요질·지여무·사아가·산지] 모두 왜군 장수 화시 파산수(化是怕山守)의 부하로, 바다를 건너 조선을 공격하였고 함경도 북변까지 이르러 노략질했습니다. 지난해 8월에 부산(釜山)으로 돌아왔는데 왜장이 병사했습니다. 저희들은 계속 부산에 유둔하면서 장사로 생활을 이어갔습니다. 하루는 밥을 하다가 실화하여 불이 번져 군막을 태웠는데 그 죄가 사형이라 살아날 방법이 없었습니다. 듣기로 조선이 투항인을 무휼한다 하니 장차 귀순하고자 하였는데 마침 정승헌을 만나 따라서 오게 되었습니다. 본국(일본)에 있을 때에 관백(關白)이 군사를 일으킨 원인을 들었는데, 먼저 조선을 정벌한 뒤 중원에 침범하여 천하를 요란하는 것이었습니다. 이미 조선에 침입하여 장차 중원을 범하려고 하는데, 천장 심 참장(沈參將)이라는 자가 평양에 와서 왜장 유키나가(平行長)에게 가서 간곡한 말로, "한 하늘 아래에서 태어나서 이와 같이 서로 싸우는 것은 매우 마땅하지 못한 바이다."라고 하며 은냥을 뇌물로 많이 주며 화의를 구하였는데, 이로써 경성으로 군병을 물렸고 참장이 또 청하자 군사를 거두었습니다. 이번에 참장이 또 유키나가의 진영에 들어와서 혼인에 대한 일을 상의하며 5월을 기한으로 정했습니다. 여러 우두머리들이 상의하기를, '약속이 이행되면 회군하겠지만 약속이 이루어지지 않으면 새로운 병력을 조발하여 전라도를 거쳐 그길로 중원을 공격할 것이며 또 남만국(南蠻國)에 병력을 청하여 절강(浙江) 등처로 군사를 건너 보내 남북으로 협공하면, 중원은 가히 도모할 수 있을 것이다.'라고 이같이 말했습니다. 일본 군병이 현재 머물고 있는 수는, 서생포(西生浦)에 5,000, 임랑포(林郞浦)에 3,000, 기장(機張)에 3,000, 동래에 1,000, 부산포에 10,000, 양산(梁山) 지역의 구법곡(仇法谷)에 3000, 좌수영(左水營)에 300, 김해에

18,000, 안골포에 2,000, 가덕(加德)에 700, 웅천·제포(薺浦)에 4,000, 거제(巨濟)에 7,000여 명입니다. 귀국이 2, 3월 전에 기회를 타서 거사한다면 거의 초멸할 수 있겠으나 그때를 놓치면 일본의 정예 병졸이 4, 5월 중에 모두 올 것이니 조선의 병마가 비록 천만이라도 대적하기 어려울 것입니다.

[조선국왕] 또 본월 25일에 경상도관찰사 한효순(韓效純)이 치계했습니다.

[한효순] 본월 15일 등에 초탐인 박명선(朴名善) 등이 보고했습니다.

[박명선] 연해의 여러 왜적이 각자 진영에서 움직이지 않고 있는데, 우도(右道)의 거제 등처에서는 목재를 벌목하여 선척을 만드는 것이 그 수를 헤아릴 수 없으며 성세가 충분히 큽니다. 좌도(左道) 서생포의 옛 진영에도 병사를 많이 증원하고 있습니다.

[조선국왕] 또 본월 27일에 제도도순찰사 권율(權慄)이 치계했습니다.

[권율] 본월 16일에 체탐인 윤이(尹巳)가 보고했습니다.

[윤이] 차견되어 삼포(森浦)·웅포·안골포 등처에 잠입해 왜적 우두머리 평의지(平義智)108)와 주먹관(注覓官) 등을 엿보았는데, 와포(窩鋪)를 더 짓고 군량을 많이 저장하고 있으며, 새로 병사들을 조발하여 날로 조연(操演)을 더하고 있습니다. 또 왜선 50여 척을 고성(固城)·진해(鎭海) 지역으로 보내어 출몰하며 시위하고 있습니다.

[조선국왕] 이를 받고 조사해 보건대, 앞서 본년 2월 중에 각 배신들이 보고한 왜적의 정형은 이미 차례차례 계속 자문으로 올렸습니다. 이러한 조치를 다한 후 이번에 위의 자문을 받았습니다. 살펴보건대, 본 왜적은 강화하는 체하면서 화심(禍心)을 숨기고 요해지에 나누어 웅거하니 흉악한 계책이 더욱 분명합니다. 전항의 각 항왜들의 공초가 대략 같으니 그 간사한 모략과

---

108) 소 요시토시(宗義智, 1568~1615)이다.

속이는 계책을 헤아리기 어렵습니다. 낮은 언사로 요청하고 조공을 바친다는 이야기는 아마 끝내 보장할 수 없을 듯합니다. 하물며 병사들을 많이 늘리고 선척을 만들고 있으며, 진영에서 움직이지 않으면서 편리한 정세를 가만히 엿보고 있으니 기필코 그 뜻을 놓지 않을 것입니다. 귀사에 번거로이 바라건대, 부원(部院)에 정문(呈文)하여 흉모를 통촉하고 병기(兵機)를 깊이 살펴 왜적이 발동하기 전에 속히 제인(制人)의 계책을 시행하며 때에 맞추어 정토를 행하여 초멸함에 남김이 없게 함으로써 큰 공을 이루신다면 실로 만행(萬幸)이겠습니다. 당직이 다시금 소방의 땅을 살펴보니, 계곡과 산림이 십중팔구입니다. 그런데 저 왜적들이 날뛰는 것이 보병을 많이 데리고 있으니, 만약 오로지 기병으로만 대치한다면 지리의 편리함은 전적으로 왜적에게 있게 됩니다. 하물며 평양 전투를 조사해 보면, 남병(南兵)이 가장 먼저 성에 올랐으며 낭선(狼筅)과 조창(鳥鎗)의 기예의 빠르기가 귀신과 같으니, 왜적이 감히 대항하지 못하고 끝내 분패(奔敗)하기에 이르렀습니다. 이때부터 저 왜적들은 절강병[浙兵]을 가장 두려워했으니 이는 분명하게 드러난 사실입니다. 또 소방이 흉화를 입은 때로부터 살펴보면, 창고의 저축이 모두 불타 버렸고 전토는 모두 황폐하여 세입이 들어올 길이 없습니다. 단지 충청, 전라 두 도에서 운송되는 것과 요양(遼陽)에서 멀리 운송되는 쌀과 콩에 의지하여 천병(天兵)의 군량에 이바지하고 있습니다. 그런데 소비가 이미 다하여 경성에 저축된 것이 10,000석을 넘지 않으며 그에 더하여 기민들이 사방에서 모여 진구(賑救)가 바야흐로 급하니, 수십 일을 지나지 않아 고갈될 것입니다. 비록 앞의 두 도가 있다 해도 지난해 세량은 조발이 번다했고 경농 또한 피폐하여 납부가 충분하지 못했기에 주둔한 (명) 군병에 공급할 정도에 그쳐 더 남은 것이 없으니 다른 곳에서 운반해 와야만 할 것입니다. 지금 변보(邊報)가 날로 긴급하니 황제의 군대가 강을 건너오면 지급할 비용은 하루가 어려울 것입니다. 군사가 군량이 없다면 무엇으로 접제하겠습니까. 만약 군사를 조발하되 출발에 임하여 바야흐로 군량 지급을 논의한다면 수륙 천리에 시세가 서로 미치지 못할 것이며 소방은 이에 이르러 존망이 결정될 것입니다. 다시 귀사에 바라니, 또한 아울러 부원에 전보(轉報)해서 보병과 기병의 다름을 상량하고 마땅히 군량의 당면한 긴급함을 깊이 유념하시어 정예한 보병을 많이 조발하여 필승의 기세를 떨치고 우선 각처의 양향을 운송하여 군사를 일으킬 때의 쓰임에 대비하신다면 그보다 다행함은 없겠습니다. 이에 마땅히 이자하니 청컨대 검토하시길 바랍니다. 자문이 잘 도착하기를 바랍니다.

이 자문을 총독병부와 요동도지휘사사에 보냅니다.

만력 22년 3월 초6일.

28. 查解賊級
60b-61b(308~310쪽)

朝鮮國王,

爲 查解賊級 事.

該本年正月初九日, 諸道都巡察使權慄 馳啓.
　據 巡邊使李薲 飛報.
　　軍官梁應深等, 帶領精銳牙兵於熊川縣九川等處, 按伏節次, 與賊交鋒, 前後斬獲首級, 共一十一顆, 查送. 等因.
續該十四日, 本官 馳啓.
　據 按伏將訓鍊院正李克一 飛報.
　　卑職統領精銳軍兵, 於蔚山郡農所里地面, 遇賊交鋒臨陣, 斬獲首級一十六顆, 查送. 等因.
又該二月初五日, 本官 馳啓.
　據 助防將等官 洪李男等 飛報.
　　卑職等率領各該官兵, 於東萊縣溫井地面, 與賊交鋒, 斬獲首級一十九顆, 左耳三朶.

又據 巡邊使李薲 飛報.

軍官梁應深等, 抄率精壯牙兵, 於右水營前山等處按伏, 或邀截賊路, 惑相機勦擊, 前後斬獲首級, 共四十一顆, 左耳共二朶, 並驗查送. 等因.

具啓. 當職爲照, 兇賊分據慶尙沿海地面, 日肆搶殺小邦軍兵, 憑仗威靈 逐處血戰, 頗有斬獲之數. 所據級馘, 理宜查送, 專差通事司譯院主簿宋希俊, 管押解赴都司, 轉呈驗納外, 今將級馘該數開坐. 爲此, 合行移咨, 請照詳轉驗施行. 須至咨者.

計開
倭級八十七顆, 倭馘五朶.

右咨遼東都指揮使司.

萬曆二十二年三月初六日.

발신: 조선국왕
사유: 왜적의 수급을 조사한 일입니다.

[조선국왕] 본년 정월 초9일 제도도순찰사 권율(權慄)이 치계했습니다.
  [권율] 순변사 이빈(李薲)이 비보(飛報)했습니다.
    [이빈] 군관 양응심(梁應深) 등이 정예 아병을 인솔하고 웅천현(熊川縣)

구천(九川) 등처에서 잠복하고 있다가 왜적과 교전하여 앞뒤로 참획한 수급이 모두 11과입니다. 조사하여 보냅니다.

[조선국왕] 이어서 14일에 본관(권율)이 치계했습니다.

[권율] 안복장 훈련원정 이극일(李克一)이 비보했습니다.

[이극일] 비직이 정예 군병을 인솔하고 울산군(蔚山郡) 농소리(農所里) 지면에서 적을 만나 전투를 벌여 참획한 수급이 16과입니다. 조사하여 보냅니다.

[조선국왕] 또 2월 초5일에 본관이 치계했습니다.

[권율] 조방장 등 장관 홍계남(洪季男) 등이 비보했습니다.

[홍계남] 비직 등이 각 관병을 인솔하여 동래현(東萊縣) 온정(溫井) 지면에서 적과 교전한 뒤 참획한 수급이 19과이며 왼쪽 귀가 3타입니다.

[권율] 또 순변사 이빈이 비보했습니다.

[이빈] 군관 양응심 등이 정장한 아병을 뽑아 인솔하여 우수영 앞 산 등처에서 잠복했다가, 혹 왜적의 행로를 요격하고 혹은 서로 교전했는데, 앞뒤로 참획한 수급이 모두 41과이며 왼쪽 귀가 모두 2타입니다. 아울러 조사하여 보냅니다.

[조선국왕] 갖추어 온 장계를 받고 당직이 살펴보니, 흉적이 경상도 연해 지면에 나누어 웅거하여 날마다 방자히 소방의 군병을 죽이기에 위령에 기대어 (적이 출몰한) 지역을 좇아 혈전을 벌여 참획한 수가 자못 있습니다. 앞에서 언급한 급괵(級馘)을 사리에 따라 마땅히 조사하여 보내되 통사 사역원 주부 송희준(宋希俊)을 전차(專差)하여 압령하게 해서 도사(都司)에 보내니 검토하여 납부하는 것을 전정(轉呈)하는 외에, 지금 급괵의 숫자를 써서 열거합니다. 이에 마땅히 이자(移咨)하니 청컨대 자세히 살피시고 검토한 숫자를 전보(轉報)하여 주십시오. 자문이 잘 도착하기를 바랍니다.

총계

왜적의 수급 87과, 왜적의 귀 5타.

　이 자문을 요동도지휘사사에 보냅니다.

　만력 22년 3월 초6일.

29. 都司咨會本國預計防禦轉報經略
61b-65b(310~318쪽)

遼東都指揮使司,

爲 預計防禦應敵之機, 以便專責, 以保萬安 事.

本月二十七日辰時, 蒙 欽差總督薊遼保定等處軍務兼理粮餉及防海禦倭軍務兵部左侍郎兼都察院右僉都御史 顧 憲帖.

 准 兵部 咨.

  該本部題, 職方清吏司案呈.

  奉本部送.

   准 經略薊遼保定山東等處防海禦倭軍務兵部右侍郎 宋 咨.

    近准 本部 咨. 該本部題, 議撤兵緣由, 奉聖旨.

     是. 朝廷原以大義興師, 今旣戰勝敵服. 又以何故這所奏. 撤兵事宜俱依擬行. 大兵旣撤, 除劉綎一枝暫留外, 其宋應昌·李如松, 候有倭歸確報, 著便回朝. 以後一應防禦事務, 行該督撫官各遵照勅書, 用心料理, 毋得怠忽.

     欽此. 備咨到職. 欽遵間, 該職看得, 機貴先圖, 事宜畫一. 今大兵議撤, 轉盼冬深, 將及春汛. 雖奉旨, 行督撫料理, 然督撫以本職在, 未免有相礙之嫌, 總兵以提督在, 未免有觀望之意. 且本職與提督, 旣無兵馬之權, 又無地方之任. 彼此遷延, 兩相擔閣, 倘春汛有事, 將何責成. 應咨督撫, 幷備箚各鎭守總兵官, 其遼鎭軍兵先爲派守, 某將管領某路軍兵, 若干俱預行整點, 齊備無事. 照舊屯住防虜, 一遇有警, 則飛調令其分投禦倭, 或救朝鮮, 或防內地. 其薊·遼亦照此派定, 如遼兵不敷, 聽調薊·保協助. 仍申飭各海防, 俱加意修守防禦. 等因.

到部, 送司案呈到部.

爲照, 兵家之不可執者機, 而尤不可失者時也. 東征大兵, 告撤久矣, 乃今已入. 歲抄轉目, 春汛倭奴狂狡, 誠委叵測. 所據經略侍郞 宋 咨議, 申飭防禦事理, 欲要畫一. 雖經臣等咨行督撫議處, 而反覆思之, 一柄兩持, 終有窒礙. 盖經略專東役者也. 而軍馬已撤, 難以運用. 督撫守封疆者也. 而經略尙在, 未便擅理, 故經略一日不還, 卽於督撫一日有礙. 臣曾移書顧韓商確, 亦若臣言. 況臣等前題, 旬日之內, 如有倭歸眞報, 卽聽經略回還, 不然當爲另議, 聲請裁, 業已欽遵. 去後, 今旣旬日餘矣. 昨於初三日, 接得經略書揭, 內稱吳惟忠事. 屢行劉綎查報, 但徃返程途五千餘理, 未能遽至. 須挨其的報, 方敢具題. 而表文至與不至, 則尙未有確報. 夫以倭情如此, 若復遷延, 以待日復一日, 將使督撫愈難措手, 萬一春汛有妨, 孰執其咎. 況封事, 表文至則議, 不至則不議. 臣等固已明言之矣. 若果至也, 經略可奏, 督撫亦可奏. 若竟不至, 而特令經略待之, 似於國體有虧, 故以臣等之愚. 乞將經略·諸臣, 悉從撤還, 令遵屢旨, 即與督撫交代, 其所有防禦應援事體, 假之便宜, 急委料理. 至于川·浙兵失事緣由, 查明至日. 如經略未離地方, 聽經略奏報. 若已交代, 督撫即為具聞. 其表文至與不至, 視為疣贅. 而惟以備禦為專務, 庶可制人而不制於人耳. 臣等非敢為, 經略·諸臣釋負弛擔之地也. 審時勢度事體, 似宜如此. 伏候聖裁. 等因.

萬曆二十一年十二月初五日, 太子太傅本部尚書 石 等 具題. 初七日, 奉聖旨.

是. 大兵盡撤, 宋應昌既難展布, 著與李如松, 俱取回. 但倭情變詐, 未可遽稱事完, 督撫官遙制不便. 顧養謙才略素聞, 著星夜前往彼處, 相機料理, 務保成功. 寫勅與他, 其薊鎮防虜事務, 暫令順天巡撫代管. 宋應昌, 仍候顧養謙至日, 交代回京. 其餘依擬.

欽遵. 擬合就行. 為此, 合咨前去, 煩照本部題, 奉明旨事理欽遵. 查照施行. 等因.

准此. 除通行外, 為照, 本部院奉明旨, 親提大兵, 前來料理, 所據一應, 留守朝鮮兵馬·錢糧, 及防禦機宜, 例應知會朝鮮國王. 為此, 帖仰該司官吏, 即便備云, 咨行國王, 候本部院督臨江邊之日, 該國選差忠勇通練陪臣二員, 過江聽本部院, 譯審倭情, 并該國預備糧餉事體. 仍不得饋送絲毫土儀·禮物. 及照天朝文移自有體, 今後該國王但有應報本部院, 會議事情, 仍照依舊規, 咨行遼東都司衙門, 或將領轉呈本部院施行. 俱毋違·錯·未便, 先具遵行過緣由, 呈報查考. 等因.

蒙此. 擬合就行. 為此, 合行移咨前去, 貴國煩照憲帖·咨文內事理, 候本部院督臨江邊之日, 貴國選差忠勇通練陪臣二員, 過江聽本部院, 譯審倭

> 情, 幷貴國豫備粮餉事體. 仍不得饋送絲毫土儀·禮物. 及照天朝文移自有體統, 今後貴國, 但有應報本部院, 會議事情, 仍照依舊規, 咨行本司, 或將領轉呈本部院施行. 仍希咨回照. 須至咨者.
> 右咨朝鮮國王.
>
> 萬曆二十二年正月二十八日.

발신: 요동도지휘사사
사유: 방어하고 응적할 기회를 미리 계획해서 전담하는 책무를 편히 하고 만전을 보장하시길 바랍니다.

[요동도지휘사사] 본월 27일 진시, 흠차총독계요보정등처군무겸이양향급방해어왜군무병부좌시랑겸도찰원우첨도어사 고(양겸)의 헌첩을 받들었습니다.
  [고양겸] 병부의 자문을 받았습니다.
    [병부] 본부에서 제본을 올렸는데, 직방청리사의 안정에 관한 것입니다.
      [직방청리사] 본부가 보낸 문서는 다음과 같습니다.
        [병부] 경략계요보정산동등처방해어왜군무병부우시랑 송(응창)의 자문을 받았습니다.
          [송응창] 근래에 본부의 자문을 받았습니다. 본부에서 제본을 올려 철병하는 안을 논의하여 성지를 받들었습니다.
            [만력제] 그리하라. 조정이 원래 대의로써 군사를 일으켜, 지금 이미 전쟁에서 승리하고 적이 항복하였다. 또 무엇 때문에 이같이 아뢰는가? 철병에 대한 일은 마땅히 아뢴 대로 행하라. 대병

이 이미 철수하였으니, 유정(劉綎)의 한 부대가 잠시 유둔하는 외에, 송응창(宋應昌)과 이여송(李如松)은 왜적이 돌아갔다는 확보를 기다려 편의에 따라 조정으로 돌아오라. 이후 일체의 방어에 관련한 사안은 해당 독무관이 각자 칙서를 따라 살펴서 마음을 쓰고 헤아려 처리하되 태홀(怠忽)하지 말라.

[송응창] 이와 같이 공경히 받들어 갖추어진 자문이 본직에 도착했습니다. 삼가 받들어 준행하는 사이 해직(該職)이 살펴보니 기회는 먼저 도모하는 것이 중요하고 일은 일관성을 갖는 것이 마땅합니다. 지금 대병(명군)이 철수를 의논하는데, 겨울이 깊어져 춘신(春汛)109)이 다다를 것입니다. 비록 성지를 받들어 독무(督撫)110)로 하여금 헤아려 처리하도록 시키더라도, 독무는 본직(송응창)이 있으므로 서로 거리끼는 혐의를 면할 수 없을 것이며, 총병은 제독(이여송)이 있으므로 관망하는 뜻을 면할 수 없을 것입니다. 또 본직과 제독은 이미 병마에 관한 권한이 없으며, 또 맡고 있는 지방이 없습니다. 피차 지연하고 서로 미루다가 만약 춘신에 일이 생기면 장차 어떻게 책임을 지겠습니까. 마땅히 독무에게 자문을 보내고 아울러 각 진수총병관에게 차(箚)를 갖추어, 요진(遼鎭)의 군병이 우선 파수하도록 하되 모 장수가 모 길목에서 군병을 도맡도록 하며 군사 약간을 모두 미리 정리, 점검해서 대비토록 하여 일이 없도록 해야 할 것입니다. 이전에 주둔하며 오랑캐를 방어한 지역을 살펴 한번 경보를 일으키면 즉시 소집 명령을 내리고 병력을 나누어 투입해 왜(倭)를 제어함으로써 더러는

---

109) 매년 2~3월 황하가 범람하는 때, 즉 봄을 지칭하는 표현이다.
110) 여기서 '督撫'는 고양겸을 가리킨다.

조선을 구하거나 더러는 내지(중국)를 방어할 수 있을 것입니다. 계(薊)·요(遼) 지방 또한 이에 비추어 방어책을 정하고 만약 요동(遼東)의 병사가 충분하지 않더라도 계주(薊州)와 보정(保定)에서 파견해 대기토록 함으로서 협조하게 할 수 있습니다. 덧붙여, 각 해방에 신칙하여 갖추어 수수방어(修守防禦)에 유념하도록 하소서.

[병부] 본부에 도착하여 직방청리사로 문서를 보냈고 그에 대한 안정이 본부에 이르렀습니다.

[직방청리사] 살펴보니, 병가에서 고집해서는 안 되는 것이 기회이며 더욱 잃어서는 안 되는 것이 시기입니다. 동정(東征)의 대병(명군)이 철병을 고한 것이 오래되었고 마침내 지금 이미 들어왔습니다. 군사를 보충하고 눈을 돌리는 사이에 왜노가 봄이 되면 미친 듯이 날뛰게 될지는 진실로 헤아리기 어렵습니다. 앞에서 언급한 경략시랑 송이 자문에서 논의한 바는 방어의 사리를 신칙한 것으로 일관성을 갖는 것에 요체가 있습니다. 비록 신 등의 자문을 거쳐 독무가 의논해 처리토록 한다 해도, 반복해서 생각하건대 하나의 병권을 두 사람이 쥐고 있다면 끝내 방해됨이 있을 것입니다. 대개 경략은 동정 전역(戰役)을 전담한 사람입니다. 그런데 군마가 이미 철수하였으니 운용하기는 어렵습니다. 독무는 봉강을 지키는 사람입니다. 경략이 여전히 주재하여 전적으로 다스리기가 미편한 까닭에 경략이 하루라도 돌아가지 않은 즉 독무에게는 매일 장애가 생길 것입니다. 신은 일찍이 고양겸(顧養謙)과 한취선(韓取善)에게 문서를 보내 의논하여 정하라고 했고 또한 신의 말과 같이 했습니다. 하물며 신 등의 앞선 제본에서, 열흘 이내에 왜적이 돌아간다는 진보(眞報)가 있으면 즉시 경략에게 알려 회환하고 그렇지 않다면 마땅히 따로 논의해 재결해 주실 것을 (황제께)

요청했고 이미 (성지를) 받들어 준수했습니다. 그 후 지금 이미 열흘 남짓입니다. 지난 초3일에 경략의 서게(書揭)를 받아 보니, 오유충에 대한 일을 이야기하고 있었습니다.[111] 유정에게 누차 조사·보고를 하도록 했으나 다만 오고 가는 길이 5,000여 리이기에 (조사한 보고가) 즉시 도달하지 못하고 있습니다. 모름지기 정확한 보고를 상고해야 바야흐로 제본을 갖추겠습니다. 표문[112]이 이르렀는지 이르지 않았는지는 아직 확실한 보고가 없습니다. 무릇 왜정(倭情)이 이와 같은데 만약 다시 미루고 지연하여 나날이 기다린다면, 독무로 하여금 조치하게 하기는 더 어렵게 될 것이니 만일 춘신에 방해되는 일이 생기면 누가 그 허물을 탓할 것입니까. 더구나 책봉에 대한 일은 표문이 이르면 논의하고, 이르지 않으면 논의하지 않는 것입니다. 신 등은 한결같이 이미 명언한 바입니다. 만약 과연 이른다면 경략이 주본을 올릴 것이고 독무 또한 주본을 올릴 것입니다. 만약 끝내 이르지 않는다면 경략에게 특명을 내려 기다리도록 할 것인데, (이 경우) 국체에 어그러짐이 있을 것 같기에 신 등은 걱정하고 있습니다. 바라건대 경략과 제신(諸臣)에게 모두 철환에 따를 것이며, 여러 차례 내리신 성지에 따라 즉시 독무와 교대해서 그 방어, 응원하는 사체에 있어서는 임시로 편의대로 서둘러 처리하도록 하시기를 바랍니다. 사천(四川) 부대와 절강(浙江) 부대의 잘못된 일[113]에 이르러서는 돌아오는 날에 명백히 조사할 것입니다. 만약 경략이 아직 지방을 떠나지 못했다면 경

---

111) 1593년 11월에 있었던 경주(慶州) 안강(安康) 전투에 대한 보고이다. 김경태, 2016, 「임진전쟁기 경주 안강 전투와 강화 교섭 국면의 변동」, 『한국사학보』 62.
112) 도요토미 히데요시의 (항복) 표문을 뜻한다.
113) 1593년 11월에 있었던 경주 안강 전투를 가리킨다. 김경태, 2016, 「임진전쟁기 경주 안강 전투와 강화 교섭 국면의 변동」, 『한국사학보』 62.

략의 주보(奏報)에 따르고 만약 이미 (독무와) 교대했으면 독무가 즉시 아뢰어야 할 것입니다. 표문이 이르고 이르지 않는 문제는 군더더기로 보입니다. 오로지 비어(備禦)에 전념해서 적을 제어하되 제어당하지 않아야 할 것입니다. 신 등이 감히 할 수 있는 바가 아니며, 경략과 제신이 짐을 덜어야 하는 상황입니다. 시세를 살피고 사체를 헤아리니 이와 같습니다. 엎드려 성상의 재결을 기다립니다.

[병부] 만력 21년 12월 초5일에 태자태부 본부상서 석(石) 등이 제본을 갖추어 올렸습니다. 초7일에 성지를 받들었습니다.

[만력제 신종] 그리하라. 대병(명군)이 모두 철수하여 송응창은 이미 능력을 발휘하기 어려워졌으니, 이여송과 함께 모두 돌아오게 하라. 다만 왜정(倭情)이 요변스럽게 달라지니 일이 완료됐는지 자세히 파악할 수 없기에 독무관이 멀리서 제어하기 불편하다. 고양겸의 재략(才略)은 원래 알고 있으니, 속히 저곳으로 가게 하여 기회를 살펴 헤아려 처리함으로써 성공에 힘쓰도록 하라. 칙서를 베껴 쓰는 것과 그 외 계주 군영의 오랑캐를 방어하는 사안은 잠시 순천(順天)의 순무로 하여금 대신 관장하도록 하라. 송응창은 고양겸이 이르는 날을 기다려 교대하고 경사(京師)로 돌아오라. 나머지는 헤아린 대로 하라.

[병부] 삼가 준행하겠습니다. 헤아려 보건대 마땅히 곧바로 시행해야 할 것입니다. 이에 마땅히 자문을 보내니 번거롭겠지만 본부에서 올린 제본과 받은 명지(明旨)의 사리를 살펴 삼가 준행해야 할 것입니다. 잘 살펴주시길 바랍니다.

[고양겸] 이를 받고 두루 시행하는 외에, 살펴보니, 본부원이 밝은 성지를 받들어 친히 대병(명군)을 이끌고 가서 헤아려 처리할 것이며, 앞에서 언급한 일체의 조선을 지키고 있는 병마와 전량 및 방어에 관련한 대책은

전례대로 마땅히 조선국왕에게 알려야 할 것입니다. 이에 게첩을 해사 관리에게 내리니 곧바로 대비해야 한다고 조선국왕에게 자문을 보내되, 본부원이 (압록강) 강변에서 감독할 날을 기다리되 해국에서는 충용하고 경험이 많은 배신 2원을 선발해 보내어 강을 건너 본부원에게 역심한 왜정(倭情)과 해국이 예비한 양향의 사체 등을 들려 주도록 하십시오. 덧붙여, 아래 예물도 보내지 말도록 하십시오. 아울러 천조의 문이를 살펴보면 원래 체재가 있으니 앞으로 국왕은 오직 본부원에만 보고할 것이며 회의한 사정은 옛 규정을 살펴 요동도사 아문에 자문을 보내거나 혹은 본부원으로 대신 정문하도록 하십시오. 모두 위반·착오·미편함이 없도록 할 것이며 앞서의 이미 준행한 연유를 갖추어 정문으로 보고해서 (본부원이) 살펴 조사할 수 있도록 하십시오.

[요동도지휘사사] 이를 받드니, 곧바로 시행해야 하겠습니다. 이에 마땅히 이 자하여 보내니, 귀국은 번거롭더라도 헌첩(憲帖)과 자문 내의 사리를 살펴, 본부원이 강변에서 감독할 날을 기다릴 것이며, 귀국에서는 충용하고 경험이 많은 배신 2원을 선발해 보내어 강을 건너 본부원에게 역심한 왜정과 귀국이 예비한 양향의 사체 등을 들려 주도록 하십시오. 덧붙여, 어떠한 선물용 현지 물산이나 예물도 보내지 마십시오. 아울러 천조의 문이를 살펴보면 원래 체통이 있으니, 앞으로 귀국은 다만 본부원에 보고할 것이며, 회의한 사정은 옛 규정을 살펴 본사에 자문을 보내거나 혹은 본부원으로 대신 정문하도록 하십시오. 아울러 자문에 대해 회답해 주시기 바랍니다. 자문이 잘 도착하기를 바랍니다.

이 자문을 조선국왕에 보냅니다.

만력 22년 정월 28일.

30. 回咨
65b-66a(318~319쪽)

朝鮮國王,

准來咨該 爲 預計防禦, 應敵之機, 以便專責, 以保萬安 事 云云. 等因.

准此. 爲照, 總督部院, 新承明命, 經理軍務, 而轉令小邦選差陪臣二員, 聽候譯審倭情等句當. 仍令不得饋送土儀, 又令一應文移, 照依舊規. 其委曲周詳, 一至於此, 小邦君臣, 不勝感激. 就差陪臣議政府左參贊沈喜壽·工曹參判許筬二人, 星馳前往等, 候督部過江聽候外, 仍照土儀·禮物, 小邦例於天朝使臣, 有些少之禮, 以將誠敬. 今蒙轉諭. 實深慚懼. 文移體統, 小邦敬事. 天朝二百年于茲, 豈不知遵行舊例. 第緣兇賊肆毒, 禍急然[114]眉, 妄料轉報之間, 有所遲延, 節將緊急聲息, 干冒嚴威. 除遵依咨旨, 照舊轉呈外, 爲此, 合行回咨, 請照驗轉報施行. 須至咨者.
右咨遼東都指揮使司.

萬曆二十二年三月初六日.

---

114) '燃'을 잘못 쓴 글자이다. '燃'으로 교감한다.

발신: 조선국왕

사유: 보내온 자문을 받으니, 「방어하고 응적할 기회를 미리 계획하여, 전담하는 책무를 편히 하고 만전을 보장하기 바랍니다. 운운」 했습니다.

이를 받고 살펴보니, 총독부원이 새로이 밝은 명령을 받들어 군무를 경리하고 명령을 전달하니 소방에서 배신 2원을 선발, 파견하여 명령을 기다렸다가 역심(譯審)한 왜정(倭情)을 알려 주는 일을 맡아 달라고 했습니다. 이어서 토의(土儀)를 보내지 말 것과 일체의 문이(文移)를 옛 규정에 의거할 것을 명했습니다. 그 두루 상세함이 한결같이 여기에 미치니, 소방의 군신은 감격을 이길 수 없습니다. 배신 의정부좌참찬 심희수(沈喜壽)와 공조참판 허성(許筬) 2인을 즉시 차출하여 서둘러 보내고 독부가 강을 건너오는 것을 기다려 대기하는 것 외에, 덧붙여 토의·예물에 대한 것을 살펴보면, 소방은 천조에서 오는 사신에 대한 규례에 있어서 작은 예의라도 정성과 공경을 기울였습니다. 지금 대신 전해 받은 (황제의) 유시를 받드니 실로 심히 부끄럽고 두렵습니다. 문이의 체통은 소방이 공경하는 일입니다. 천조 200년, 여기에 이르기까지 어찌 옛 규례를 준행하지 않았겠습니까. 다만 흉적이 독을 풀어 화를 입으니 다급해져 눈썹을 태울 정도가 됐기에 전보(轉報)하던 중 지연된 바가 있었다고 망령되이 생각하다가 여러 차례 군사와 관련한 긴급한 소식과 관련하여 준엄한 위엄에 저촉했습니다. 자문의 뜻을 준행하고 옛 규례를 살펴 대신 정문하는 것 외에, 이에 마땅히 회자하니 청컨대 잘 살펴 전보하시길 바랍니다. 자문이 잘 도착하기를 바랍니다.

이 자문을 요동도지휘사사에 보냅니다.

만력 22년 3월 초6일.

31. 顧軍門咨會勅諭事理
66a-67b(319~322쪽)

遼東都指揮使司,

爲 欽奉勅諭 事.

本月初三日申時, 蒙 欽差總督薊遼保定等處軍務兼理粮餉及防海禦倭事務 兵部左侍郞兼都察院右僉都御史 顧 憲帖.

照得, 本部院, 欽奉皇帝勅諭.

兵部左侍郞兼都察院右僉都御史 顧, 近該兵部題請, 撤回經略諸臣, 令其與督撫交代, 以便專責. 朝廷以爾累薦, 邊才習知遼事. 若只以文書交代, 恐倭情叵測, 邊制爲難. 今特命爾星馳到彼, 料理防海禦倭事宜, 嚴督各該撫鎭等官, 將遼東·山海·寶坻·天津一帶沿海等處地方水陸官兵, 悉聽爾指授方略, 隨機戰守. 其留守朝鮮將領, 劉綎等兵馬, 亦聽節制, 酌量進止. 若倭勢緊急, 卽照題准事例, 傳調薊·保·宣·大·山西各鎭兵馬, 隨在策應. 如無狂逞情形, 亦要體訪眞確, 從宜區處奏聞. 其大小將領官, 敢有觀望不前及輕率僨事者, 各照重經, 軍法處治. 其勅內該載未盡事, 宜俱聽爾從長酌處, 不從中制.

在內薊鎭防虜事務, 除常行文移, 及緊急聲息, 暫令巡撫衙門代理外, 其餘一應印務還屬爾掌管. 爾受玆簡命, 宜竭忠運籌殫力任事, 務使保全屬國肅淸海氛. 斯副專倚, 事完, 復命回鎭, 朝廷將圖爾之功. 如或支吾怠忽, 責有所歸. 爾其欽承之. 故諭.

欽此. 除本部院, 欽遵外, 擬合通行. 爲此, 帖仰本司, 照帖備奉勅諭事理, 卽便備云, 咨會朝鮮國王, 一體欽遵施行.

蒙此. 合咨前去, 貴國煩照咨文內事理, 欽遵, 査照知會施行, 仍希咨回照. 須至咨者.

右咨朝鮮國王.

萬曆二十二年二月初四日.

발신: 요동도지휘사사

사유: 삼가 칙유를 받드시길 바랍니다.

[요동도지휘사사] 본월 초3일 신시, 흠차총독계요보정등처군무겸이양향급방해어왜사무병부좌시랑겸도찰원우첨도어사 고(양겸)의 헌첩을 받았습니다.

[고양겸] 살펴보건대, 본부원이 황제의 칙유를 공손히 받들었습니다.

[만력제] 병부좌시랑겸도찰원우첨도어사 고(양겸), 근래에 병부에서 제본으로 청했기에 경략·제신은 철수하고 녹부와 교대하게 하여 전담하는 책임을 편히 하도록 했다. 조정에서 너를 여러 번 추천했는데 변방을 지킬 재목으로서 요동(遼東)의 일을 익히 알고 있기 때문이다. 다만 문서

로써만 교대한다면 왜정(倭情)을 헤아리기 어려워 변방을 제어하기 어려울 듯하다. 지금 너에게 특명을 내리니, 저곳으로 성화와 같이 나아가 바다를 방어하고 왜적을 막는 사의(事宜)를 헤아려 처리하되 각 무진 등의 관원을 엄히 감독하여 요동·산해(山海)·보지(寶坻)·천진(天津) 일대의 연해 등처에 있는 지방의 수륙관병은 모두 너의 지시를 따르도록 하고 기회를 좇아 전수(戰守)하도록 하라. 조선에 남아 있는 장령과 유정(劉綎) 등의 병마 역시 (너의) 통제에 따라서 진퇴를 헤아리도록 하라. 만약 왜적의 정세가 긴급해지면 즉시 제본을 올려 받은 사례에 의거해서 계주(薊州)·보정(保定)·선부(宣府)·대동(大同)·산서(山西) 각 진의 병마를 조발해 이동시키되 상황에 맞게 상호 협력토록 하라. 만약 날뛰는 정형이 없더라도 직접 가서 알아내고 정확히 확인해서 마땅한 바를 따라 변통하여 처리하고 주문(奏聞)하라. 대소 장령관 중에서 감히 관망하며 나아가지 않거나 경솔히 일을 그르치는 자는 각각 경중을 살펴 군법으로 처치하라. 칙유 내에 충분히 실려 있지 않은 일은 마땅히 네가 좋은 쪽으로 헤아려 처치하고 조정의 절제를 따르지 말라. 내지의 계주 군영이 오랑캐를 막는 사무에 있어서는 일상적으로 문이(文移)하고 긴급한 소식에 미쳐서는 순무아문에 잠시 대리하게 하는 외에, 그 나머지 결제와 인사(人事)는 일체 너의 관장에 속하도록 하라. 너는 이 선발의 명을 받아 마땅히 충성을 다하여 방책을 세우고 힘을 다하여 일을 맡아서 힘써 속국이 보전되고 바다의 재앙이 깨끗이 사라지게 해야 할 것이다. 여기에 부합되도록 오로지 맡기는 것이니 일이 완성되면 다시 회진(回鎭)할 것을 명하고 조정에서 너의 공을 헤아릴 것이다. 혹시라도 거스르거나 소홀하게 한다면 책임이 너에게로 돌아갈 것이다. 공경히 받들라. 이에 유시한다.

[고양겸] 이와 같이 공경히 받들어 본부원에서 삼가 준행해야 하는 외에, 헤아려 보건대 마땅히 두루 시행해야 할 것입니다. 이에 첩을 본사에 내리니, 첩에서 갖추어 칙유로 받든 사리를 살펴 곧바로 준비하라는 내용을 조선국왕에게 자문으로 알리고 일체 삼가 준행하도록 하십시오.

[요동도지휘사사] 이를 받들어 마땅히 자문을 귀국에 보내니, 번거롭겠지만 자문 내 사리를 살펴 삼가 준행하고 잘 살펴 알리시길 바랍니다. 아울러 자문으로 회답해 주시기 바랍니다.

이 자문을 조선국왕에게 보냅니다.

만력 22년 2월 초4일.

32. 回咨
67b-68b(322~324쪽)

朝鮮國王,

准來咨該 爲 欽奉勅諭 事 云云. 等因.

准此. 當職爲照, 總督軍門原奉勅內該載, 其留守朝鮮兵馬, 亦聽節制, 若倭勢緊急, 傳調薊·保·宣·大·山西各鎭兵馬, 隨在策應. 務使保全屬國, 肅淸海氛. 斯副專倚, 事完, 復命回鎭等諭. 丁寧反覆, 罔非子視小邦, 終始拯濟之德意. 當職與一國臣民感激, 鴻私粉糜難報. 除照依咨內文事理, 欽遵施行外, 仍照兇賊留邊, 狡詐百端, 誘以講和, 按營不動, 而添兵造船, 爲備益厚. 今據各該傳報, 聲息十分緊急, 如是少有遲延, 恐至大誤事機. 煩乞貴司, 劃卽轉報, 特加料理, 亟行征勦, 遏伊賊肆兇之計, 存小邦垂亡之命, 不勝幸甚. 爲此, 合行回咨, 請照驗轉報施行. 須至咨者.
右咨遼東都指揮使司.

萬曆二十二年三月初六日.

발신: 조선국왕

사유: 조선국왕이 보내온 자문을 받으니, 「칙유를 삼가 받드는 일입니다. 운운」 했습니다.

이를 받고 당직이 살펴보건대, 총독군문이 받든 칙유의 내용은, 「조선에 남아 수비하고 있는 병마 또한 절제에 따를 것이며, 만약 왜적의 정세가 긴급하다면 계주(薊州)·보정(保定)·선부(宣府)·대동(大同)·산서(山西) 각 진의 병마를 조발하여 이동시키되 상황에 따라 상호 협력토록 하며, 속국을 보전하고 바다의 재앙을 깨끗이 사라지게 하는 데 힘쓸 것이다. 이에 부합되도록 오로지 맡기는 것이니 일이 완성되면 다시 회진(回鎭)을 명할 것이다.」라는 유시였습니다. 간절하고 반복되게 소방을 아껴서 끝까지 구제하려는 덕의(德意)가 아님이 없습니다. 당직은 나라 전체의 신민과 더불어 감격하니 특별한 큰 은혜에 몸이 가루가 되고 문드러진다고 해도 보답하기 어려울 것입니다. 자문 내의 사리를 살펴 삼가 준수하여 시행하는 외에, 또한 흉적이 변방에 머물며 둔거하는 것을 살펴보면 교활하고 속이는 것이 백 가지인지라, 강화를 핑계하면서 진영에 머물며 움직이지 않고는 있으나 병사를 늘리고 선박을 제조하여 준비하는 모양이 더욱 농후합니다. 지금 임무를 맡은 이들이 전해 온 보고에 의하면, 준동의 소문이 전적으로 긴급하여 조금이라도 지연된다면 일의 기미를 크게 그르칠까 두렵습니다. 번거롭겠지만 귀사에서는 곧바로 전보(轉報)하여 조치를 특별히 더해 주셔서 속히 정초(征勦)하여 저 적이 독을 풀어 놓으려는 계략을 막고 소방이 멸망하려는 명운을 보존해 준다면 크게 다행이겠습니다. 이에 마땅히 회자하니 청컨대 밝게 살펴 전보(轉報)해 주십시오. 자문이 잘 도착하기를 바랍니다.

이 자문을 요동도지휘사사에 보냅니다.

만력 22년 3월 초6일.

33. 本國請速運天粮
68b-69b(324~326쪽)

朝鮮國王,

爲 乞速運欽賜米豆, 以濟軍餉, 以賑民飢 事.

議政府 狀啓.
　據 謝恩陪臣刑曹判書金睟 呈.
　　蒙 總督軍門面諭. 節該.
　　　倭奴不動, 山東糧餉必不搬運. 等因.
據此. 節照, 卽今凶賊據邊爲謀益密. 如値衝突之後, 方要交運糧餉, 雖星火催督, 勢必不及, 非徒大軍供億, 及留守軍粮, 有所缺乏. 本國飢民, 日聚都城, 無以賑救, 擧將塡壑. 合無備將前因移咨遼東都司轉稟, 總督軍門多撥本國船隻, 前往金州衛地面, 將所據糧餉, 作速搬運, 以濟軍國之用. 相應. 等因.
具啓. 得此. 當職爲照, 本賊添兵造船, 凶計叵測. 衝突之虞實急目前. 肆毒之後, 方要搬運糧餉, 雖加催倂, 道里懸遠, 勢必不及, 大軍供億, 留兵糧餉, 委的無以接濟. 兼且小邦倉儲罄竭, 賑救無策, 孑遺生民糜爛殆盡.

煩乞貴司, 將這事意, 轉稟總督軍門, 著令小邦調發船隻, 前往金州海上, 所據粮餉, 作速搬運, 以濟軍國之用, 不勝幸甚. 爲此, 合行移咨, 請照驗轉稟施行. 須至咨者.
右咨遼東都指揮使司.

萬曆二十二年三月　日.

발신: 조선국왕
사유: 속히 황제께서 하사하는 쌀과 콩을 운반하여 군향과 기민을 위해 쓰게 하시길 바랍니다.

[조선국왕] 의정부로부터 장계가 올라왔습니다.
　[의정부] 사은사로 간 배신 형조판서 김수(金睟)가 정문을 올렸습니다.
　　[김수] 총독군문을 직접 만나 유시를 받들었습니다. 대략 다음과 같습니다.
　　　[총독군문] 왜노가 움직이지 않으니 산동(山東)의 군향을 결코 (조선으로) 운반할 수 없다.
[의정부] 이를 받고 가만히 살펴보니, 지금 흉적이 변방을 점거하고 음모를 만드는 것이 더욱 은밀해지고 있습니다. 만약 적이 쳐들어온 후에 바야흐로 곡식을 보낸다면 성화와 같이 재촉을 해도 형세가 반드시 미치지 못할 것이니, (조선으로 들어오는) 대군을 위한 공급과 (조선에) 머물러 지키는 (명) 군대를 위한 군량에 부족할 뿐이 아닐 것입니다. 본국의 굶주린 백성

들이 날마다 도성에 모이는데 이들을 구제할 수 없어서 모두 (그들의 시신이) 산골짜기를 메울 것입니다. 마땅히 갖추어 이번 자문과 관련하여 요동도사(遼東都司)에게 이자하고 (총독군문에) 전품(專稟)하도록 하여 총독군문이 본국의 선척을 많이 뽑아 금주위(金州衞) 지역으로 보내 앞에서 언급한 군향을 즉시 운반해 명군과 조선을 위해서 쓰는 것이 어떨까 합니다.

[조선국왕] 갖추어 온 장계를 받고 당직이 살펴보니, 일본군이 병사를 증원하고 선박을 만들고 있어 흉측한 계획을 헤아리기 어렵습니다. 충돌할 수 있다는 염려가 실로 급합니다. 적이 독을 풀고 나서야 곡식을 운반한다면 독촉하려 해도 길이 현격하게 멀어 형세상 반드시 미치지 못할 것이니, 대군에게 공급하고 (조선에) 머물러 지키는 명군에게 지급할 곡식을 기필코 접제할 수 없을 것입니다. 그리고 소방이 창고에 비축해 둔 곡식은 모조리 소진되어 굶주린 백성을 구제할 방책이 없기에 죽지 않고 살아남은 백성들이 문드러져 거의 다 죽게 됐습니다. 번거롭겠지만 귀사에서는 이러한 사의(事意)를 총독군문에게 전품(專稟)하여 소방에서 선박을 조발해 금주 해상으로 나아가 앞에서 언급한 곡식을 속히 운반하여 군국(軍國)의 용도로 쓸 수 있게 해 주시면 큰 다행이겠습니다. 이에 마땅히 이자하니 청컨대 살펴 전품(專稟)하여 주시길 바랍니다. 자문이 잘 도착하기를 바랍니다.

이 자문을 요동도지휘사사에 보냅니다.

만력 22년 3월 일.

34. 本國請運糧賑飢
69b-71a(326~329쪽)

朝鮮國王,

爲 運粮賑飢, 以活民命 事.

議政府 狀啓.

  據 戶曹 呈.

    京畿粮餉, 原儲不敷, 而近因支放浩繁經用兼竭, 日後賑救飢民, 委的缺乏.

  續據 諸道觀察使 各呈.

    內自畿, 外至四遠, 公私蓄積, 一切匱竭, 民皆餓死, 積屍遍野, 至於人相食, 且盡慘不忍見. 等因.

具呈前來. 查照, 先該, 本年二月內, 臣等將倉儲告乏, 賑救無策等情, 已經啓. 准移咨經略委官胡處, 轉稟總督軍門, 懇乞催運山東粮餉, 以救孑遺垂死之民. 去後, 今該前因. 爲照, 民食已絶, 生類將盡. 事勢日急, 無路籲踈. 而即目遊擊將軍周方在舘, 所沿路所見, 想必惻然. 合無移咨本府, 再乞轉稟總督根前, 劃令本國船隻, 前去金州衞海口, 將運到山東糧餉, 星夜裝運接濟. 相應. 等因.
具啓. 當職爲照, 小邦自遭兵燹, 各邑儲峙, 旣皆蕩然, 而民廢耕農, 田野抛荒, 拮据收拾, 以供軍餉, 經今三載. 殫竭已極, 餓莩相枕, 日以萬數. 當職叨主一邦, 坐視而不能救, 忘寢廢食, 罔知攸濟. 仍念倭賊, 屯據邊疆, 凶謀叵測, 衝突之患, 朝夕可虞. 倘大兵出來征剿, 而糧餉未到, 則如遠水不能救近火, 豈不有誤大計. 況蹉過時, 日延到夏, 遼海路陰霾, 船運尤難. 煩乞貴府, 俯諒此等情, 節備將急缺緣由, 轉稟總督部院. 將已到金州糧餉, 如未能運卸義州, 許令小邦駕海船隻, 前赴金州衛口子, 查將上年欽賜山東糧餉, 裝運前來, 一以賑救飢民, 一以接濟軍餉. 仍令遼東都司, 差委諳慣水手, 指導經行水路, 及移文本衛該管糧餉官員, 作速明白交付, 以畢聖天子普濟之恩, 不勝幸甚. 爲此, 合行移咨, 請照驗轉稟施行. 須至咨者.
右咨遊擊將軍周.

萬曆二十二年三月十六日.

발신: 조선국왕
사유: 굶주린 백성을 위하여 군량을 운반해 백성의 목숨을 구하는 일입니다.

[조선국왕] 의정부의 장계를 받았습니다.
　[의정부] 호조가 정문을 올렸습니다.
　　[호조] 경기의 군량은 원래 보관한 것이 충분하지 못하고 근래에는 인역(人役)에 대한 급료 지급이 많았으며 경상비도 동시에 고갈되어 앞으

로 굶주린 백성들을 구제하기 위한 양식은 분명 부족할 것입니다.

[의정부] 이어서 각 도에서 관찰사들이 정문을 올렸습니다.

[각 도관찰사] 안으로는 경기에서부터 밖으로는 사방의 끝에 이르기까지 공사 모두 비축한 식량이 모두 고갈되어 백성들이 모두 굶어 죽어 시체가 들판에 쌓여 가고 있으며 급기야 서로가 잡아먹는 데 이르니, 또한 극히 참혹하여 차마 눈 뜨고 볼 수가 없습니다.

[의정부] 갖춘 정문이 도착했습니다. 조사해 보건대, 앞서 올해 2월 중 신 등이 창고의 비축 양식이 고갈되고 있음을 보고하면서 진휼 방책이 없다는 내용으로 이미 장계를 올렸습니다. 그리고 경략위관 호(澤)에게 자문을 보내어 총독아문에게 전품(專稟)하기를, 「간절히 바라건대, 산동의 군량을 급히 운송하셔서 죽지 않고 살아남은 백성들을 구제하여 주십시오.」라고 했습니다. 이러한 조치를 다한 후 이번에 위의 정문을 받았습니다. 생각해 보건대, 백성들은 먹을 것이 이미 끊겼고 살아 있는 것은 모두 죽을 판입니다. 사세가 날로 급한데 구제할 방책이 없습니다. 지금 유격장군 주(홍모)[115]가 관사에 머무르며 지나온 도로에서 본 것에 대해서 반드시 측연함을 느꼈을 것입니다. 본부에 이자하여 재차 총독에게 전품(專稟)해서 즉시 본국의 선척들이 금주위(金州衛) 어구로 나아가 산동(山東)에서 온 군량을 보관하는 곳에 도착하여 성화같이 실어 와서 접제할 수 있도록 하는 것이 어떨까 합니다.

[조선국왕] 갖추어 온 장계를 당직이 살펴보건대, 소방이 병화를 맞이한 이후로 각 읍에 저장한 양식이 모두 고갈되고 백성이 농사짓기를 그만두어 전야가 황폐하나 어렵게 수습하여 군향을 공급한 지 3년이 흘렀습니다. 기력이 다하여 죽은 자들이 서로를 베고 누운 것이 날마다 만 명에 이릅니다. 당직

---

115) 주홍모(周弘謨, ?~?)이다.

이 한 나라를 외람되이 맡으면서 앉아서 보고는 구할 능력이 없기에 침식을 잊고 식사를 폐하면서도 구제할 바를 알지 못하겠습니다. 덧붙여, 왜적에 대해 생각해 보건대, 변방에 둔거하면서 그 흉모는 헤아리기가 어려우니 충돌할까 하는 근심이 아침저녁으로 듭니다. 만약 대병(명군)이 출병해서 정벌하려 할 때 군량이 도착하지 않는다면, 마치 너무 먼 곳의 물로 가까운 곳의 불을 끌 수 없는 것과 같으니, 어찌 큰 계획을 그르침이 있지 않겠습니까. 하물며 시간이 흘러 때는 여름이 됐는데도 요동의 바닷길은 험난하여 선운이 더욱 어렵습니다. 번거로이 바라건대 귀부에서는 이러한 사정을 살피시어, 위급할 정도로 궁핍해진 연유를 알맞게 문서로 갖추어 총독부원에 전품(專稟)하여 주시길 바랍니다. 금주에 이미 도착해 있는 군량을 만약 의주(義州)로 실어 나를 수 없다면, 소방에서 바다로 선척을 보내서 금주위 어구로 가서 작년에 황제께서 하사한 산동 군량을 조사하여 실어 (조선으로) 운반해 와 한편으로는 굶주린 백성들을 구하고 한편으로는 군향으로 접제하도록 하십시오. 이에 요동도사(遼東都司)에 명하여 능숙한 선원을 선발해 수로 통과를 안내하도록 하고 본위(금주위)의 곡식을 관리하는 관원에게 이문하여 속히 분명하게 교부(交付)하게 해서 성천자(聖天子)의 넓게 구제하는 은혜를 완성한다면 매우 다행이겠습니다. 이에 마땅히 이자하니, 청컨대 잘 살펴 전품(專稟)하여 주시길 바랍니다. 자문이 잘 도착하기를 바랍니다.

　이 자문을 유격장군 주(홍모)에게 보냅니다.

　만력 22년 3월 16일.

# 35. 回咨
71a(329쪽)

欽差總督薊遼軍門標下遊擊將軍 周,
爲 運粮賑飢, 以活民命 事.

本月十六日, 准朝鮮國王咨. 前事. 該本職備云, 咨文內事理, 具稟總督部院, 付撥軍飛遞去訖. 理合回復. 爲此, 合用手本前去, 朝鮮國王煩爲查照施行. 須至手本者.
右用手本朝鮮國王.

萬曆二十二年三月十七日.

발신: 흠차총독계요군문표하유격장군 주(홍모)
사유: 굶주린 백성을 위하여 군량을 운반해 백성의 목숨을 구하는 일입니다.

[주홍모] 3월 16일에 조선국왕의 자문을 받았습니다. 전사(前事)[116]에 관한

---
116) 본 문서의 사안인 '爲運粮賑飢以活民命事'를 가리킨다.

것입니다. 해당 내용과 관련하여 본직이 준비해 주시기를 바란다는 자문 내 사리를 총독부원(總督部院)에게 모두 아뢰었는데, 파발에 부쳐 보냈습니다. 이치상 마땅히 회신해야 할 듯합니다. 이에 마땅히 수본을 조선국왕께 보내니 번거롭더라도 살펴 시행하시길 바랍니다. 수본이 잘 도착하기를 바랍니다.

수본을 조선국왕께 보냅니다.

만력 22년 3월 17일.

36. 周遊擊前揭
71a-74a(329~335쪽)

大人承總督部院之命, 跋涉千里, 期以拯濟小邦, 斯已勤矣. 乍接光儀, 獲聞譚論, 其爲小邦慮至矣. 感刻于中, 不知所喩. 但緣旋駕, 忽忽不能盡所欲言, 以此悒悒耳. 伊賊雖爲請封請貢之言, 未實斂衆回巢, 以待天朝之處置, 乃分據我南邊八九邑, 一邊迭出侵掠, 天兵亦被殺傷, 一邊譸爲是說, 以觧戰士之心. 其出於欲緩天兵之再來, 而厚集其勢, 爲抗拒王師之計者, 蓋無所疑. 古人所謂, 無事而請和者謨也, 殆近之矣. 前後邊報, 固以爲倭賊, 據我境者, 逐處設柵甚固. 又屯聚小邦海島巨濟縣地, 巨濟多產船材. 賊乃經年據此, 砍木造船. 本縣又與全羅相望, 颶風飄忽, 一日可到. 又賊隨所在, 墾地耕種, 爲久駐計. 而金海府地, 則苗種一望無際. 又自巢穴, 運粮添兵, 後先出來, 益張其勢. 此其計將欲何爲. 誠心封貢之請者, 其敢挾兵勢而相要乎. 觀其事情, 不再吞噬小邦, 決不但已小邦. 創殘餓羸之兵, 旣難望其小嬰兇鋒, 而天兵之防守者, 堇堇五千新調之兵, 又遠在數千里之外, 勢不相及賊. 若於呼吸之間, 極其兵力先陷全羅, 又分道西向, 則長驅之勢, 孰得以遏之哉. 竊恐議封議貢之未了, 而小邦之覆亡, 更無可救之地也. 此所以小邦君臣忘寢廢食, 日竣天兵之過江, 不啻大旱之雲霓者也. 天朝哀憐小邦, 旣務終始保全, 湛恩汪濊, 普遍東土. 小邦唯期糜粉以報, 不敢更有他說以溷明聽, 而事係危急, 勢難終嘿, 敢遂言之. 天兵又當以小邦之故, 勞苦遠來. 一入小邦之境, 凡沿路及駐箚處軍餉, 小邦本當接濟, 而師旅三年, 民失耕種蕩敗之餘, 旣無稅入, 倉廩又竭, 大兵粮餉, 百計無策. 曾聞山東糧米欽賜小邦者, 多至十萬石云. 有望亟報總督軍門, 先運粮米而大兵繼其後, 則饋餉無缺, 方可濟事, 不任懇祝之至. 且見總督榜文, 則有釜山倭戶之說. 曩在先王之時, 曾許倭奴, 往來買賣從海路, 來泊于熊州縣之薺浦, 或泊於東萊縣之釜山·薺浦等處. 因有倭奴造草房而留住者. 然只是奇遇仍居, 以便關市之利而已. 在正德五年庚午, 先恭僖王時, 釜山僉使李友曾, 鞭撻倭奴致其積憤, 釜山·薺浦之倭通謀作亂, 乘夜陷城. 我國以安潤德爲都元帥, 黃衡·柳聃年爲左右防禦使, 使領兵進討剿滅無遺. 聞德報捷之書有曰, 薺浦之水盡赤者, 相傳以爲媮快, 小邦至今, 猶稱庚午年赴戰. 其時燒撤倭奴所造草屋, 無一存者, 更不許仍住邇來, 八十年于玆矣. 小邦輿地勝覽, 有新舊兩本, 舊本撰於庚午以前, 故釜山項下有倭戶之文. 新本之撰在於庚午年後, 故新增有倭謀作亂, 乘夜陷城遣將討平, 遂不許居等語. 此是据實, 開卷便可按覩, 非可誣也. 天朝子視小邦, 旣同一家, 而今此榜文, 乃若未悉小邦事情者. 然竊恐伊賊見之而自幸也. 幷望轉稟軍門, 明其不然如何. 仰恃急人之高義, 敢布肝膈之言. 惟盛亮而矜察之萬幸.

대인은 총독부원의 명을 받아 천 리를 건너오셔서 소방을 구원하기를 기필하였으니 이야말로 이미 근면하신 것입니다. 잠시나마 얼굴을 뵙고 말씀을 들으니, 소방을 위해서 염려하심이 지극하십니다.117) 감격함이 심중에 새기어 말할 바를 모르겠습니다. 다만 돌아와서는 문득 말하고 싶은 바를 다하지 못했다는 생각에 아쉬움이 있습니다. 왜적이 비록 책봉을 청한다거나 조공을 청한다고 하지만 실제로는 무리를 모아 소굴로 되돌아가 천조의 처치를 기다리는 것이 아니라, 우리 남쪽 변방 여덟아홉 읍에 나누어 둔거하면서 한편으로는 교대로 나와 침략하여 천병도 살상을 당했고 한편으로는 오만하게 이런 설을 만들어 싸우는 군사의 마음을 흐트러뜨리고 있습니다. 천병의 재출병을 늦추고 자신들의 힘을 두텁게 결집해서 왕사(王師)에게 저항하려는 계책에서 나온 것임은 의심할 바가 없습니다. 옛 사람이 말했듯이 아무 일이 없음에도 화친을 청하는 것은 모략이라고 했으니, 아마도 이것에 가깝습니다. 전후로 변경에서 온 보고를 보면 실로 왜적 중 우리의 변경에 둔거하는 자들이 곳곳에 설치한 성책이 매우 견고하다고 합니다. 또한 소방의 섬인 거제현(巨濟縣) 지역에 둔취하고 있는데, 거제에서는 선박용 목재가 많이 생산됩니다. 왜적이 이에 여러 해 동안 이곳을 점거하고 나무를 베어 배를 만들고 있습니다. 더구나 본현은 전라도와 서로 마주 보고 있어 큰 바람을 타고 가면 하루 만에 도달할 수 있습니다. 또한 적들이 둔거하는 곳마다 땅을 개간하고 농사를 지으니 오래 주둔하려는 계략입니다. 그리고 김해부(金海府) 지역은 (저들이) 모종하고 있는 것이 아득하게 끝없이 펼쳐져 있습니다. 또한 본토로부터 군량을 운반하고 병력을 증원하는 것이 계속 이어져 적들의 세력이 더욱 장대해지고 있습니다. 이 계략은 장차 무엇을 위한 것일까요. 성심으로 봉공을 청한다고 하면서 감히 군사력을 끼고서 요청합니까.
그 사정을 살피건대, 다시 소방을 삼키려 하지 않는다고 하지만 결코 소방으로 그치지 않을 것입니다. 다치고 쇠잔하여 파리한 군사들은 이미 저 작은

---

117) 주홍모가 선조(宣祖)를 접견한 내용은 『선조실록』에 실려 있다. 『宣祖實錄』卷49, 宣祖 27年 3月 癸巳(15日).

(왜적의) 흉봉을 살펴보기조차 어렵고, 천병 중 방수하고 있는 병력은 겨우 5천의 새로 조발한 군사들인 데다 또 멀리 수천 리 밖에서는 힘이 서로 미치지 못할 것입니다. 적이 만약 호흡지간에 전력을 극대화해서 먼저 전라도를 함몰시키고 또 길을 나누어 서쪽으로 향한다면, 승승장구하는 기세를 누가 막을 수 있겠습니까. 책봉과 조공 논의가 끝나기 전에 소방은 엎어져 망하여 다시 구원할 틈도 없을까 두렵습니다. 이것이 바로 소방의 군신이 잠을 못 이루고 먹지 못하며 날로 천병이 강을 건너기를 기다림이 큰 가뭄에 비구름을 기다림과 같을 뿐만이 아닌 것입니다. 천조가 소방을 불쌍히 여기시어 이미 끊임없이 보전에 힘쓰시니 깊은 은혜가 충만하여 동토(東土)를 뒤덮습니다. 소방은 오직 문드러져 가루가 되어야 (명에 대한) 보답을 기약할 수 있기에 감히 다시는 다른 말로 총명을 흐리게 하지 못하나, 일이 긴급함에 관계되기에 형세상 끝내 묵묵히 입 다물고만 있기 어려워 감히 말한 것입니다. 천병은 또한 소방의 일로 인해서 먼 곳에서 와서 애쓰고 있습니다. 일단 소방의 경내로 들어오면 무릇 지나가는 길과 머무는 곳의 군향을 본디 소방이 접제해야 했었는데, 군사가 움직인 3년 동안 백성들이 농사짓지 못하고 탕패한 나머지 벌써 세입이 들어오지 않고 창고도 고갈돼 대병의 군량 공급에 관해서는 대책이 전혀 없습니다. 전에 듣기를 황제께서 소방에 하사하신 산동(山東) 양미가 많게는 10만 석이라고 합니다. 바라건대, 즉시 총독 군문에 알리어 먼저 곡식을 운반하고 대병(명군)이 그 뒤를 잇게 하신다면 군량 공급에 결핍됨이 없어 바야흐로 일을 이룰 수 있을 것이기에 하릴없이 간절히 바라는 지경입니다.

또한 총독의 방문(榜文)을 보니 부산(釜山)의 왜호(倭戶)에 대한 이야기가 있었습니다. 이전에 선왕께서 다스리시던 때에 일찍이 왜노에게 해로를 따라 왕래하며 무역할 수 있도록 허락하여, 웅천현(熊川縣)의 제포(薺浦) 혹은 동래현(東萊縣)의 부산포·제포(薺浦) 등지에 와서 정박하게 했습니다. 인하여 초방을 짓고 머물러 거주한 왜노가 있기는 했습니다. 그러나 (그들은) 단지 이러한 상황에서 거주하며 관시(關市)의 이익을 위한 편의로 삼았을 뿐입니다. 정덕(正德) 5년 경오년(1510)에 이전 왕이신 공희왕(중종) 시절 부산첨사 이우증(李友曾)이 왜노를 엄하게 문책하는 일로 저들의 분노가 쌓여 부산포와 제포의 왜노들이 공모해 난을 일으켜 밤을 틈타 성을 함락시켰습니다. 조정에서는 안윤덕(安閏德)을 도원수로, 황형(黃衡)과 유담년(柳聃年)을 좌우방어사로 삼아 병사를 이끌고 나아가 초략하여 진멸했습니다. 윤덕(안윤덕)이 승리를 보고한 서신에서 언급한 「제포의 바다가 모두 붉게 물들었습니다.」라는 일은 후세까지 전하여 통쾌하게 여기며 소방에서는 지금까지 경오년 전투로 칭하고 있습니다.118) 그때 왜노가 지은 초방을 모조리 불태워 철거해 하나도 남은 것이 없게 했고 다시는 거주하거나 머무르지 못하도록 한 것이 지금까지 80여 년입니다. 소방에서 출간한 『여지승람(輿地勝覽)』은 신본과 구본이 있는데119) 구본이 경오년 이전에 편찬됐기에 부산 항목 아래에 왜호라는 설명이 있는 것입니다. 신본은 경오년 이후에 편찬됐기에 신증한 『여지승람』에는 「왜노가 공모하여 난을 일으켜 밤에 성을 함락시키자 장수를 파견하여 토벌케 하고 마침내 그들의 거주를 허락하지 않았다.」라는 문구가 들어가 있습니다.120) 이는 사실에 의거한 것이니 책을 펼쳐 읽어 보면 쉽게 살펴보실 수 있는 것으로 속일 수 있는 것이 아닙니다. 천조께서 소방을 자식과 같이 보시어, 이미 한 가족과 같은데 지금 이 방문은 소방의 사정

---

118) 1510년의 삼포왜란과 진압과정을 가리킨다.
119) 각각 『동국여지승람(東國輿地勝覽)』과 『신증동국여지승람(新增東國輿地勝覽)』을 가리킨다.
120) 『신증동국여지승람』 권23 경상도 동래현 관방 부산포진 부분에 '신증'된 내용이다. 조선에서는 『동국여지승람』과 『신증동국여지승람』을 근거로 삼아 이른바 부산왜호설(釜山倭戶說)을 해명하기 위해 노력하고 있었다. 『선조실록』 1594년 3월의 기사에서 해당 내용을 확인할 수 있다.

을 완전하게 드러내지 못한 것 같습니다. 그래서 왜적이 이를 보고 스스로 다행으로 여길까 두렵습니다. 아울러 총독군문에 전품(專稟)하여 그렇지 않음을 밝혀 주시길 바랍니다. 우러러 남의 위급함을 구하는 높은 의리에 의지하여 감히 마음속에 있는 말을 펼쳐 보였습니다. 양찰하여 주시고 불쌍히 살펴 주신다면 크게 다행이겠습니다.

37. 周遊擊回帖
74a-74b(335~336쪽)

本職奉總督部院, 特委專爲體察倭夷情形, 計安貴邦社稷. 盖天朝之於貴邦, 義切纓冠, 好惡禍福, 靡不攸同, 適承來翰, 諄諄備悉, 深長之處. 然凡此皆總督部院之所經營而運量者也. 總督部院胸中, 有數萬甲兵, 自能處分安當, 候本職面諭倭酋之後, 據實馳報, 即有定奪, 斷不貽貴國之憂也. 其請糧賑饑一節, 本職昨已具稟, 今准咨文, 更當懇催. 其榜文中釜山恒居倭戶之說, 盖以貴邦輿地勝覽爲據耳. 然倭夷渡海, 則姑准乞降, 如不然, 大兵且至. 只此兩端, 更無他說. 恒居倭戶之有無, 俱無關於成敗之大故也. 種種機宜, 未能窮之筆楮, 統惟孚照幸甚. 輿地勝覽全本, 借一目如何.

본직이 총독부원의 명을 받들고 특별히 왜적의 정세를 체찰하는 일과 귀국의 사직을 안정시키는 계획을 전담하게 되었습니다. 대개 천조에서 귀방을 대하기를 갓끈만 매고 도울 정도로[121] 의리가 간절하며 호오와 화복을 함께

---

121) 다른 집안에 싸움이 나면 의관을 갖추고 말리며, 같은 집안에서 싸움이 나면 머리카락을 풀어헤친 채 서둘러 갓을 쓰고 말린다는 내용이다. 여기서는 명에서 조선의 일을 같은 집안의 일처럼 서둘러

맞추어 나가지 않는 바가 없었고 문서가 오고 갈 때는 깊은 부분까지 정성으로 타이르고 온전히 이해해 왔습니다. 그래서 무릇 이 모든 것은 총독부원이 계획을 세워 대처하고 군량을 운송하는 것입니다. 총독부원의 가슴속에 수십만의 갑병이 있어 어떻게 움직이는 것이 타당한지를 스스로 알고 있습니다만, 본직이 직접 왜추[122]를 만나 유시한 후 사실에 입각해서 보고하면 헤아려 결정하실 것이며 단연코 귀국에게 걱정을 끼치지 않을 것입니다. 양곡으로 굶주린 백성을 구한다는 조선의 요청에 대해서는 본직이 저번에 이미 갖추어 아뢰었는데 지금 자문을 보니 마땅히 다시 힘써 독촉하겠습니다. 부산(釜山)에 전쟁 이전부터 왜호(倭戶)가 거주하고 있었다는 방문(榜文)의 내용과 관련하여 대개 귀방의 『여지승람(輿地勝覽)』을 근거로 삼았을 뿐입니다. 그러나 왜이(倭夷)가 바다를 건너가면 일단 항복을 비는 것을 허락하는 것이고 만약 그렇지 않다면 대병(명군)이 다시 이르는 것입니다. 오직 이 두 가지 선택이니, 더는 다른 안이 없을 것입니다. 상주하는 왜호의 유무 여부는 결코 성패의 중요한 요인이 될 수 없습니다. 다양한 사안과 관련한 정세 판단에 대해서 글로 다할 수 없으나 전체적으로 신뢰해 주시면 좋겠습니다. 『여지승람』 전본을 빌려 한번 검토하면 어떨까 합니다.

도와주었다는 뜻으로 해석할 수 있다. 『孟子』 離婁 下 "被髮纓冠".
[122] 조선에 주둔하고 있는 일본군 장수들을 가리킨다.

38. 再
74b-75a(336~337쪽)

事係小邦存亡, 不得不形於尺牘, 冒塵台聽, 而乃蒙示喩勤欸. 想悉伊賊之情形, 佩服盛意, 只切摧謝. 夫以總督之計安小邦, 而大人承嚴命遠來, 伊賊詐諼之狀, 益無所逃於明鑑之下. 賊不足平, 行有日矣. 此是小邦幾亡復存之秋也, 良荷良荷. 請粮賑飢, 已蒙具稟, 是何大人爲小邦曲爲道地, 一至於是耶. 大兵垂當過江, 而小邦軍餉之乏絶, 如前書所陳申稟, 更催, 宜急不容緩, 幷望加察以終大惠, 不勝幸甚. 倭戶之說, 不敢妄言, 輿地勝覽新增之本, 盖已詳矣. 今蒙來敎, 而緣散失不完, 敢呈見在之卷, 大人旣洞燭. 其不然則, 將必徹於總督之聽, 惟拱而竢之耳. 伏希台諒.

일이 소방의 존망과 관계되기에 부득이하게 짧은 편지로 비난을 무릅쓰고 의견을 듣고자 했는데 받든 말씀에서 간곡함을 보여 주셨습니다. 왜적의 정형을 생각해 보건대, 성의(盛意)를 띠고 단지 겸손한 말만 하고 있을 뿐입니다. 무릇 총독은 소방을 안정시킬 계획이 있고 대인은 엄명을 받고 멀리서 오셨으니, 저 왜적의 속이는 실상이 맑은 거울 아래 더욱 숨겨질 데가 없는 것입니다. 적을 족히 평정할 것도 없이 행진할 날이 올 것입니다. 이야말로 소방이 거의 망했다가 다시 살아나는 때이니 참으로 감사드립니다. 군량을 청하여 굶주린 백성을 구제하는 사안에 대해서는 이미 갖추어 아뢰었다고 들으니, 이 어찌 대인이 소방을 위해 곡진히 말하셔서 한결같이 여기까지 이른 일이 아니겠습니까. 대병(명군)이 거의 강을 건넘에 소방의 군량이 부족한 사안에 대해서는 이전 서신에서 아뢴 바와 같습니다만, 거듭 재촉하는 것은 마땅히 서둘러 늦추어지지 않도록 하려는 것이니 아울러 더욱 살펴 주셔서 큰 은혜로 마무리해 주시면 다행이겠습니다. 왜호(倭戶)에 대한 설은 감히 망언한 것이 아니며, 신증한 『여지승람(輿地勝覽)』에 이미 상세합니다. 지금 말씀하신 내용과 관해서는 산실되어 완질이 갖추어지지 않은 상태라 감히 남아 있는 책만을 올렸는데 대인이 이미 두루 살펴보셨습니다. 만약 그렇지 않다면 반드시 총독의 판단에 철저히 따르시어 팔짱을 끼고 뒤로 물러나셔도 됩니다. 깊이 헤아려 주시길 바랍니다.

39. 都司因傳委官呈請發運火器咨會
75a-79a(337~345쪽)

遼東都指揮使司,

爲 遵旨專責部臣, 經略倭患 事.

准 欽差分守遼海東寧道兼理邊備屯田山東布政使司右參議 楊 咨.
　蒙 欽差巡撫遼東地方贊理軍務兼管備倭都察院右僉都御史 韓 批.
　　據 委官原任備禦傅廷立 呈.
　　　蒙 欽差經略兵部右侍郞 宋 部牌.
　　　　前事備仰卑職, 照牌事理, 卽將單開軍火器械, 如有運粮船隻, 責令順梢, 如無拘差朝鮮舩隻, 量給食米. 仍差的當人役, 押解都司張處, 轉解佟養正收貯, 陸續解發, 遼東都司收解. 每解發, 一次取私印收管, 候查事完, 造册總報, 本部查考. 等因.
　　　蒙此. 卑職, "因陸冬氷結江, 海不通粮舩未到, 難以發運. 已經具呈外, 近查得, 火器收貯於王京・開城・平壤等十處, 俱令卑職發運. 但火器衆多, 地方隔別, 非一人之所能辨者. 若不預先呈請, 不免臨期悞事. 且火器之始運至朝鮮也, 委官不止三十五人, 車牛不止二三千兩, 人夫不止五六千名. 今之火器, 卽昔之火器, 若止以卑職一人爲之, 吾恐發運王京矣, 義州·平壤等處, 責之誰也, 發運朝鮮矣, 王京·開城等處, 責之誰也. 顧此失彼, 勢難周遍. 況朝鮮人心怠玩, 發運火器, 必得中國軍丁押解. 不然, 丟棄埋藏之事, 又復行矣. 各處收貯火器, 非一次卽能解完. 或陸運或舡運, 先後何止二三十次, 每次二三人, 亦非百人不足用也. 卑職止有跟伴軍丁一十三名, 除遼陽造册寫字二名, 大丘運火器三名, 巡查安定·肅寧·黃州等官二名, 把守江口一名, 卑職造飯看房養馬二名, 見在者止有三名. 充卑職跟伴尙不足用, 將以何人而押解火器乎. 伏望俯念卑職乏人之苦, 將管撥委官把摠王祿, 都司張, 原差查火器委官林世祿, 准爲卑職小委官, 再准軍丁五六十名, 陸續起觧火器. 若軍丁取調遼東各營者, 不惟路遠難至, 又費錢糧, 卑職斷不敢請矣. 聞廣寧選鋒過江, 更換平壤迤東撥丁, 合將卑職所屬撥丁, 准與卑職押解火器, 實爲不費之惠. 再乞移文國王, 差判書一員, 同卑職起調舡夫. 仍行文運糧把摠張延德, 都指揮朱正色, 管押各屬舡戶, 務要帶回火器, 不許潛行, 庶火器不至難運矣." 緣由. 已經具呈本部宋老爺處, 照詳. 去後, 蒙批, "准照, 行撫院老爺, 該道議運繳." 蒙此. 卑職看得, 火器衆多, 若待氷解後發運, 不免遲悞. 卑職相機起調人牛, 將平壤·順安火器發過一半. 但平壤等處, 係倭奴殘破之地, 兼之年穀不登, 地方甚苦, 非多產軍役, 難以起調人牛. 卑職不惟跟伴寡少不足使用, 而點查撥馬, 支放糧餉, 把守江口, 監督肅寧·安定·黃州等舘, 一人數事, 力委難兼. 況火器數目, 前後開報, 多有不投, 非得親身歷歷點過者, 不可以運此火器也. 且卑職, 在經略宋老爺上呈, 討把摠王祿原查火器委官林世祿, 并卑職所屬撥丁, 蒙批, 准照行矣. 但王祿尙在大丘, 林世祿尙在遼陽, 若無老爺明文行調二官, 卑職雖有文移至, 彼二官亦不肯聽信也. 況撥丁未曾更換, 豈敢輕動. 卑職乏人至急, 安能撥運火器. 必得專官方可有濟. 呈乞老爺, 合無專行都司衙門, 移咨朝鮮國王, 將原查火器委官蔣表·林世祿, 同朝鮮委官朴仁祥, 作爲運火器之官, 而火器之盈縮, 彼皆燭照明數, 朝鮮不得以火器欺有無矣. 再用都司衙門舍人皀隸四五十人, 作起鮮火器之人. 都司係朝鮮相干衙門, 素所敬畏者, 而舍人皀隸熟于朝鮮話語, 以之運鮮, 朝鮮不得以人夫欺有無矣. 此卑職愚見, 視之雖小, 係之甚大. 乃運火器之所必用者, 若出此之外, 合將遊擊胡尙忠, 并所屬金·復·海盖步兵留後, 起解火器, 較前尤爲便益. 卑職未敢擅專. 擬合呈請, 老爺之奪. 爲此, 緣由具呈, 蒙批, "仰分守道查報."

蒙此. 擬合就行. 爲此, 合咨前去, 煩爲轉行朝鮮國王, 查照委官傅廷立所呈事宜, 逐一議妥, 希復過道, 以憑轉詳施行. 等因.

到司. 准此. 擬合就行. 爲此, 合咨前去, 貴國煩爲查照委官傅廷立所呈事宜, 逐一議妥, 回復前來, 以憑過道轉詳施行. 須至咨者.

右咨朝鮮國王.

萬曆二十二年二月初八日.

발신: 요동도지휘사사

사유: 성지를 준행하여 부신(部臣)에게 전적으로 책임을 맡겨 왜환을 경략하

도록 하십시오.

[요동도지휘사사] 흠차분수요해동녕도겸리변비둔전산동포정사사우참의 양(호)의 자문을 받았습니다.

[양호] 흠차순무요동지방찬리군무겸관비왜도찰원우첨도어사 한(취선)의 비문(批文)을 받들었습니다.

[한취선] 위관 원임비어 부정립의 정문(呈文)을 받았습니다.

[부정립] 흠차경략병부우시랑 송(응창)으로부터 부패(部牌)를 받았습니다.

[송응창] 전사(前事)[123]와 관련하여 비직(부정립)에게 패문을 갖추어 보내니 그 속의 사리를 잘 살펴서 즉시 항목별로 열거된 군용 화기에 대해서 군량 운송용 배가 있으면 순초(順梢)에게 책임을 지우도록 하고 선발하여 보낼 조선의 선박이 없으면 미곡을 헤아려 지급 하여 그에 따라 적당한 인역을 차견하여 도사 장(삼외)[124] 쪽에 해송하도록 하여 그에 따라 적당한 인역을 차견하여 도사 장(삼외) 쪽에 해송하도록 조치하고 동양정(佟養正)으로 하여금 대신 옮겨 거두어 쌓아 두도록 하되 계속 운송해서 요동도사가 받아 끝내 도록 하십시오. 운송할 때마다 일차적으로 자신의 도장이 찍힌 영수증을 받도록 하되 일이 완료되기까지를 살핀 후 문서로 작성해 모두 보고하면 본부에서 대조하여 검토하겠습니다.

이를 받들어, 비직은 「육지는 겨울이라 강에 얼음이 얼었고 해상으

---

123) 본 문서의 사안인 '爲遵旨專責部臣經略倭患事'를 가리킨다.
124) 당시 요동도사군정첨서관둔겸국포사도지휘사(遼東都司軍政僉書管屯兼局捕事都指揮使)였던 장삼외(張三畏, ?~?)이다.

로는 양식을 실은 배가 지나지 못해 운송하기 어렵습니다. 이미 갖추어 올린 정문 외에, 최근 조사해 보니 화기는 왕경(王京)·개성(開城)·평양(平壤) 등 열 곳에 보관하고 있는데 모두 저더러 운송하라고 합니다. 그러나 화기는 많고 지역은 서로 떨어져 있어 한 사람이 운송을 책임질 수 없는 것입니다. 만약 미리 정문을 올려 요청하지 않으면 기한을 넘겨 일을 그르치겠습니다. 그리고 화기를 처음 조선으로 운송해 도착했을 때 담당자는 35인에 그치지 않았고 수레는 2, 3천 량에 그치지 않았고 인부는 5, 6천 명에 그치지 않았습니다. 지금 화기는 예전의 화기이나 만약 저 한 사람더러만 담당하라고 하시면 제 생각으로는 왕경으로 운송할 경우 의주(義州)와 평양 등지는 누가 책임을 맡고, 조선(전역)으로 운송할 경우 왕경과 개성 등지는 누가 책임을 맡겠습니까? 이것을 돌아보다가 저것을 잃어 사세를 두루 다스리기 어려울 것입니다. 하물며 조선인들은 태만하고 놀기 좋아하여 화기를 운송할 때에는 반드시 중국의 군정이 호송해야 합니다. 그렇지 않으면 분실하거나 폐기하거나 땅에 묻거나 감추는 일들이 다시 발생할 것입니다. (그리고) 각처에 배치된 화기는 한꺼번에 바로 옮겨 운송을 마칠 수 있는 것이 아닙니다. 육상으로 운송하거나 배로 운송하거나 해서 총 2, 3십여 차례 이상 거쳐야 하고 매번 옮길 때마다 (담당 인원) 2, 3인도 (운반 인력) 100인이 아니면 족히 운용할 수 없습니다. 비직의 휘하로 13명의 군정만이 있는데 요양(遼陽)에서 문서 작성 및 필사를 맡은 2명, 대구(大丘)에서 화기를 운송하는 3명, 안정(安定)·숙녕(肅寧)·황주(黃州)에서 순찰하고 조사하는 관원 2명, 강(압록강) 어귀를 파수하는 1명, 비직의 숙식과 말 관리를 담당하는 2명을 제외하면 현재

(가용자는) 겨우 3명입니다. 비직의 수행을 충원하기조차 부족한데 장차 누구를 동원해서 화기를 호송한다는 것입니까. 엎드려 바라건대 비직이 부릴 사람이 없는 고충을 헤아려 장차 조발을 담당하는 위관 파총 왕록(王祿), 장 도사, 원래 파견되어 화기 조사를 담당한 위관 임세록(林世祿)을 비직의 소위관으로 임명하시고, 또한 군정 5, 6십 명도 허가하여 끊임없이 화기를 실어 운송해 갈 수 있도록 하십시오. 만약 군정을 요동의 각 영에서 조발할 경우 길이 멀어 (조선에) 오기가 어려울 뿐 아니라 또한 전량(錢糧)을 많이 소비하게 될 것이라 비직은 결코 감히 (그렇게) 청하지 않겠습니다. 제가 듣기로 광녕(廣寧)에서 조발한 선봉이 강을 건너 평양 동쪽에 배치된 부대와 교체한다고 하니 마땅히 비직의 소속 군정으로 합류시켜서 비직이 화기를 호송할 수 있도록 허가해 주신다면 실로 비용이 들지 않는 혜택이 될 것입니다. 다시 바라옵건대 조선국왕에게 이자하셔서 판서 1원을 보내 비직과 함께 뱃사람을 조발할 수 있게 해 주십시오. 덧붙여 운량파총 장연덕(張延德)과 도지휘 주정색(朱正色)에게 문서를 보내시어 각각 예하의 선호를 차출해 화기를 운송하는 데 힘쓰고 몰래 피하지 못하게 하신다면, 화기를 운송해 오는 일은 지극히 어렵지는 않을 것입니다.」라는 연유를 이미 갖추어 정문을 본부 송 노야(宋老爺)에게 올려 자세히 살펴 주시기를 요청했습니다. 그 후에 「그대로 할 것을 허가하며 무원(撫院) 노야(한취서)에게 문서를 보내 해도에서 의논하여 운송할 것을 격보(檄報)하도록 한다.」라는 (송 노야의) 비문을 받았습니다.

이를 받고 비직이 살펴보니, 화기가 매우 많기에 만약 얼음이 녹기를 기다려 운송을 시작한다면 지체하여 그르침을 면하지 못할 것입니다. 비직이 기회를 보아 인력과 우마를 조발할 것인데 평양과 순안(順安)에서 운송해 올 화기가 반 이상입니다. 다만 평양 등지는 왜노에 의해서 파괴된 땅이고 아울러 한 해 농사가 잘되지 못해 지방이 매우 힘들고 군역을 많이 내지 못하여 인부와 우마의 조발을 시작하기가 어렵습니다. 비직은 수행 인원이 적어 부리기에도 부족할 뿐 아니라 파발마를 상세히 조사하고 양향을 지급하고[125] 강(압록강) 어귀를 파수하고 숙녕·안정·황주 등 관사를 감독하는 데 한 사람이 여러 일을 담당하니 노력해도 실로 겸하여 처리하기가 어렵습니다. 심지어 화기의 목록을 처음부터 끝까지 항목별로 보고함에 있어서 제출하지 못한 것이 많은데 제가 직접 돌아다니면서 일일이 조사하지 못했기에 이 화기들을 운반할 수 없습니다. 그리고 비직이 송 노야에게 올리는 정문에서 파총 왕록과 원래 화기를 조사해야 하는 위관 임세록으로 하여금 비직에게 모두 군정을 소속시키도록 할 것을 요청했는데, 비문을 받아 보니 (송 경략이) 그대로 시행하라고 하셨습니다. 다만 왕록은 대구에 있고 임세록은 요양에 있기에 만약 노야(한취선)가 두 관리를 조발한다는 공문을 보내지 않으신다면 비직이 비록 문서로 요청해도 저들 역시 (제 요청을) 들어 신뢰하지 않을 것입니다. 하물며 조발한 군정이 아직 교체되지도 않았으니 어찌 (저들이) 감히 가벼이 움직이겠습니까. 비직의 인력 부족이 매우 급하니 어찌 화기를 운송해 돌아올 수 있겠습니까. 반드시 전담자를 두어야 일을 통제할 수 있을 것입니다. 노야(한취선)에게 정문으로 간청하오니, 요동아문에서 전적으로 책임지고 조선국왕에게 이자하여 원래 화기를 조사해야 할 위관 장표(蔣

---

125) 원문의 '支放'은 관청에서 급료를 지불할 때 쓰는 표현이다.

表)·임세록과 조선 측 위관 박인상(朴仁祥)에게 함께 화기 운송의 임무를 맡겨 화기 수량의 증감에 대해서 저들로 하여금 철저하게 그 수량을 밝히게 하여 조선이 화기의 소재에 대해 속이지 못하도록 하시는 것이 어떨까 합니다. 요동아문의 사인과 예속 4, 5십 인을 다시 화기 운송 인력으로 동원하도록 하십시오. 요동도사는 조선과 관련한 업무를 하는 아문이기에 (조선에서) 평소 경외심을 갖고 있고 사인과 예속 중 조선말에 익숙한 자로 하여금 운송에 관여케 하신다면 조선이 (명에서 보낸) 인부들에게 소재를 속이지 못할 것입니다. 이는 비직의 어리석은 견해로서, 보는 것은 미시적이나 관계된 바는 대단히 중요합니다. 덧붙여 화기를 운송해 올 때 반드시 필요한 사항 중 기타에 대해서는 마땅히 유격 호상충(胡尙忠)과 그에 속한 금주(金州)·복주(復州)·해개(海盖)의 보병 유후(留後)[126]를 합류시켜 화기를 운송하게 한다면 (일은) 전과 비교해 볼 때 더욱 나을 것입니다. 비직이 감히 천단할 수 없는 사항입니다. 마땅히 정문으로 청하오니 노야(한취선)께서 결정하십시오. 이에 대해서 연유를 갖추어 정문을 올려「분수도(分守道)가 조사하여 보고한다.」라는 비(批)를 받았습니다.

[양호] 이를 받고 헤아려 보건대 곧바로 시행해야 하겠습니다. 이에 마땅히 자문을 보내니 번거롭더라도 조선국왕에게 자문으로 전달해서 위관 부정립의 정문과 관련해서 일의 마땅함을 살펴 하나도 빠뜨리지 않고 온당한 방안을 논의하시고, 바라건대 회자하셔서 해당 도에 전달해 상급 기관에 보고하는 근거로 삼을 수 있도록 하십시오.

[요동도지휘사사] (자문이) 본사에 이르렀습니다. 이를 받고 헤아려 보건대

---

[126] 관직의 일종으로 유수(留守)와 유사한 직책이다.

즉시 시행해야 하겠습니다. 이에 마땅히 자문을 보내오니 귀국은 번거롭더라도 위관 부정립의 정문과 관련해서 일의 마땅함을 살펴 하나도 빠뜨리지 말고 온당한 방안을 논의하고 회자하셔서 해당 도에 전달해 상급 기관에 보고할 수 있는[127] 근거로 삼을 수 있도록 해 주십시오. 자문이 잘 도착하기를 바랍니다.

이 자문을 조선국왕에게 보냅니다.

만력 22년 2월 초8일.

---

127) 원문의 '轉詳'은 어떤 결과를 상급 기관에 보고할 때 쓰는 표현이다.

40. 回咨
79a-80a(345~347쪽)

朝鮮國王,

准來咨該 爲 遵旨專責部臣, 經略倭患 事 云云. 等因.

准此. 行該議政府 狀啓.

　就令軍器寺, 將所據各樣火器, 再行查點照舊看守. 仍行開城府留守盧稷, 平安道觀察使李元翼, 選差的當員役, 將各處留貯火器, 查點明白, 逐一回繳. 臣等仍念先該火器之來也, 各起委官, 多至四十餘員, 或先至或後至, 未到, 日期不等, 或多押或少押, 交付數目欠明, 竊恐交割運回之際, 有所盈縮. 擬候各處回文至日, 查議另行. 又念本國自都城至于開城, 自開城至于平壤, 沿路州縣站驛, 並皆空虛草莽, 盈目委無夫役牛馬, 可以接遞搬運. 爲此, 查照, 大兵雖撤, 而劉總兵五千兵馬, 旣留南原信地, 兼又兇賊益熾鍊兵造船, 顯有順搶之計. 合無回咨都司, 乞將前項各樣火器, 仍留都城等處, 以備禦賊之用. 相應. 等因.

　具啓. 據此. 查看, 先該, 本年二月二十三日, 接得 總督軍門 牌文. 節該. 原貯朝鮮一應軍火器械俱, 仍留該國以備取用, 不必運至遼陽. 另聽明文施行. 等因.

得此. 行間, 今該前因, 爲照, 貴司咨文之發, 乃在二月初八日, 而總督牌文, 撥馬飛送當職, 於本月二十三日. 接照想, 惟經略以大兵撤回督令還運, 而總督以兇賊據邊, 撥馬留之也. 目今聲息, 盖急防備正緊, 豈可未聽明文輕議運還. 況地方殘破, 人民死盡, 雖加督併, 恐未易運完. 除又行該府等, 候查點回繳, 責令該管陪臣, 照依現在數目, 加謹收看外, 爲此, 合行回咨, 請照驗轉報施行. 須至咨者.

右咨遼東都指揮使司.

萬曆二十二年三月十八日.

발신: 조선국왕

사유: 보내온 자문을 받으니, 「성지를 준행하여 부신(部臣)에게 전적으로 책임을 맡겨 왜환을 경략하게 하십시오. 운운」 했습니다.

[조선국왕] 이를 받고 의정부로 문서를 보냈고 다음의 장계를 받았습니다.

[의정부] 군기시에 즉시 명하여 자문에서 언급한 각각의 화기에 대해서 이전과 같이 간수하고 있는지 다시 면밀히 조사했습니다. 덧붙여 개성부유수 노직(盧稷)과 평안도관찰사 이원익(李元翼)에게 문서를 보내어 적당한 인역을 차임해 각처에 남겨진 화기들을 명백히 조사해서 하나하나 격문으로 회보토록 했습니다. 따라서 신들이 생각하기에는 이전에 해당 화기들이 도착했을 때 각각의 화기에 대해 (명에서) 위관(委官)을 보냈는데 많은 경

우 40여 원(員)에 이르렀으나 더러는 먼저 도착하고 더러는 나중에 도착하고 도착하지 않기도 하여 날짜가 같지 않았으며, 더러는 많이 가져오기도 하고 더러는 적게 가져오기도 해서 교부한 화기의 수량과 품목을 파악하기가 어려웠기에 아마도 (조선에서) 넘겨주고 (명이) 다시 가져갈 때 증감이 있는 것 같습니다. 마땅히 화기를 관리하는 곳들로부터 회답이 도착하면 조사하여 특별한 조치를 의논해야 할 것입니다. 또한 생각해 보건대, 본국은 도성에서 개성(開城)까지 그리고 개성에서 평양(平壤)까지 연로의 주현 역참이 모두 공허하게 비어 풀만 무성하니 눈을 부릅떠 보아도 실로 번갈아 잇대어 운반할 수 있는 인원과 우마가 없습니다. 이런 이유로 조사해 보건대, 대병이 철수했더라도 유총병(劉總兵)의 오천 군마가 남원의 주둔지에서 머무르고 또한 흉적이 더욱 불같은 기세로 군사를 훈련시키고 배를 건조하여 군사를 일으킬 계획이 현저합니다. 마땅히 도사(요동도사)에 회자하셔서 전항의 각양 화기를 도성 등지에 그대로 남겨 두어 적을 방어하는 데 사용하도록 요청하는 것이 어떻겠습니까?

[조선국왕] 갖추어 온 장계를 받아 살펴보니, 앞서 올해 2월 23일 총독군문의 패문을 받았는데 대략 다음의 내용입니다.

[고양겸] 원래 조선에서 보관 중인 일체의 화기와 기계는 그대로 조선에 남겨 방어용으로 쓰도록 하고 요양(遼陽)까지 운반할 필요가 없습니다. 별도로 공문에 따라 시행하십시오.

[조선국왕] 이를 받고 시행하는 동안 지금 위의 자문을 받아 살펴보니, 귀사의 자문이 발송된 날짜는 2월 초8일이고 총독의 패문이 파발마를 통해서 신속하게 당직에게 송부한 날짜는 2월 23일입니다. 순차적으로 생각해 보면 아마도 경략은 대병(명군)이 철군할 때 (화기를) 되돌려 운반하기를 독려했지만 총독은 흉적이 해변가에 머무르고 있기 때문에 파발마를 보내어 남겨 두

라고 한 것 같습니다. 현재 (일본군이 다시 침입할 것이라는) 소문이 있기에 아마도 방비를 서두르는 것이 참으로 필요하니 어찌 공문을 기다리지 않고 가벼이 송환을 논하겠습니까. 더군다나 지방은 잔파됐고 백성들은 거의 다 죽었으니 비록 운송을 위해 더욱 동원하고자 해도 쉽게 운반을 완료할 것 같지 않습니다. 해당 부서 등에 다시 문서를 보내 조사해서 일일이 격문으로 회보할 것을 기다린 후에 해당 관할 배신으로 하여금 현재의 수목에 의거해서 추가적으로 삼가 정리해 살펴보도록 하는 것 외에도, 이에 마땅히 회자하니 청컨대 잘 살펴 전보하시길 바랍니다. 자문이 잘 도착하기를 바랍니다.

이 자문을 요동도지휘사사에게 보냅니다.

만력 22년 3월 18일.

41. 都司查審海路運
80b-81b(348~350쪽)

遼東都司軍政僉書管屯兼局捕事都指揮使 張,
爲 查審海路, 明白分付, 以便運粮 事.

准 朝鮮國王 咨.
　據 議政府 狀啓.
　　本國二年兵火之餘, 公私匱竭. 卽目倭奴屯據邊邑, 未有渡海之計,
　　天兵與小邦之兵, 與之相持, 更無了期, 前項粮餉, 繼辦無策, 此誠
　　今日切迫之患. 欽賜山東粮十萬石, 尙未准到, 合無再爲咨請催. 到
　　義州, 從義州由船路, 及時輸至王京, 以備經費所有. 全羅·忠淸等
　　道, 今年秋稅, 專擬軍餉以給大兵, 庶幾長短相補, 無彼此缺乏之患.
　　所慮山東漕運, 必自登·萊歷金州衞, 方到本國義州之境, 途路險夷,
　　遠近所未諳, 委恐難以時得到, 有悞大事. 等情.
　備咨到司. 准此. 看得, 大兵在外, 粮阜當辦. 彼國旣匱, 我地當輸, 況
　遼東二年米豆已運整矣. 止山東, 尙有預糴米豆, 方今春風大作, 波濤
　汹湧, 巨浪滔天. 前有米船三十隻, 覆沉漂泊, 至今杳無蹤迹. 亦有登·

萊二府申文到司, 又歷經上司批允, "暫且停止." 緣由. 蒙此. 行間, 今准前因, 擬合回復. 爲此, 合咨前去, 貴國查照施行. 須至咨者.
右咨朝鮮國王.

萬曆二十二年二月十二日.

발신: 요동도사군정첨서관둔겸국포사도지휘사 장(삼외)
사유: 해로를 조사하고 명백히 분부하여 군량 운송을 편하게 하는 일입니다.

[장삼외] 조선국왕이 보낸 자문을 받았습니다.
　[조선국왕] 의정부의 장계를 받았습니다.
　　[의정부] 우리나라가 2년간 병화를 입은 나머지 공사가 모두 궤갈했습니다. 현재 왜노는 변읍에 둔거하며 바다를 건널 생각이 아직 없기에 천병과 소방의 병사는 저들을 상대로 대치함에 그칠 바가 없는데, 전항(前項)의 양향에 대해서 계속적으로 주관할 대책이 없으니 이는 진실로 현재 절박한 우환거리입니다. 황제께서 하사하는 산동미 10만 석이 아직 도착하지 않았으니 마땅히 자문으로 다시 독촉함이 어떨까 합니다. 의주(義州)에 도착하면 거기서 선로를 따라 시기에 맞게 왕경으로 운송하여 (양향에 쓰일) 경비를 준비해야 합니다. 전라도와 충청도에서 올가을 거둘 조세는 모두 군용으로 대병(명군)에게 공급할 것이기에 (산동미가 도착하면) 아마도 장단점이 서로 보완돼 피차 결핍되는 걱정은 없을 것입니다. 염려되는 바는 산동(山東)의 조운이 반드시 등주(登州)와 내주

(萊州)에서 금주위(金州衛)를 거쳐 올 텐데, 본국의 경계에 도착할 즈음이면 도로가 험하고 원근(거리)에 대해서 아는 바가 없는지라 때 맞춰 도착하지 못해 대사를 그르치지 않을까 실로 걱정됩니다.

[장삼외] 갖춘 자문이 본사에 도착했습니다. 이를 받고 살펴보건대, 대병(명군)이 해외에 주둔할 때 군량이 마땅히 확보돼야 합니다. 저 나라는 이미 (경제적으로) 다하였기에 우리 땅에서 (군량을) 보내야 하는데 심지어 요동(遼東) 지방에서 2년 동안 쌀과 콩을 이미 실어 날랐습니다. 산동의 경우 예비용으로 쌓아 둔 쌀과 콩이 있기는 한데 지금 춘풍이 크게 불어 파도가 일고 물결이 사납게 몰아쳐 거대한 파도가 하늘에 넘치는 때입니다. 이전에 쌀을 실은 선박 30척이 침몰하여 바다에 떠돌아다녔는데 지금까지 조사해도 종적을 찾을 수가 없습니다. 또한 등주부와 내주부로부터 신문(申文)이 도착했는데 상부 기관으로부터 「잠시 (산동미의 조선 운송을) 정지한다.」는 비윤(批允)[128]을 담고 있습니다. 이를 받고 시행하는 사이에 이번에 위의 자문을 받아 헤아려 보건대 마땅히 회답해야겠습니다. 이에 마땅히 자문을 보내오니 귀국은 자세히 살펴 시행하시길 바랍니다. 자문이 잘 도착하기를 바랍니다.

이 자문을 조선국왕에게 보냅니다.

만력 22년 2월 12일.

---

128) 상급 기관이 하급 기관의 요청이나 의견에 동의할 때 내리는 문서이다.

42. 本國請濟飢民
81b-82b(350~352쪽)

朝鮮國王,

爲 乞將已到粮豆劃急搬送, 以濟飢民 事.

議政府 狀啓.

據 平安道督運官李軫 呈稱.

卑職, 趲運義州等處一帶, 該運粮料, 挨程催趲. 其已到平壤山東米豆, 共一萬五千五百六十八石, 見收在庫. 蒙備禦傳, 將數內二千石出支塔載發送外, 其餘米豆, 未蒙發給. 緣前項粮料, 正係搬到京城緊急調用, 延今日, 久未卽運送, 委爲悶迫. 等因.

呈府. 據此. 看得, 前項粮料, 旣蒙朝廷, 運給本國, 接濟供餉. 除已折算支費外, 見到山東粮運之數, 多至一萬五千五百六十八石, 目今督運官李軫管運之數, 只二千石. 近因本國兵荒, 相繼飢饉荐臻, 中外一樣, 而京城尤甚, 餓莩山積, 粮穀殆盡, 孑遺殘命無策可救. 必資上國原搬粮餉, 庶可給濟. 如蒙准許, 就將前情, 咨請原坐平壤備禦傳根前, 將前項見到米豆先儘本處, 見在收貯數內, 其一萬石, 作速搬運下卸京城,以活垂盡之命. 相應. 等因.
具啓. 據此. 當職爲照, 小邦自遭兵禍之後, 公私蕩竭. 但係軍民餽餉, 近資上國取給得, 延今日飢餒切迫, 死亡殆盡, 日夜待哺, 只是官粮而已. 其該搬運一節, 倘或稍遲晷刻, 終無可措之策, 悶迫之情委難勝道. 所有平壤見儲米豆, 終是搬給小邦應用粮料, 擬合動支無碍運送京城, 及時濟用俾賑餓羸, 體皇朝矜恤之仁盡, 貴司委付之任便益. 爲此, 合行移咨, 請照驗搬運施行. 須至咨者.
右咨備禦都指揮使.

萬曆二十二年三月二十日.

발신: 조선국왕

사유: 도착해야 할 양두(糧豆)를 신속히 운반하여 굶주린 백성을 구제하기를 바라는 일입니다.

[조선국왕] 의정부에서 장계가 올라왔습니다.

[의정부] 평안도독운관 이진(李軫)으로부터 받은 정문(呈文)으로 다음의 내용입니다.

[이진] 비직은 의주(義州) 등지 일대로 속히 운반된 해당 양료(糧料)를 다음 경로로 옮길 것을 급히 재촉하고 있습니다. 이미 평양(平壤)에 도착한 산동(山東)의 쌀과 콩은 총 15,568석으로 현재 거두어 창고에 있습니다. 그 가운데 2,000석을 실어 발송하라는 비어(備禦) 부(정립)의 명을 받은 것 외에, 그 나머지 쌀과 콩에 대해서는 지급하라는 명을 받

지 못했습니다. 전항(前項)의 양료가 경성(京城)으로 운송해 긴급히 조달하는 데 직결되나 지금까지 오랫동안 즉시 운송되지 못하고 있어 실로 애석하고 답답합니다.

[의정부] 정문이 본부에 도착해 받아 살펴보니 전항의 양료에 대해서는 이미 (명) 조정에서 본국으로 운송해 공급하라는 명을 받아 (명군의) 군량으로 공급했습니다. 이미 계산하여 지불한 것 이외에 현재 도착한 산동미의 수가 많게는 15,568석에 이르지만, 현재 독운관 이진이 운반한 수량은 단지 2,000석입니다. 근래 본국이 병화로 황량하게 됐고 연이어 기근이 잇달아 발생하여 경성과 그 외 지역이 매한가지나 경성이 더욱 심하여 굶어 죽은 자들이 산처럼 쌓였고 양곡은 거의 소진돼 근근히 살아남은 백성도 거의 죽음에 이르되 구할 방법이 없습니다. 반드시 상국에서 원래 운반해 온 군량에 의지해야 아마도 구제할 수 있을 것입니다. 준허를 받는다면 곧바로 앞의 사정을 자문으로 처음부터 평양에 주재하고 있는 비어 부(정립)에게 청하여 전항의 현재 도착한 쌀과 콩을 우선 본처에서 모두 보내주도록 하고 현재 수습하여 비축한 곡식 숫자 중 1만 석은 속히 운반하여 경성에서 풀어 거의 죽게 된 목숨들을 살려야 하겠습니다.

[조선국왕] 갖추어 온 장계를 받고 당직이 생각해 보건대, 소방(小邦)이 병화를 당한 후 공적으로나 사적으로나 남아 있는 것이 없습니다. 단, 군민의 양식과 관련해서는 최근 상국에서 보낸 것에 의지하여 공급받고 있으나 지금까지 굶주림이 절박한 문제로 (백성들이) 대부분 사망하여 밤낮으로 기다리는 것은 관에서 주는 곡식일 뿐입니다. 군량 운송에 대해서는 혹 잠시라도 시간을 지체할까 걱정하지만 끝내 손쓸 방법이 없어 애타고 답답한 마음을 실로 이루 말할 수 없습니다. 현재 평양에 쌓아 둔 쌀과 콩은 끝까지 소방으로 옮겨 지급하여 식량으로 쓰이도록 해야 할 것이며, 헤아려 보건대 마땅히

비용을 들여서 막힘없이 경성으로 운송하되 때에 맞춰 굶주린 이들을 진구하는 데 유익하게 한다면 황조가 불쌍히 여기는 어진 마음은 완전히 체현될 것이고 귀사의 맡은 임무는 편리하게 될 것입니다. 이에 마땅히 이자하니 청컨대 잘 살펴 운송하시길 바랍니다. 자문이 잘 도착하기를 바랍니다.

이 자문을 비어도지휘사에 보냅니다.

만력 22년 3월 20일.

43. 本國乞速運米豆
82b-83b(352~354쪽)

朝鮮國王,

爲 懇乞速運山東米豆, 以濟軍用以賑民飢 事.

該本年三月十九日, 回准 遼東都指揮使 張 咨 稱.
看得, 大兵在外, 粮草當辦. 彼國旣匱, 我地當輸, 況遼東二年米豆已運整矣. 止山東, 尙有預糴米豆, 方今春風大作, 波濤洶湧. 前有米船三十隻, 至今杳無蹤迹. 亦有二府申文到司, 又歷經上司批允, 暫且停止. 等因.
准此. 當職爲照, 小邦兵連禍, 結三歲于玆, 公私之穀, 俱已殫盡. 目今伊賊屯據南邊, 添兵運粮凶謀益深, 合勢猘突, 不朝伊夕. 天兵速救, 想如救焚拯溺, 師行之際, 方議運粮, 則道路懸遠決難. 及濟, 兼且小邦各處餓莩相枕, 日以益甚, 無計賑活, 秪切傷痛. 部院督戎, 遠臨專理東事, 凡小邦急難情節, 委所矜察, 而粮餉一事, 又復兼管, 隨便催運, 只在一號令而已. 懇乞部院, 曲賜哀憐, 行下該管粮餉官員, 許令小邦原撥船隻, 前徃金州海口, 將所據米豆, 星火搬運, 一以應用軍興, 一以賑救飢民.

天時和暖, 海道靜便, 風濤之作, 不比初春. 更乞趁期督運, 以濟小邦之急, 不勝幸甚. 爲此, 合行移咨, 請照驗施行. 須至咨者.
右咨總督兵部.

萬曆二十二年三月二十三日. 遼東一體咨報.

발신: 조선국왕
사안: 속히 산동미를 운반해 와서 군용에 쓰고 굶주린 백성들을 위해서 사용할 것을 간절히 바랍니다.

[조선국왕] 올해 3월 19일에 요동도지휘사사 장(삼외)의 자문을 회신으로 받았습니다.

　[장삼외] 살펴보건대, 대병(명군)이 해외에 주둔할 때 군량이 마땅히 확보돼야 합니다. 저 나라는 이미 (경제적으로) 다하였기에 우리 땅에서 (군량을) 보내야 하는데 심지어 요동(遼東) 지방에서 2년 동안 쌀과 콩을 이미 실어 날랐습니다. 산동(山東)의 경우 예비용으로 쌓아 둔 쌀과 콩이 있기는 한데, 지금 춘풍이 크게 불어 파도가 일고 물결이 사납게 몰아쳐 이전에 쌀을 실은 선박 30척이 지금까지 조사해도 종적을 찾을 수가 없습니다. 또한 두 부서에서 상부 기관을 거쳐 내려온 「(운송을) 잠시 정지한다.」라는 내용의 비문(批文)이 담긴 신문(申文)이 도착했습니다.

[조선국왕] 이를 받고 당직이 생각해 보건대, 소방에 병화가 이어진 지 지금까지 3년이 흘러 공사(公私)의 곡식은 모두 고갈됐습니다. 지금 저 적들은 현재 남쪽 지역에 둔거하면서 군사를 증원하고 군량을 운송하며 흉모를 더

욱더 깊게 꾀하매 합세하여 돼지 새끼들처럼 소리 내며 몰려올 날이 아침이 아니면 저녁이 될 것입니다.129) 천병이 멀리서 구원하고자 함은 타는 불 속에서 구해 주고 빠진 물 속에서 건져 주는 것과 같지만 군사가 전진할 때 군량을 운반하는 일을 논의하자면 도로가 현격히 멀어 결단코 구제하기가 어려울 것입니다. (조선 백성을) 구제하는 일에 있어서는 더욱이 소방 각처에 굶어 죽는 자가 서로를 베개 삼아 누울 정도로 즐비하고 날이 갈수록 심하지만 구제해 줄 방법이 없어 절박하게 가슴 아파할 따름입니다. 부원(部院)은 군사를 거느리고 먼 곳으로 부임하여 동사(東事)를 전적으로 다스리시어 대저 소방의 급난한 사정을 실로 긍찰하신 바 되었는데 곡식에 관한 한 가지 일에서도 또한 동시에 관리하시니130) 편리에 따라 운반을 독촉함은 한번 호령하는 데에 달려 있습니다. 간절히 바라건대, 부원은 곡진히 신경 써 살피고 불쌍히 여기시어 해당 군량 운송 관원들에게 명령을 내려서 소방으로 원래 조발한 선박들을 금주 앞바다 어귀로 가서 가지고 있는 쌀과 콩을 속히 운반하여 한편으로는 군용에 쓰고 한편으로는 굶주린 백성들을 구원하는 데 사용하도록 하시길 바랍니다. 날씨가 온화해져서 해로가 고요하고 편하여 파도가 일어나도 초봄과 비교할 수 없습니다. 거듭 바라건대, 기일을 맞추어 운반을 독려해 소방의 위급한 상황을 구해 주시면 매우 다행이겠습니다. 이에 마땅히 자문을 보내니 잘 살펴 주시길 바랍니다. 자문이 잘 도착하기를 바랍니다.

  이 자문을 총독병부에 보냅니다.

  만력 22년 3월 23일. -요동아문에도 똑같이 자문으로 보고했다. -

---

129) 어떤 일이 아주 가까운 시기에 발생할 수 있는 급박한 상태를 말한다.
130) 원문의 '兼管'은 관리가 본래 맡은 직무 외에 따로 특별한 기타의 업무를 처리하는 것을 말한다.

44. 劉総兵咨取本國弓手
84a-84b(355~356쪽)

欽差備倭總兵官右軍都督府都督僉事 劉,
爲 軍務 事.

本月十一日, 據 接伴使 送.
　據 全羅道觀察使 關, 內開.
　　本道操弓之士, 盡數抄發, 前赴嶺南, 分屯要害, 在在守禦. 餘存老弱, 不過肥田農夫. 隸習一事, 必欲擧行, 則湖南征士, 勢當調還, 彼此緩急, 亦有先後. 等情.
前來. 據此. 查得, 本府近日移歷南原, 已經面諭本官, 即將該道土兵, 送赴軍前, 行令教師訓練. 今據所稱, 盡赴嶺南防守, 未委虛的, 已經移咨世子光海君, 行查是否. 盡赴嶺南, 尚有若干, 隨數送赴本府以憑教鍊, 此正該國轉弱爲强之時, 亟宜偃武以備將來捍衛. 去後, 合行移知. 爲此, 合咨貴國, 煩爲查照施行. 須至咨者.
右咨朝鮮國王.

萬曆二十二年三月十三日.

발신: 흠차비왜총병관우군도독부도독첨사 유(정)
사안: 군무에 관한 일입니다.

[유정] 이번 달 11일에 접반사가 보낸 문서를 받았습니다.
 [접반사] 전라도관찰사로부터 다음과 같은 내용의 관문(關文)를 받았습니다.
  [전라도관찰사] 본 도에서 활을 잡는 군사들을 모두 뽑아 데려다가 영남으로 보내 주요 지역에 나누어 주둔하며 곳곳을 지키게 하고 있습니다. 나머지 노약자들은 밭일을 하는 농부에 지나지 않습니다. (명군에게) 훈련받는 일을 반드시 거행하고자 한다면 호남에서 출정한 군사를 사세로 보아 마땅히 복귀시켜야 하나 피차에 완급이 있고 또한 선후가 있습니다.
[유정] 문서가 왔습니다. 이를 받고 조사해 보니, 본부에서 최근 남원(南原)에 가서 머무를 때 이미 본관에게 직접 유시해서 본 도의 토병(土兵)으로 하여금 명군 진영에 가서 훈련받도록 했습니다. 이제 받은 문서에서 (병력을) 모두 영남으로 가서 방수토록 했다고 하니 사실인지 아직 몰라서 세자 광해군(光海君)에게 이자해 차출 여부를 조사하도록 했습니다. 모두 영남으로 보냈더라도 혹 일부 남은 병력이 있어 인원수에 따라 본부로 보내 교습에 맡기도록 한다면, 이는 바로 조선이 약해졌다가 강해질 수 있는 때로서 머지않아 싸우지 않고 전쟁을 끝내며 장래를 대비하여 지킬 수 있을 것입니다. 이러한 조치를 취했으니, 마땅히 이자하여 알려 드려야 하겠습니다. 이에

마땅히 귀국에 자문을 보내니 번거롭더라도 살펴 주시길 바랍니다. 자문이 잘 도착하기를 바랍니다.

이 자문을 조선국왕에게 보냅니다.

만력 22년 3월 13일.

# 45. 回咨
84b(356쪽)

朝鮮國王,

准來咨該 爲 軍務 事 云云. 等因.

准此. 除遵依查照外, 爲此, 合行回咨, 請照驗施行. 須至咨者.
右咨總兵府.

萬曆二十二年三月二十九日.

발신: 조선국왕
사안: 보내온 자문을 받으니,「군무에 관한 일입니다. 운운」했습니다.

[조선국왕] 이를 받고 뜻을 준행하여 조사할 것 외에, 이에 마땅히 회자하니 청컨대 잘 살펴 주시길 바랍니다. 자문이 잘 도착하기를 바랍니다.
   이 자문을 총병부에 보냅니다.

   만력 22년 3월 29일.

46. 劉捴兵行查本國解送月銀
84b-85b(356~358쪽)

欽差備倭總兵官右軍都督府都督僉事 劉,
爲 解送月銀, 以補軍餉 事.

本年正月十八日, 准 朝鮮國王 咨.
 竊照, 大軍防守海嶠, 非日非月暴露, 異域艱苦萬狀. 弊邦且經兵燹,
 公私蕩竭, 非但一應供億, 必多欠缺, 月支銀兩, 尙未足納. 茲將欽賜
 銀三千兩, 委差都總府經歷朴知進, 齎領前去, 聊裨折准月銀之萬一幸,
 俾賜各營軍兵, 以補饋餉之資. 等因.
准此. 案查, 先奉欽差經略兵部右侍郞 宋 部牌, 爲 暫留防大兵, 以固外
藩, 以安內地 事, 內開.
 各鎭原支月餉·行糧·塩菜, 于遼東管糧衙門餉銀內支給, 其各軍衣犒銀
 六錢, 并日支本色粮料, 不在前項之內者, 俱係朝鮮國王支給. 等因.
遵奉. 在卷. 今准解送銀三千兩到營. 竊詳來文, 開載尙未明白. 若以爲
專給本府標下五千之兵, 則前銀三千兩, 適合一月鞋犒之數. 若以爲均給,
善後一萬六千之衆, 今將前銀通融派算內, 除標下應得若干, 其餘盡數解

還, 請速齎至前途, 分給南北各營, 庶錢粮不致混淆矣. 爲此, 合咨, 貴國煩爲查照, 希由回復, 以憑處分. 請勿遲迟. 須至咨者.
右咨朝鮮國王.

萬曆二十二年三月十三日.

발신: 흠차비왜총병관우군도독부도독첨사 유(정)
사유: 월은(月銀)131)을 보내어 군량 보급에 보충하는 일입니다.

[유정] 올해 1월 18일에 조선국왕이 보낸 자문을 받았습니다.

 [조선국왕] 가만히 살펴보니 대군이 바다와 육지를 방수함에 일월로 이슬을 맞으며 이역에서 온갖 어려움을 당하고 있습니다. 폐방도 병화를 겪어 공사가 모두 고갈돼 공급 전반에 흠결이 많을 뿐 아니라, 월은으로 지급할 은량도 아직 충분히 거두지 못했습니다. 하사하신 은 3,000냥을 도총부경력 박지진(朴知進)에게 가져가게 하여, 다행히 월은의 만분의 일이라도 계산하여 준급(准給)하는 데 조금이라도 도움이 되면 각 영의 군병에게 나누어 주어 군량에 보탬이 되는 바탕으로 삼아 주십시오.

[유정] 이를 받고 이전의 문서를 조사해 보니, 이전에 흠차경략병부우시랑 송(宋)으로부터 「잠시 대군을 (조선에) 머무르게 함으로써 외번을 굳세게 하며 내지를 안정시키라.」라는 부패를 받들었는데 그 내용은 다음과 같습니다.

 [송응창] 각 진으로 원래 지급될 월향(月餉)132)·행량(行粮)·절인 채소[塩

---

131) 월급으로 주는 은을 지칭한다.

는 요동의 군량 담당 아문의 향은(餉銀) 내에서 지급하고 각 군병의 군복용은 6전과 이틀에 한 번 지급될 본색(本色)133) 양료(糧料) 중 전항에 없는 것들은 모두 조선국왕의 지급과 관계되는 것입니다.

[유정] 뜻을 받들었습니다. 이러한 내용이 문서에 있습니다. 지금 운송된 은 3,000냥이 군영에 도착했습니다. 보내온 문서를 상세히 살펴보니, 개별 항목의 기재가 명백하지 않습니다. 만약 제가 거느린 본부의 5,000명 군병에게 전적으로 공급되는 것이면 도착한 은 3,000냥은 (병사들이) 한 달간 신을 수 있는 가죽신의 수량에 적합합니다. 만약 16,000명에게 균등히 공급해 처리할 것이면134) 이제 도착한 은을 융통하여 나누어 계산해서 금액 내에서 표하군이 마땅히 받아야 할 얼마 분을 제하고 그 나머지는 모두 돌려보내 속히 전도(前途)로 가져가도록 하여 남북의 각 영에 분급한다면 은량이 뒤섞이지 않을 수 있을 것입니다. 이에 마땅히 자문을 보내니 귀국은 번거롭더라도 살펴 조사하시고 바라건대 회자하여 처분의 근거로 삼게 하시길 바랍니다. 청컨대 지체하지 마시길 바랍니다. 자문이 잘 도착하기를 바랍니다.

이 자문을 조선국왕에게 보냅니다.

만력 22년 3월 13일.

---

132) 군대에서 한 달 간 공급하는 양식을 말한다.
133) 쌀로 거두는 조세를 말한다.
134) 원문의 '善後'는 재난이나 어려운 일로 인해 발생한 문제들을 제대로 해결하는 후속조치를 뜻한다.

47. 回咨
85b-86b(358~360쪽)

朝鮮國王,

准來咨該 爲 解送月銀以補軍餉 事 云云. 等因.

准此. 查照, 先該, 上年十月內, 議政府 狀啓.
  卽蒙 經略兵部 牌文. 節該.
    本國旣不產銀兩, 各營軍士月銀六錢, 自九月初一日, 爲始將布花·肉·
    魚·塩醬, 折算准給. 等因.
具啓. 得此, 已令該管陪臣, 收合些少布花等物, 搬送軍前. 其餘缺乏之數, 爲因公私殫竭, 難於措辦. 至本年正月內, 儘將見在欽賜銀三千兩, 差官押解, 聽候俵給. 去後, 續該二月內, 有經略兵部委官參將胡, 經歷沈, 經過都城時分, 並說.
  你國殘破, 不能辦出銀兩職等, 已經禀知經略宋爺, 該辦月銀六錢, 又
  行減去. 等情.
得此. 行間, 今該前因, 爲照, 目今大兵撤回, 並已渡江. 雖要齎給前途, 各軍旣回, 無從追給. 况所據銀三千兩, 適合五千軍人, 一月鞋犒之數.

煩乞貴府, 就將本銀分給標下官兵, 以均簞醪之惠, 不勝幸甚. 爲此, 合行回咨, 請照驗施行, 須至咨者.
右咨總兵府.

萬曆二十二年三月二十九日.

발신: 조선국왕

사유: 보내온 자문을 받으니, 「월은을 보내어 군량 보급에 보충하는 일입니다. 운운」 했습니다.

[조선국왕] 이를 받고 해당 문서를 살펴보니, 작년(1593) 10월 중 의정부의 장계를 받았습니다.

  [의정부] 경략병부의 패문을 받듭니다. 내용은 대략 다음과 같습니다.

    [송응창] 본국(조선)에서 은이 생산되지 않으니, (명군) 각 영의 군사들이 월급으로 받는 은 6전을 9월 초1일부터 포목·고기·생선·염장으로 환산해서 (병사들에게) 지급할 것을 시작하십시오.

[조선국왕] 갖추어 온 장계를 받고서, 이미 해당 관원에게 조금이라도 포필 등을 수합하면 명군에게 운송하도록 했습니다. 그 나머지 부족한 수는 공사(공사의 재원)가 모두 탕진됐기에 조달하기가 어려웠습니다. 올해 1월에 이르러 황제께서 하사하신 은 3,000냥 전부는 차관이 호송해서 명령을 기다렸다가 나누어 주고자 했습니다. 그 후 이어서 올해 2월에 경략본부 위관(委官) 참장 호(택)와 경력 심(사현)이 도성을 지나갈 때 나란히 말했습니다.

  [호택·심사현] 그대 나라가 잔파돼 은을 산출해 조달하는 일 등을 할 수

없음을 이미 경략 송야(宋爺)께 품하여 알렸고 월은(月銀) 6전을 마련하는 것도 또한 감면하기로 했습니다.

[조선국왕] 이를 받고 시행하는 중에 이번 자문을 받고 살펴보건대, 지금 대병(명군)이 철수하고 있고 이미 강을 건넜습니다. 비록 은을 갖고 가서 도중에 공급하려고 해도 각 부대가 이미 회군했기에 쫓아가 공급할 방도가 없습니다. 더구나 (앞서) 언급한 은 3,000냥은 5,000명의 군인에게 지급하는 한 달 치 가죽신의 수량에 적합합니다. 번거롭더라도 귀부에서 해당 은을 휘하 관병에 나누어 주어 단료투천(簞醪投川)의 혜택을 고루 베푸신다면 크게 다행이겠습니다. 이에 마땅히 회자하니 바라건대 잘 살펴 주시길 바랍니다. 자문이 잘 도착하기를 바랍니다.

이 자문을 총병부에 보냅니다.

만력 22년 3월 29일.

48. 都司恭報倭情咨
86b-92b(360~372쪽)

遼東都指揮使司,

爲 恭報倭情, 以慰聖懷 事.

本年三月十四日, 蒙欽差總督薊遼保定等處軍務兼理粮餉及防海禦倭事務兵部左侍郎兼都察院右僉都御使 顧 憲帖.

  准 兵部 咨.

  該本部題, 職方淸吏司案呈.

    奉本部送. 兵科抄出.

      總督薊遼保定等處軍務兼理粮餉及防海禦倭事務兵部左侍郎兼都察院右僉都御使 顧 題. 前事. 等因.

  奉聖旨.

    兵部看了來說.

  欽此. 又該 朝鮮國王 李 奏. 爲賊情事, 內稱.

    小邦與賊相持, 今已二年. 其於賊情諳委頗悉. 大抵, 賊佯退而復進, 假和而逞兇. 情狀反覆, 罪難究詰. 查得, 前於四月, 賊出離漢城沿途, 不已搶掠. 至慶尙道尙州, 乃復屯據, 放兵四刼, 五月大軍追賊, 至聞慶縣, 距尙州四十里, 賊始徐徐收兵漸退. 旣而悉合, 醜類分據東萊·釜山·蔚山·梁山·金海·昌原·熊川·西生浦·巨濟·加德·天城等地, 設築城柵, 盖造房屋. 又從伊地方對馬島·郎古耶等處, 舡運粮食, 不絕往往. 請封請貢, 眩惑軍情. 乃於六月內, 小邦領兵官金千鎰·崔慶會·黃進, 各率兵進駐咸安郡, 賊大勢從金海·東萊, 突出四面掩襲, 各將抵敵不住退守晉州. 賊乘勝圍晉州, 攻守八日, 將士人民盡被屠戮, 死者六萬餘. 小邦沿海一帶以及全羅, 恃晉州爲固, 晉旣不守而人情益駭. 於是, 經略 宋, 提督 李, 分撥諸將官把截要害, 乃有總兵劉綎, 遊擊吳惟忠扼守大丘·高靈, 參將駱尙志, 遊擊宋大斌, 控扼南原·全州, 遊擊王必迪鎭守尙州, 復有遊擊戚金往來參理. 因是, 賊鋒少戢, 仍舊留屯, 且更聲言, 待天朝准許封貢乃退, 又放出臣二賤息, 無非所以姑緩天兵而求逞兇計也. 今該前因, 再照, 賊酋秀吉, 仍在近島, 所遣兇黨, 尙今分處小邦水陸要害. 去處勢益張肆, 冬寒以後, 略無回巢之計. 又於十一月初三日, 深入慶州安康縣, 進犯天兵, 兇謀所蓄必非徒然, 卽明年春汛, 更合生兵, 衝突長驅, 何所畏忌. 小邦自喪敗以來, 軍兵死亡殆盡, 勇將多數陣亡力疲, 不能與賊相角. 今雖收拾餘燼, 分頭把守於宜寧·慶州之間, 朝夕血戰, 僅得支撐, 亦惟天兵是賴耳. 經略憂小邦衰微不能自振, 指授善後事宜纖悉無餘. 又遣委官胡澤·沈思賢, 協同小邦陪臣練兵設險, 其所以上體皇仁拯濟小邦者, 終始惓惓. 臣且感且懼, 豈敢頃刻而忘報效之心哉. 第以賊勢如前所陳, 而小邦殘破已甚, 雖欲生聚訓練以圖桑楡, 而力未暇及此, 臣之所以日夜痛心泣血, 而不知所出者也. 仍竊自念, 臣守藩無狀. 致寇失國, 聖恩涵洪, 譴罰不加, 而命將出師越境來救. 且又留兵禦賊歷閱, 寒暑死生骨肉之恩, 非臣糜粉所能上報. 而臣才薄力綿, 一蹶而不能自奮, 尙貽聖朝東顧之憂, 臣之罪至此而尤大矣. 上辜聖恩, 下缺臣職, 慼惶隕越. 實不敢再有陳請, 唯望聖上萬里之見. 洞燭於賊勢之未艾, 而廟堂籌畫更加勤愍, 毋使此賊終至於滋蔓而已. 等因.

奉聖旨.

這所奏, 著兵部看了, 查與顧近報倭情是否, 相合明白, 具奏.

欽此. 欽遵. 通抄, 送司案呈到部.

爲照, 朝鮮倭情, 頃因經略鮮事, 春汛屆期, 或以報倭歸, 或以報倭犯, 因致議論異同耳目恍惑. 總督 顧以封疆之臣, 奉更代之命, 當其逡往, 與臣移書. 猶欲厲兵江上, 以圖大舉, 亦不能無疑于傳聞之言, 故極爲爰整之計. 乃今至遼譯審倭情, 委極恭順. 詢察倭願, 委止請封. 且稱表文將至, 兵可不煩, 一封之外, 似無餘事. 蓋緣撫臣 韓三至朝鮮察之旣眞, 而督臣面與商確籌之必審. 彼二臣者, 皆身繫疆場目擊情形, 旣以爲無事而任之矣. 臣等又敢故爲多事而撓之乎. 若果表文已至, 仍令再三譯審, 必是情詞眞切恪恭具備, 斯可斟酌事勢, 量與題請. 況許奉不許貢, 已奉明旨, 不得因封求貢. 又經部議, 卽當恪遵許封之旨, 以彰朝廷之信, 以示羈縻之權, 不得粘帶貢市, 爲目前不了之事, 啓日後不靖之端. 仍要星馳諭. 令釜山之倭盡數回巢, 督撫巡按, 各差人探實會同奏聞. 方得准封, 若一倭尙留, 封亦未敢輕議. 至於捧表一節, 據小西飛等進關, 猶恐窺伺內地, 或多不便. 若阻之勿入, 則又過爲疑畏, 示人不廣, 似應於凡經過之處, 厚陳兵馬以示之威, 嚴戒交道以峻之防. 斯皆今日之急務也. 又據朝鮮國王疏奏, 倭酋情節, 俱係上年四月以後, 閏十一月以前, 而其大者, 如六月內晉州搶殺等事. 曾該經略奏報十一月內慶州吳惟忠等事, 復該經略叅查. 至於今春要犯天朝等語, 查係去秋走回人口所報, 雖非無據, 亦難盡憑. 及臣面詰該通事王京起程日期, 乃在十二月初旬, 而督臣 顧疏報, 則今年正月, 沈惟敬入倭營宣諭後事也. 盖緣該國被倭害深, 力不能禦, 聞我撤兵, 應自膽寒, 故或藉此危急之詞, 以堅留兵之計耳. 夫以朝鮮之狀如此, 倭奴之情如彼, 長川代守, 則我之勞費安窮, 峻爲拒絕, 則朝鮮之危亡立至. 故今姑准請奉, 亦罷戍恤小之微權, 似於計未爲失也. 合無恭候命下總督 顧, 一面俟表文至日, 詳審眞確, 另疏具題, 選要的當官員, 押伴小西飛等捧表入京, 一面宣諭行長, 必盡驅釜山倭戶而後封事可決, 不得苟且貽患. 其餘事情俱許便宜, 不爲中制. 等因.

萬曆二十二年二月二十七日, 太子太保本部尙書 石 等 具題. 二十九日, 奉聖旨.

是. 這事原不難處. 但要問明顧養謙, 保得倭衆果已盡歸, 我兵果可盡撤, 及要嚴飭各海防, 保無恃欵忘備. 倭使未便當, 坦然受之, 面與約束請封之外, 如有別項要求, 卽時拒絕, 大威大信, 豈不兩全. 前者勅諭朝鮮明說, 尺寸之土朝廷無與, 豈有常川代彼防守之理. 顧養謙一到, 能力主撤兵, 就可見其瞻略. 今後再不必以文法議論拘他.

欽次. 欽遵. 擬合就行. 爲此, 合咨前去, 煩照本部題奉欽依內事理, 除行薊·遼巡撫衙門外, 仍轉咨朝鮮國王, 一體欽遵查照施行. 等因. 准此. 案照, 前事已經具題. 去後, 今准前因. 擬合就行. 爲此, 除差官押伴小西飛入京齎捧表文, 及宣諭倭酋行長驅逐倭奴歸島外, 帖仰本司, 照帖備該部題奉欽依內事理, 咨行朝鮮國王, 欽遵施行.
蒙此. 擬合就行. 爲此, 合行移咨前去, 煩爲遵奉欽依內事理, 查照施行. 須至咨者.

右咨朝鮮國王.

萬曆二十二年三月十七日.

발신: 요동도지휘사사
사유: 삼가 일본군의 상황을 보고하고 황제의 뜻으로 위무하는 일입니다.

[요동도지휘사사] 올해 3월 14일에 흠차총독계요보정등처군무겸이량향급방해어왜사무병부좌시랑겸도찰원우첨도어사 고(양겸)의 헌첩을 받았습니다.
  [고양겸] 병부로부터 자문을 받았습니다.
    [병부] 본부에서 올릴 제(題)에 대한 직방청리사의 안정은 다음과 같습니다.
      [직방청리사] 본부에서 보낸 문서를 받았습니다. 병과로부터 초출(抄出)한 내용입니다.

[병과] 총독계요보정등처군무겸이량향급방해어왜사무병부좌시랑겸도찰원우첨도어사 고(양겸)가 황제께 전사(前事)135)에 대한 제본을 올렸습니다.

[병부] 성지를 받들었습니다.

[만력제] 병부에서 검토한 뒤 와서 보고하라.

[병부] 이와 같이 공경히 받듭니다. 또한 조선국왕께서 적의 상황에 대한 일로 다음과 같이 주청했습니다.

[조선국왕] 소방이 적과 대치한 지 지금까지 이미 2년입니다. 적의 상황에 대해서는 자못 자세하게 알고 있습니다. 대개 적은 거짓으로 후퇴한다고 하고는 다시 진격해 쳐들어오며 강화한다고 속이고는 흉모를 꾀합니다. (이러한) 정상을 반복해서 그 죄를 모두 따지기 어렵습니다. 조사해 보니, (1593년) 4월 전에 적이 한성(漢城) 주변 길에 나타나 노략하기를 멈추지 않았습니다. 심지어 경상도 상주(尙州)에서는 적이 다시 둔거하며 군대를 동원해 사방에서 위협했기에 5월에 대군(명군)이 적을 추격하여 상주로부터 40리 떨어진 문경현(聞慶縣)에 도착하자 비로소 적이 서서히 병력을 거두며 점차 퇴각했습니다. 얼마 지나지 않아 추한 무리가 모두 모여 동래(東萊)·부산(釜山)·울산(蔚山)·양산(梁山)·김해(金海)·창원(昌原)·웅천(熊川)·서생포(西生浦)·거제(巨濟)·가덕(加德)·천성(天城)에 나누어 둔거하며 성책을 짓고 방옥을 건설했습니다. 그리고 저들의 땅인 대마도·나고야로부터 곡식을 배로 운반해 오는데 끊이지 않고 자주 오고 있습니다. 책봉과 조공을 청하는 것은 (위의) 군사 동원의 사정을 현혹하는 것입니다. 곧 6월 중 소방의 사령관 김천일(金千鎰)·최경회(崔慶會)·황진(黃

---

135) 본 문서의 사안인 '爲恭報倭情以慰聖懷事'를 가리킨다.

進)이 각처에서 군사를 이끌고 함안군(咸安郡)에 진주했는데 적이 큰 세력을 이루어 김해·동래 방면으로부터 갑자기 사방에서 출격하여 엄습하자 각 장수가 적을 맞닥뜨려 나가지 못하고 퇴각하여 진주(晉州)를 지켰습니다. 적이 승기를 타고 진주를 포위해서 공방전을 벌인 지 8일이 됐을 때 (조선의) 병사와 백성은 모두 도륙을 당해서 죽은 자가 6만 명에 이르렀습니다. 소방의 연해 일대에서 전라도에 이르기까지 오직 진주성의 견고함만을 의지했는데 진주성이 함락되자 백성들이 더욱 두려워했습니다. (상황이) 이렇게 되자, 송(宋) 경략과 이(李) 제독은 각 장수를 요해처로 나눠 보내어 지키게 하니, 이에 총병 유정(劉綎)과 유격 오유충(吳惟忠)이 대구(大丘)와 고령(高靈)을 지키게 하고 참장 낙상지(駱尙志)와 유격 송대빈(宋大斌)이 남원(南原)과 전주를 통제하도록 하며 유격 왕필적(王必迪)이 상주를 지키게 하고 다시 유격 척금(戚金)으로 하여금 오가며 지원케 하여 조치했습니다. 이로 인하여 적의 예봉이 점차 꺾였고 따라서 이전의 둔거지로 물러나되 다시 성언하여 천조께서 봉공을 허락해 주시길 기다렸다가 물러날 것이라 하고 또한 신의 천한 두 자식을 돌려보냈으니, 고식적으로 천병을 느슨하게 하면서 흉계를 꾸미고자 할 뿐인 것입니다. 이번에 위의 자문을 받아 다시 살펴보니, 적추 히데요시(秀吉)은 가까운 (일본의) 섬에 있는데, 보내는 흉한 무리마다 이제까지 소방의 육해 요해처에 나누어 머무르게 하고 있습니다. 둔거하는 곳의 세력이 더욱 장성해지고 있기에 겨울 추위가 지나도 철수할 계획은 전혀 없습니다. 또한 11월 초3일에 경주(慶州) 안강현(安康縣)으로 깊숙이 쳐들어와 천병을 공격했으니 흉모를 쌓은 바는 결코 우연히 한 것이 아닐 것인즉, 내년 춘신(春汛)에 다시 군사를 일으켜 멀리까지 공격해 온다면 어느 곳인들 두렵지 않겠습니까. 소방은 전쟁에 패한 이래로 군사들이 거의 다 죽어 버려 용장이 많이 전사했으며, 힘은 피로하여 능히 적과 겨룰 수가 없습니다. 지금 비록 남은 부대를 수습하여 의령(宜寧)과 경주 사이에 나누어 지키면서 밤낮으로 혈전을 벌여 가까스로 지탱하고 있습니다만 또한 오직 천병만을 의지한 따름입니다. 소방이 쇠잔하고 힘이 없어 스스로 떨쳐 일어나지 못할까 염려하여 경략이 가르쳐준 사후조치[善後事宜]는 더 없이 상세하였습니다. 또한 위관 호택(胡澤)과 심사현(沈思賢)을 보내 소방의 배신과 협동해서 군사를 훈련시키고 설험(設險)하게 하셨으니, 위로부터 황제의 어짊을 체득하여 소방을 구제하려는 것이 시종 간절했습니다. 신은 한편으로는 감격스럽고 한편으로는 두려우니 어찌 감히 잠시라도 보답하는 마음을 잊겠습니까? 다만 적세가 위에서 진달한 바와 같지만 소방의 잔파됨이 이미 심하여 비록 군사를 모아 훈련시켜 적을 몰아내기를[136] 도모하고자 해도 힘이 아직 여기에 미치지 못하니, 신이 밤낮으로 피눈물을 흘리면서 어찌할 바를 모르는 까닭인 것입니다. 인하여 가만히 생각해 보면 신이 변방을 지키는 데 있어 아무것도 한 것이 없었습니다. 적의 침략을 받아 나라를 상실하는 데까지 이르렀음에도 성은이 차고도 넘쳐 문책을 더하지 않으시고 장수로 하여금 출사하여 국경을 넘어가서 구원케 하셨습니다. 또한 군대를 남기셔서 적을 방어하며 두루 살피게 하셨으니, 추위와 더위에 같이 죽고 사는 골육의 은혜로서 신이 죽어 문드러져도 위로 보답할 수 없는 바입니다. 그리고 신의 재능이 박하고 힘이 없어 한번 넘어지자 스스로 떨쳐 일어나지 못했고 오히

---

136) 원문의 '桑榆'는 '失之東隅, 收之桑榆'라는 표현에서 유래한 것으로, 처음에 실패했다가 마지막에 성공한다는 의미로 쓰인다. 여기서는 조선이 일본군을 몰아내는 일을 비유적으로 표현한 것이다.

려 성조(명 조정)가 동쪽을 돌아보게 하는 우려를 끼쳤으니 신의 죄가 여기에 이르러 더욱 큰 것입니다. 위로는 황은을 저버리고 아래로는 신의 임무를 다하지 못한 것이니 부끄럽고 두려워 넘어질 것 같습니다. 진실로 감히 다시 (출병을) 청할 수 없으나 오직 황상께서 만리를 살펴보시는 시야를 우러러볼 뿐입니다. 적세가 아직 드러나지 않음을 통촉하시어 묘당에서 계획하고 노고를 더하도록 하셔서 이 적이 (조선에서) 마침내 늘어 퍼져 가지 않게 하십시오.

[병부] 성지를 받들었습니다.

[만력제] 주본으로 올린 사항에 대해서는 병부로 하여금 검토하도록 하되 고양겸이 최근 보고한 일본군의 정세와 맞는지를 조사해서 서로 명백하게 맞을 때 갖추어 주달하라.

[병부] 이와 같이 공경히 받들어 삼가 준행해야 하겠습니다. 두루 초출하여 직방청리사로 보냈고 그에 대한 안정이 본부에 이르렀습니다.

[직방청리사] 살펴보건대, 조선에 있는 일본군 정세에 대해서는 최근 경략의 보고에 따르면 올봄에 일본군이 돌아간다고도 하고 일본군이 공격한다고도 하는지라 의논에 같음과 다름이 있고 이목에 혼란이 있는 것입니다. 총독 고(양겸)는 변경 수비를 총괄하는 신하로써 (송응창을) 대신하여 수행하라는 명을 받들어 임지로 가면서 신에게 이서(移書)했습니다. 강에서 군사를 훈련하여 크게 거병하고자 했으나 또한 (조선에서) 전해 오는 말을 의심하지 않을 수 없기에 철저히 정돈된 계획을 마련했습니다. 더구나 지금 요동(遼東)에서 일본의 정세를 역심해 보니, 실로 극히 공순했습니다. 왜적이 원하는 바를 물어보니 실로 책봉을 청하는 것에 그쳤습니다. 그리고 표문을 바치러 장차 이를 것이라 하니, 군사(軍事)는 번거롭지 않을 것이고 한번 책봉하는

것 외에는 다른 일이 없을 것 같습니다. 대개 무신 한(취선)이 세 번 조선에 가서 관찰한 것이 이미 진실했고 독신(고양겸)과 얼굴을 맞대고 의논하여 계획한 것이 주도면밀했기 때문입니다. 저 두 신하의 경우, 모두 전장과 관계돼 돌아가는 상황을 친히 목격했으며 이미 별다른 일이 없다고 여겨 임무를 맡긴 것입니다. 신 등이 또한 어찌 감히 고의로 일을 벌여 그들을 흔들고자 하겠습니까. 만약 과연 표문이 도착한 후에는 상황에 따라 재삼 역심을 행하되 반드시 정세와 말에 있어 실로 절실함과 삼가고 공손함이 고루 갖춰져 있다면 이에 사세를 짐작하여 (고양겸이) 제청한 것과 비교하면 될 것입니다. 더욱이 책봉은 허락하되 공납은 허락하지 않는다는 사안에 대해서는 이미 명지(明旨)를 받들었으니, 책봉으로 인하여 공납을 요구하게 할 수 없습니다. 또한 본부의 의논(部議)을 거친즉, 마땅히 봉공을 허락한다는 (황제의) 뜻을 삼가 준행하여 조정의 신뢰를 드러내고 기미의 권도를 보여야지 공시(貢市) 문제로 지연시켜 목전에서 미완의 일로 만듦으로써 후일에 올바르지 못한 사태의 단서를 열게 할 수는 없습니다. 따라서 속히 달려가 유시하도록 해야 합니다. 현재 부산의 일본군은 모두 본국으로 돌아갔으니 독신(고양겸)과 순신(한취선)이 순찰을 돌되 각자 사람을 보내어 실상을 파악하고 회동하여 (함께) 주문을 올려 보고해야 합니다. 책봉을 준행하려 할 시점에 만약 한 명의 왜적이라도 남아 있으면 책봉은 감히 경솔하게 논할 수 없을 것입니다. 표문을 받들고 오는 사안에 이르러서는 지금 소서비(少西飛)[137] 등이 진달한 관문을 받아 보니, 내지를 엿보려는 뜻이 있는 듯하므로 여러

---

[137] 고니시 유키나가의 부하 나이토 조안(內藤如安, ?~1626)을 말한다. 1594년 북경에 들어가 도요토미 히데요시의 표문을 바쳤다.

측면에서 불편함이 있습니다. (그러나) 만약 막고 들어오지 못하게 한다면 또한 지나치게 의심하고 두려워하는 것이 되어서 사람들에게 (황제의 은혜를) 넓히지 못한다는 인상을 보일 수 있으니, 지나가는 곳에다가 병마를 많이 진병하고 위엄을 보이고 오가는 길을 엄히 경계하여 방비를 엄준히 해야 할 것 같습니다. 이것이 모두 지금의 급선무입니다.

또한 조선국왕의 주본을 살펴보니, 왜추의 정황에 대한 것은 모두 작년 4월 이후부터 윤11월 이전까지인데 가장 중요한 것은 6월 진주성에서 많은 살상을 저지른 일입니다. 일찍이 경략이 11월에 경주의 오유충 등의 일에 관해 갖추어 보고하였고 해당 사안을 다시 조사했습니다. 올봄 천조를 공격할 수 있다는 말은 조사해 보니 작년 가을 조선의 주회인이 구두로 보고한 것과 관련되는데, 비록 근거가 없다고 할 수는 없지만 또한 완전히 신뢰할 수는 없습니다. 그리고 신들이 직접 조선 측 통사를 심문해 왕경에서 출발한 날짜를 물으니 12월 초순이라고 하는데, 독신 고(양겸)가 상주하여 보고한 것은 올해 정월로 심유경(沈惟敬)이 일본군 진영에 가서 황제의 명을 전한 이후의 일입니다. 아마도 조선이 왜로부터 피해를 심하게 당하여 방어할 힘이 없는데, 우리 군대가 철병한다는 소식을 듣자 틀림없이 두려워 이와 같이 위급한 말을 구실로 삼아 우리 군대를 머무르게 하는 계책을 굳건히 하려 한 것일 뿐입니다. 대저 조선의 상황이 이와 같고 왜노의 정세가 저와 같으니, 끊임없이[138] (조선을) 대신하여 지켜야 한다면 우리의 노력과 비용이 무궁할 것이고 준열하게 거부한다면 조선이 위태롭게 되어 멸망하는 상황에 곧 도달할 것입니다. 따라서 일시적으로

---

138) 원문의 '長川'은 '晝夜長川'의 약어로 늘, 끊임없이, 계속 등의 의미이다.

책봉 요청을 허락하셔서 소국을 긍휼히 여기는 권도를 발휘하면 아마도 계획에 있어 실수함이 없을 것입니다. 총독 고(양겸)에게 명을 내리셔서 한편으로는 일본의 표문이 도착하는 날을 기다려 상세히 심문해서 진위를 파악하여 특별히 소를 갖추어 보고하도록 하시고 적당한 관원을 뽑아 소서비 등을 데리고 표(표문)를 받들어 입경하도록 하시며, 다른 한편으로는 유키나가(行長)을 선유하셔서 반드시 부산의 왜호를 모두 철거해야만 책봉 문제가 해결될 수 있으니 구차하게 염려를 끼치지 말라고 하심이 어떨까 합니다. 그 나머지 사정에 대해서는 모두 편의가 허락되는 대로 할 것이며 조정에서 제어하지 말아야 합니다.

[병부] 만력 22년 2월 27일에 태자태보 병부상서 석(石) 등이 갖추어 제본을 올렸습니다. 29일에 성지를 받았습니다.

[만력제] 그렇게 하라. 이 사안은 원래 처리하기가 어렵지 않은 것이다. 다만 고양겸에게 분명히 물어 왜적의 무리가 이미 모두 돌아갔는지와 우리 군사가 과연 모두 철수할 수 있는지를 보장하고 아울러 마땅히 각 해방(海防)을 엄칙하여 (일본이) 복종한다는 데 끌려 방비를 잊지 말 것을 보장하라. 왜의 사신은 여전히 거북하지만 너그럽게 맞아들이되 면대하여 약속할 책봉 요청 외에 만약 별도의 요구가 있을 경우 즉시 거절한다면 어찌 큰 위엄과 큰 신의가 모두 보전되지 않겠는가. 이전에 조선에 칙유로 분명히 (명) 조정은 조금의 땅도 넘겨주지 아니할 것이라 말했으나 어찌 저들을 대신해 계속 지킬 까닭이 있겠는가. 고양겸은 일단 도착하면 능력껏 철병을 주도하여 곧바로 그 담략을 보이도록 하라. 금후 다시 법의 조문으로 의논하여 다른 것에 구애될 필요가 없다.

[병부] 삼가 준행하겠습니다. 마땅히 곧바로 시행해야겠습니다. 이에 마땅히 자문을 보내니 번거롭더라도 본부에서 제본을 올려 허락받은 성지의 사리를 잘 살펴서, 계주(薊州)와 요동의 순무아문에 문서를 보는 것 외에 덧붙여 조선국왕에게 이자하여 한결같이 삼가 황제의 명을 받들어 조사하도록 하십시오.

[고양겸] 이를 받고서 이전에 처리한 관련 문서를 찾아보니 전사(前事)와 관련하여 이미 갖추어 제본을 올렸습니다. 앞의 조치를 다한 후에 이번의 문서를 받았습니다. 마땅히 자문을 보내야 할 것입니다. 이에 차관을 보내어 소서비를 압송해 입경해서 표문을 받들고 가서 올리도록 하며 또한 왜추 유키나가(行長)에게 선유하여 왜노를 몰아 섬으로 돌아가도록 하는 것 외에, 본사에 첩을 내리니 첩 속에 갖추어진 본부가 제본하여 받은 성지의 내용을 잘 살피고 조선국왕에게 이자하여 삼가 (황제의 명을) 준행하도록 하십시오.

[요동도지휘사사] 이를 받들어 헤아려 보건대 마땅히 곧 시행해야겠습니다. 이에 마땅히 자문을 보내니 번거롭더라도 삼가 성지의 사리를 받들어 잘 살펴 주시길 바랍니다. 자문이 잘 도착하기를 바랍니다.

이 자문을 조선국왕에게 보냅니다.

만력 22년 3월 17일.

# 49. 回咨
92b(372쪽)

朝鮮國王,
准來咨該 爲 恭報倭情, 以慰聖懷 事 云云. 等因.

准此. 卷查, 先該上年十二月內, 當職備陳, 凶賊分據勢將更肆緣由, 差令陪臣金晬等題本, 聖夜馳奏. 去後, 今准咨內欽依事理. 除欽遵查照施行外, 爲此, 合行回咨, 請照驗施行. 須至咨者.

右咨遼東都指揮使司.
萬曆二十二年四月十九日.

발신: 조선국왕
사유: 보내온 자문을 받으니 「삼가 일본군의 상황을 보고하고 황제의 뜻으로 위무하는 일입니다. 운운」 했습니다.

[조선국왕] 이를 받고 이미 관련 문서를 보니, 앞서 작년 12월 중 당직은 흉적이 분거하며 장차 다시 침략할 형세에 관한 연유를 갖추어 진달하여 김수(金睟) 등으로 하여금 제본을 작성해 속히 달려가 주달하도록 했습니다. 이런 조치를 다한 후에 지금 자문에 담긴 성지의 내용을 받았습니다. 삼가 준행하여 잘 살펴 주시는 것 외에, 이에 마땅히 회자하니 바라건대 잘 검토해 주시길 바랍니다. 자문이 잘 도착하기를 바랍니다.

이 자문을 요동도지휘사사에게 보냅니다.

만력 22년 4월 19일.

동북아역사 자료총서 53

편역 事大文軌 2

초판 1쇄 인쇄 2020년 12월 10일
초판 1쇄 발행 2020년 12월 21일

엮은이 이정일
펴낸곳 동북아역사재단

등 록 제 312-2004-050호(2004년 10월 18일)
주 소 서울시 서대문구 통일로 81 NH농협생명빌딩
전 화 02-2012-6065
팩 스 02-2012-6189
홈페이지 www.nahf.or.kr
제작·인쇄 동국문화

ISBN 978-89-6187-583-7 94910
　　　 978-89-6187-522-6 (세트)

* 이 책은 저작권법으로 보호를 받는 저작물이므로 어떤 형태나 어떤 방법으로도 무단전재와 무단복제를 금합니다.
* 책값은 뒤표지에 있습니다. 잘못된 책은 바꾸어 드립니다.